깔끔한 파이썬 탄탄한 백엔드

지금까지 없었던 백엔드 개발자를 위한 파이썬

지금까지 없었던
백엔드 개발자를 위한 파이썬

깔끔한
파이썬
Python
탄탄한
백엔드
Back - End

파이썬은 자바스크립트와 함께 최근 몇 년 동안 가장 인기 있고 널리 사용되는 프로그래밍 언어다. 또한 간단한 업무 자동화 프로그램부터 대규모의 복잡한 데이터 처리 시스템까지 파이썬은 전천후로 사용될 수 있다. 여러 다양한 오픈소스와 라이브러리를 풍부히 가지고 있는 개발 생태계(ecosystem)가 구축되어 있기 때문에 소규모 스타트업부터 구글(Google) 같은 대기업까지 여러 분야에서 다양한 시스템 개발에 사용되는 언어다. 해외에서는 이미 파이썬 개발자에 대한 수요가 굉장히 많으며 국내에서도 파이썬 개발자에 대한 수요가 급증하고 있는 추세다.

그렇다 보니 자연스럽게 파이썬 강의도 많아지고 책도 국내외에 많이 출간되기 시작했다. 하지만 단순히 파이썬 언어를 안다고 해서 파이썬 시스템을 개발할 수 있는 것은 아니다. 시스템을 개발하기 위해서는 사용하는 프로그래밍 언어뿐 아니라 시스템을 구현하기 위해 전체적으로 요구되는 다양한 지식들이 필요하다. 이 때문에 주변에 파이썬 강의도 듣고 책도 읽고 수업도 들었지만, 실제로 원하는 시스템을 파이썬으로 구현하고자 할 때 어려움을 겪는 사람들을 많이 보았다.

그래서 파이썬을 지식으로 아는 것뿐만 아니라 실제로 파이썬을 응용하여 백엔드 시스템을 개발하는 것에 도움을 주고자 이 책을 집필하게 되었다. 파이썬으로 백엔드 API 시스템을 개발할 때 가장 널리 사용되는 프레임워크 중 하나인 flask를 사용해 실제로 응용할 수 있는 API를 개발해 나가는 과정을 상세하게 서술하는 데 많은 신경을 썼다. 그래서 이 책을 통해서 독자들이 파이썬 백엔드 개발 입문을 하고, 더 나아가 더 복잡하고 큰 규모의 시스템을 구현하는 데 도움이 되고자 한다.

특히 단순히 파이썬이나 flask에 관한 내용이 아니라 실제 API 개발에 관한 내용을 더 중점적으로 다루고 있다. 파이썬이나 flask에 관한 지식은 약간의 온라인 검색을 통해서 금방 얻을 수 있기 때문에, **온라인 검색에서 쉽게 얻을 수 없고 실제로 오랫동안 다양한 개발 경험을 통해 얻을 수 있는 노하우와 인사이트들을 전달하는 데 많은 신경을 썼다.** 파이썬 개발 환경 구축부터 웹 시스템의 발전 과정 역사, HTTP, 데이터베이스, unit test, 그리고 AWS에서 배포(deploy)까지, 백엔드 API 개발에 필요한 배경 지식부터 개발의 시작과 끝까지 전부 다 서술함으로써 백엔드 개발 경험이 없는 사람도 백엔드 개발에 입문하여 앞으로 더 발전해 나갈 수 있는 튼튼한 기반을 마련할 수 있도록 했다.

이 책은 파이썬 백엔드 개발에 입문하고 싶으신 분들뿐 아니라 파이썬 백엔드 개발 실력을 더 높이고 싶으신 분들에게도 추천한다. 개발 경력이 어느 정도 있으신 분들도 앞으로 더 발전하는 데 도움이 되는 내용이 많을 것이다. 다른 강의나 책 혹은 인터넷 검색을 통해서 얻을 수 없는 여러 인사이트들은 분명 경력이 있는 개발자 분들에게도 많은 도움이 될 것으로 자신한다.

이 책을 읽은 독자들과 앞으로 많은 소통과 교류가 있기를 개인적으로 바란다. 그러므로 궁금한 점이 있거나 혹은 그 외에도 단순히 이야기가 나누고 싶은 독자들이 있다면 언제든지 주저 않고 연락을 주기 바란다.

마지막으로, 이 책을 집필하는 데 처음부터 끝까지 관여하시고 이끌어 주신 하나님께 감사드리며 이 책이 많은 독자들에게 진정한 도움이 되기를 기도한다. 또한 항상 내 옆에서 나를 위해 기도하고 응원해 주는 아내와 나의 사랑하는 세 아들, 항상 나를 걱정해 주시고 응원과 기도를 아끼지 아니하시는 우리 부모님과 장인어른, 장모님께 감사드리고 사랑한다는 말을 전한다. 이 책을 집필하는 과정에서 여러 도움을 준 김예리 님, 백승원 님 그리고 김도연 님에게도 감사하다는 말을 전하고 싶다. 그리고 먼저 하나님께 부르심을 받은 나의 사랑하는 동생 송은석에게 이 책을 바친다.

송은우

10년 동안 Software Engineer 그리고 Director of Engineering으로 일했다. 뉴욕 월가에서 장외주식거래 시스템과 1초에 백만 개 이상의 트랜잭션(transaction)을 처리하는 고성능 실시간 분산 시스템도 개발했다. 최근에는 한국에서 2개의 핀테크 스타트업을 공동창업하여 로보어드바이저 시스템부터 주식 공매도 데이터 분석 플랫폼(platform) 등 다양한 핀테크 시스템을 개발했다. 현재는 코딩 아카데미 기업인 Graceful Rain을 창업하여 개발자 교육에 힘쓰고 있다.

- 현) Founder & CEO, Graceful Rain
- 전) Co-Founder & CTO, True Short
- 전) Co-Founder & CEO, iRobo
- 전) Director of Engineering, Tapad
- 전) Software Engineer, Second Market
- 전) Software Engineer, Lincoln Financial
- 전) Software Engineer, LSI Corp

[연사 이력]
- 2018 PyCon Korea Conference 연사
- 2016 NDC (Nexon Developer Conference) 연사
- 2016 스프링캠프 연사

추천사

제가 송은우 대표를 만난 지도 어언 3년이 되어 갑니다. 뉴욕 월가에서 장외주식 트레이딩 플랫폼을 개발했던 송은우 대표가 한국의 최초 로보어드바이저 기업을 CTO로 공동창업하여 한국에 귀국했던 때였습니다. 저도 머신 러닝(machine learning)을 사용한 자동 주식거래 시스템에 관심이 많았고 파이썬 기반의 머신 러닝에 관한 책도 출간했기 때문에 서로 공통 관심사가 많아서 자연스럽게 친분을 쌓게 되었습니다.

저는 머신 러닝 기반의 주식 거래 시스템부터 현재는 블록체인 시스템까지 오랫동안 파이썬을 사용하여 개발을 해왔습니다. 파이썬은 정말 유용하고 매력적인 프로그래밍 언어입니다. 핀테크부터 데이터 사이언스, AI, 머신 러닝, 블록체인 등 다양한 분야의 필요한 시스템과 기능들을 충분히 구현할 수 있는 생태계를 가지고 있는 프로그래밍 언어입니다. 그리고 앞으로 더 기대되는 프로그래밍 언어기도 합니다. 제4차 혁명 시대를 이끌어나갈 대표적인 기술로 손꼽히는 AI와 블록체인, 이 두 분야에서 파이썬의 영역이 크기 때문입니다. 해외에서는 이미 파이썬 백엔드의 개발자 수요가 대단한 것으로 알고 있습니다. 한국은 아직 자바를 사용하는 기업들이 많기는 하지만 파이썬의 수요가 급증하고 있는 추세입니다.

파이썬에 관한 온라인 강의나 책은 많습니다. 하지만 프로그래밍 언어를 아는 것과 언어를 사용해서 시스템 개발을 잘할 수 있는 것은 큰 차이가 있습니다. 후자는 오랜 개발 경험을 통해 얻을 수 있는 것입니다. 그런 의미에서 이 책은 정말 추천하고 싶은 책입니다. 일반적인 언어 중심의 파이썬 지식을 전달하는 책이 아닙니다. 송은우 대표가 미국에서 여러 대규모 시스템을 구현하며 쌓아온 지식과 경험, 그리고 한국에서 핀테크 스타트업을 창업해서 금융 시스템들을 처음부터 끝까지 개발하며 얻은 인사이트들이 가득 담긴 책입니다. 이론만 이야기하는 것이 아니라 실무에서 곧바로 사용될 수 있는 백엔드 API의 개발에 필요한 모든 지식을 가르쳐 주고 있습니다. 하나라도 더 자세히 알려 주고 싶은 저자의 의도가 잘 느껴지는 책입니다. 백엔드 개발을 처음 해보시는 분들에게는 정말 귀한 지침과 교육이 될 것이며, 이미 백엔드 개발자로 일하고 계신 분들도 한 단계 업그레이드를 할 수 있는 좋은 자료가 될 것이라 확신합니다.

안명호

CEO, Eden Partners
《머신러닝을 이용한 알고리즘 트레이딩 시스템 개발》 저자

꽤 오랜 기간 프론트엔드 개발자로 일하면서 부족한 백엔드 지식을 쌓고, 직접 나만의 서비스도 만들고 싶어서 여러 언어를 조금씩 배웠습니다. 그중 초반에 배우기도 쉽고 빠르며 가볍게 개발할 수 있었던 파이썬에 금방 매력을 느끼게 되었습니다. 하지만 혼자서 백엔드를 구현하려고 하니 어디서부터 시작해야 할지 몰라 결국에는 방황하다가, 과연 파이썬으로 혼자서 규모 있는 개발이 가능할까 자신이 없어지고 공부를 중단했습니다.

제가 핀테크 기업인 트루쇼트에서 송은우 대표님과 일하면서 다시 한번 파이썬의 매력에 빠졌는데, 시간이 나면 제대로 파이썬을 배우고 싶다는 열망이 생겼습니다. 백엔드 개발은 멀리서 지켜보기만 했지만, 수십 개의 API 개발, 파이썬 스크립트, 그리고 상당히 규모가 큰 프로젝트에서 개발의 확장이나 유연함을 보고 세계적으로 왜 파이썬, 파이썬 하는지 충분히 알 수 있었습니다.

저도 송은우 대표님 덕분에 풀스택 개발자의 꿈을 안고 다시 한번 파이썬 공부를 시작하려고 합니다. 저와 같이 일하셨던 회사에서는 CTO였지만, 송은우 대표님께 파이썬 강의를 듣기도 했습니다. 한 번이라도 다른 프로그래밍 강의를 들은 사람은 알 수 있는데, 대표님께서는 단순히 언어를 알려 주는 것이 아니라 정말로 실무에서도 개발할 수 있는 파이썬을 가르치십니다. 제대로 된, 똑똑한 개발을 할 수 있도록 코딩 단계에서부터 조언을 아끼지 않습니다. 이런 바탕이 책에도 그대로 드러나 있다는 느낌을 받았습니다. 저도 이 책을 다 읽은 후에는 파이썬으로 백엔드를 구현해서 나만의 서비스를 만들 수 있겠다는 자신이 생겼습니다. 많은 개발자 분들이 송은우 대표님과 일해 보는 것만으로도 값진 경험이 될 것이라고 확신하는데 이 책을 통해서 간접적으로 경험할 수 있는 기회를 가지셨으면 좋겠습니다.

김예리

Lead Software Engineer, True Short

목차

파이썬 설치 및 개발 환경 구성

본격적인 파이썬 백엔드(backend) 개발을 시작하기에 앞서 먼저 파이썬 개발 환경을 구성해야 한다. 파이썬 개발을 시작하기 위한 가장 첫 단계이지만, 동시에 의외로 까다로운 단계가 될 수 있다. 파이썬은 버전도 여러 버전이 있으며, 파이썬 가상 환경 설치 등 파이썬 개발 입문자에게는 까다로울 수 있는 부분이다. 차근차근 한 단계씩 파이썬 개발 환경을 설치하도록 하자.

- 파이썬 설치
- 파이썬 가상 환경
- 터미널 개발 환경 설정
- 깃(git) 설치 및 설정
- 코드 에디터 / IDE 설치

본격적인 설치에 앞서 ▬▬▬▬▬

이 책에서 앞으로 다루게 될 패키지들과 환경들은 모두 윈도우(Windows) 운영 시스템(OS, Operating System)에서 설치 및 사용이 가능하지만, 사실 윈도우는 맥(Mac)과 우분투(Ubuntu) 같은 리눅스 기반의 운영 시스템보다 개발 환경 면에서 불편할 수 있다. 그래서 많은 개발자들이 윈도우보다는 맥이나 우분투를 선호한다. 다행히 윈도우 10부터는 우분투를 윈도우에서 설치할 수 있게 되었다. 그래서 윈도우 내에서 우분투의 터미널 환경을 사용할 수 있다. 그러므로 윈도우 사용자들이라면 우분투를 설치해서 사용하는 것을 권장한다. 그래서 이 책에서 설치하게 될 모든 패키지와 툴(tool) 등은 우분투 설치 내용을 참조해서 실제 우분투에서 설치하듯이 설치하면 된다. 윈도우에서 우분투 설치에 관한 자세한 내용은 앞에 나올 윈도우에서 터미널 환경 부분을 참고하도록 하자.

파이썬 설치 ▬▬▬▬▬

사실 다음에 나오는 내용인 미니콘다(Miniconda)를 사용해서 파이썬 가상 환경을 설치하면 파이썬을 따로 설치할 필요가 없다. 가상 환경을 생성하면서 원하는 파이썬 버전도 같이 설치할 수 있기 때문이다. 하지만 파이썬 설치 방법을 알아 둘 필요도 있기에 알아보도록 하겠다. 만일 원하지 않으면 다음의 파이썬 가상 환경 설치 부분으로 넘어가도 괜찮다.

파이썬 버전은 크게 파이썬2와 파이썬3로 나뉜다. 파이썬2와 파이썬3는 서로 호환되지 않는다. 즉 파이썬2로 개발한 프로그램을 파이썬3 개발 환경에서 실행시키면 제대로 실행되지 않을 수 있다. 그 반대의 경우도 마찬가지다. 맥 OS X 등 여러 운영 시스템이 파이썬2가 이미 설치되어 있는 경우가 많다. 그렇다 보니 단순히 이미 설치되어 있다는 이유만으로 파이썬2를 사용하는 경우가 간혹 있는데, 파이썬 소프트웨어 재단(Python Software Foundation)에서는 새로 개발을 시작하는 경우 파이썬3 사용을 공식적으로 추천한다. 우리도 파이썬3를 사용하도록 할 것이다. 이 글을 쓰고 있는 2018년 7월 29일 현재 파이썬 최신 버전은 3.7이다.

 왜 파이썬은 버전 2와 3로 나뉘어 있을까?

파이썬뿐만 아니라 대부분의 프로그래밍 언어는 끊임 없이 발전해 나아가면서 버전이 바뀌게 된다. 예를 들어, 자바도 현재 버전이 10까지 나와 있다. 다만 대부분의 프로그래밍 언어는 예전 버전과 호환이 된다. 즉 자바9으로 개발한 코드를 자바10에서 큰 문제 없이 실행할 수 있다. 그러나 앞에서 말했듯이 파이썬2로 개발한 코드를 파이썬3로는 완벽히 실행되지 않는다. 파이썬의 창시자인 귀도 반 로섬(Guido van Rossum)은 파이썬3를 개발할 때 파이썬2가 가지고 있던 여러 문제점들을 보다 완벽하게 해결하기 위해서 파이썬2와의 호환성을 고려하지 않기로 과감히 결정했다. 그래서 파이썬2와 3가 호환되지 않게 되었다. 하지만 이미 많은 프로그램들이 파이썬2로 개발되어 있어서(특히 운영 시스템에서 설치되어 있는 프로그램들) 어쩔수 없이 파이썬2와 파이썬3가 동시에 설치되어 있는 경우가 많이 생기게 된다. 저자의 맥북 프로(MacBook Pro)에도 파이썬2와 파이썬3가 둘 다 설치되어 있다. 많은 파이썬 라이브러리의 경우도 파이썬2와 파이썬3를 모두 서포트(support)하는 경우가 많다.

맥에서 파이썬 설치하기

맥에서 파이썬을 설치하는 방법에는 크게 2가지가 있다. 즉 파이썬 홈페이지에서 파이썬 최신 버전 설치 실행파일을 다운로드받아서 설치하는 경우와 홈브루(Homebrew)를 통해서 다운로드받아서 설치하는 경우가 있다. 먼저 파이썬 설치 실행파일을 통해 설치하는 방법에 대해서 알아보도록 하자.

▶ 파이썬 설치 실행파일을 사용해서 설치하기

먼저 웹 브라우저를 열고, 파이썬 공식 홈페이지인 https://www.python.org/ 에 접속하자. 윗부분에 "Downloads" 메뉴가 있을 것이다. 클릭하자(혹은 https:// www.python.org/downloads/로 직접 접속해도 된다).

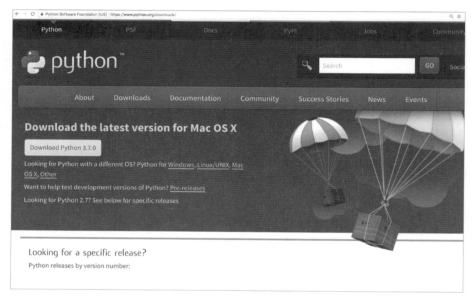

[그림 1-1] 파이썬 홈페이지

다운로드 버튼을 클릭하여 파이썬 설치 실행파일을 다운로드받도록 하자. 맥 운영 시스템(Mac OS X) 사용자인 것을 자동 인지하여 맥 운영 시스템용 파이썬 설치 파일이 다운로드될 것이다(그러나 혹시 해당 운영 시스템이 제대로 인지되어 있지 않다면, 원하는 운영 시스템 링크를 클릭하면 된다). 다운로드 버튼을 클릭하면 다음 설치 파일이 다운로드될 것이다(정확한 파일 이름이나 파이썬 홈페이지 디자인은 추후 변경될 수 있음을 참고하자).

python-3.7.0-macosx10.9.pkg

파이썬 설치 실행파일 다운로드가 완료되었으면 실행시키도록 하자. 아래와 같은 화면이 나타날 것이다. 화면에 나온 절차대로 진행하면 된다.

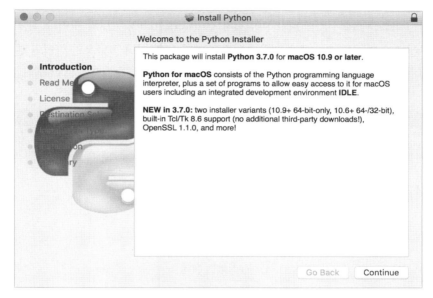

[그림 1-2] 파이썬 설치 화면

설치가 완료되면 /Applications 디렉터리에 Python 3.7이라는 폴더가 새로 생성되어 있을 것이다. 클릭해서 들어가면 다음의 이미지와 같은 파일들을 볼 수 있을 것이다.

[그림 1-3] 파이썬 설치 경로

그중 IDLE 파일을 클릭하도록 하자. IDLE는 Integrated Development and Learning Environment의 약자다. 직접 파이썬 명령어들을 입력하여 실행시키고, 해당 결괏값을 볼 수 있게 해주는 아주 간단한 파이썬 개발 환경 정도로 생각하면 된다. IDLE를 실행시키면 다음 이미지와 같이 terminal이 나타날 것이다. IDLE 맨 윗부분에 Python 3.7.0(혹은 다운로드받은 해당 버전)이라고 나오면 파이썬 설치가 제대로 된 것이다. 시험 삼아 1+1을 입력해 보자. 결괏값으로 2가 나올 것이다.

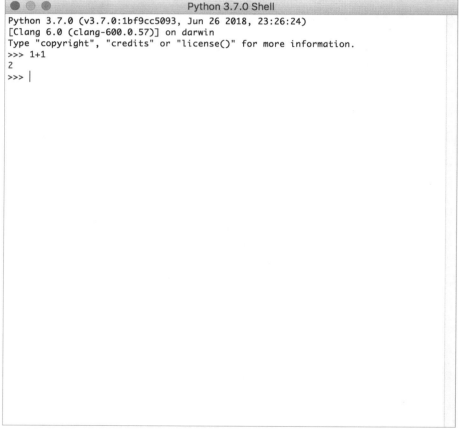

[그림 1-4] 파이썬 셸

▶ 홈브루 사용하여 파이썬 설치하기

이제 홈브루를 사용하여 파이썬을 설치하는 방법을 알아보도록 하자. 홈브루는 맥의 명령어 인터페이스(CLI, Command Line Interface) 환경에서 패키지를 설치할 때 사용되는 패키지 관리자 프로그램이다. 쉽게 이야기하면 명령어 인터페이스 환경에서 프로그램들을 쉽게 설치하게 도와주는 프로그램이다. 홈브루는 맥에 미리 설치되어 나온다. 만일 홈브루가 설치되어 있지 않다면 설치하도록 하자. 다음 명령어를 통해 간단하게 설치할 수 있다. 더 자세한 정보는 홈브루 홈페이지(https://brew.sh/)에서 확인할 수 있다.

```
/usr/bin/ruby -e "$(curl -fsSL https://raw.githubusercontent.com/
Homebrew/install/master/install)"
```

맥에서 터미널(Terminal)을 열고 다음 커맨드를 실행시키자.

```
brew install python
```

홈브루가 파이썬 패키지(package)를 자동으로 다운로드받아서 설치할 것이다. 평균적으로 2분에서 5분 정도 걸린다. 설치가 완료되면 파이썬3가 제대로 설치되었는지 확인해 보기 위해서 파이썬3를 실행해 보도록 하자. 터미널을 열어 python 커맨드를 입력해 보자. 다음과 같이 나올 것이다.

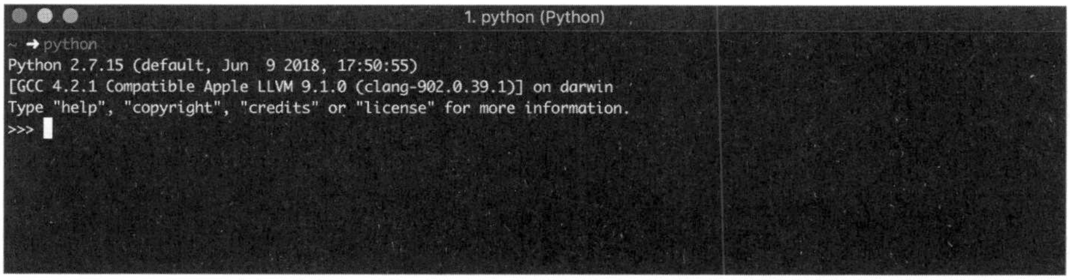

```
1. python (Python)
~ ➜ python
Python 2.7.15 (default, Jun  9 2018, 17:50:55)
[GCC 4.2.1 Compatible Apple LLVM 9.1.0 (clang-902.0.39.1)] on darwin
Type "help", "copyright", "credits" or "license" for more information.
>>>
```

[그림 1-5] 터미널에서 파이썬 실행 화면

파이썬3가 아닌 파이썬2가 실행된 것을 볼 수 있다. 왜 이런 것일까?

앞에서 말했듯이 맥에서는 파이썬2가 미리 설치되어 있다. 그러므로 이제 파이썬
2와 파이썬3가 둘 다 존재하게 되는 것이다. 두 버전이 동시에 설치되어 있다면 어
떻게 파이썬2와 파이썬3를 구분하여 사용할 수 있을까? 아주 간단하다. 파이썬
2는 python2로 설치되어 있고, 파이썬3는 python3로 설치되어 있다. 그러므로
python3 커맨드로 파이썬3를 사용하면 된다. CLI에서 python3 커맨드를 입력해
보자. 다음과 같이 파이썬3가 실행되는 것을 볼 수 있을 것이다.

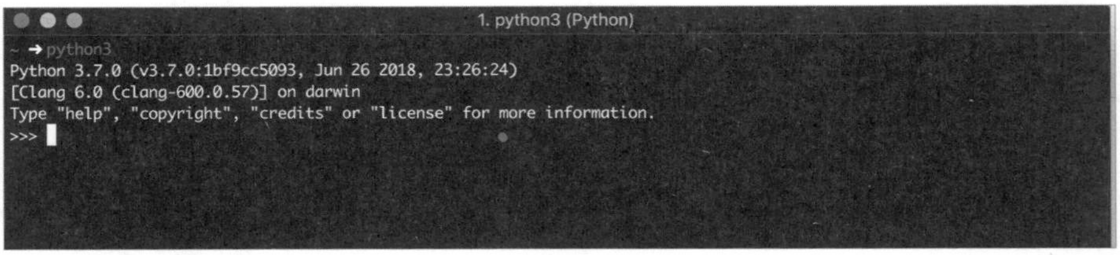

[그림 1-6] 파이썬3 실행 화면

여기서 질문이 생길 것이다. 왜 python 커맨드를 사용했을 때 파이썬2가 실행
된 것일까? 그 이유는 바로 python 커맨드가 실은 python2 실행파일의 심링크
(symlink)이기 때문이다. 심링크는 윈도우의 "바로 가기 링크" 정도로 생각하면
된다. 그러므로 python 커맨드를 실행하면 python2 커맨드가 실행됨으로써 파이
썬2가 실행되는 것이다. 다음에서 python 커맨드가 사실은 python2 실행파일의
심링크인 것을 확인할 수 있다.

[그림 1-7] 파이썬 경로

우분투에서 파이썬 설치하기

우분투 최신 버전(16.04 혹은 그 이상)에서는 파이썬3와 파이썬2가 이미 설치되어 나온다. 그러므로 다음과 같이 파이썬3를 그냥 실행하면 된다.

```
parallels@ubuntu: ~
parallels@ubuntu:~$ python3
Python 3.5.2 (default, Nov 23 2017, 16:37:01)
[GCC 5.4.0 20160609] on linux
Type "help", "copyright", "credits" or "license" for more information.
>>>
```

[그림 1-8] 우분투 파이썬3 실행 화면

물론 이미 설치되어 있는 파이썬3는 최신 버전이 아닐 가능성이 높다. 최신 버전을 사용하고 싶다면 설치되어 있는 파이썬3의 버전을 업그레이드할 수도 있다. 하지만 어차피 파이썬 개발 환경과 버전은 주로 가상 환경을 통해서 관리하므로 우분투에 설치되어 나오는 파이썬의 버전에 특별히 신경쓰지 않아도 된다.

우분투도 맥과 마찬가지로 python 커맨드를 실행하면 파이썬2가 실행이 되는 것을 볼 수 있다. 맥과 마찬가지로 python 커맨드가 python2의 심링크이기 때문이다.

```
parallels@ubuntu: ~
parallels@ubuntu:~$ python
Python 2.7.12 (default, Dec  4 2017, 14:50:18)
[GCC 5.4.0 20160609] on linux2
Type "help", "copyright", "credits" or "license" for more information.
>>>
```

[그림 1-9] 우분투 파이썬 실행 화면

```
parallels@ubuntu: ~
parallels@ubuntu:~$ which python
/usr/bin/python
parallels@ubuntu:~$ ls -lath /usr/bin/python
lrwxrwxrwx 1 root root 9 Nov 24  2017 /usr/bin/python -> python2.7
parallels@ubuntu:~$
```

[그림 1-10] 우분투 파이썬 경로

윈도우에서 파이썬 설치하기

윈도우에서 파이썬을 설치하는 방법도 맥과 마찬가지로 파이썬 공식 홈페이지에서 파이썬 설치 실행파일을 통해서 설치할 수 있다. 웹 브라우저를 열고 파이썬 공식 홈페이지인 https://www.python.org/에 접속하자. 그리고 상단 메뉴에서 "Downloads" 탭을 클릭하도록 하자. 다운로드 페이지로 들어갈 것이다. https://www.python.org/downloads/로 직접 접속해도 된다.

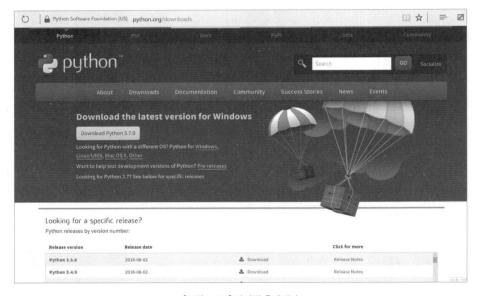

[그림 1-11] 파이썬 홈페이지

다운로드 버튼을 클릭하여 파이썬 설치 실행파일을 다운로드받도록 하자. 윈도우 시스템인 것을 자동 인지하여 윈도우용 파이썬 설치 파일이 다운로드될 것이다. 그러나 혹시 해당 운영 시스템이 제대로 인지되어 있지 않다면, 윈도우 운영 시스템 링크를 클릭하도록 하자. 다운로드 버튼을 클릭하면 설치 파일이 다운로드될 것이다(정확한 파일 이름은 언제든지 변경될 수 있음을 참고하자).

python-3.7.0.exe

다운로드가 완료된 윈도우용 파이썬 설치 파일을 실행시키자. 아래와 같은 화면이
실행될 것이다.

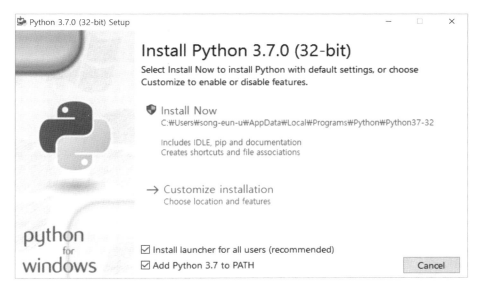

[그림 1-12] 파이썬 3.7 설치 화면

"Add Python 3.7 to PATH" 옵션을 꼭 체크하도록 하자. 이 옵션을 체크해야 파이
썬 3.7 실행파일이 윈도우상의 PATH에 포함되어 CLI에서 단순히 python 커맨드
를 입력해서 실행시킬 수 있게 된다. PATH에 포함되지 않으면 파이썬3가 설치되어
있는 경로를 매번 일일이 다 입력해 줘야 한다.

"Add Python 3.7 to PATH" 옵션을 체크했으면 "Install Now" 버튼을 눌러서 파이
썬3 인스톨을 진행하도록 하자. 인스톨이 완료되면 이제 파이썬3를 실행시켜서 설
치가 잘 되었는지 확인하자. 윈도우의 Power Shell을 실행시킨 후 python 커맨드
를 입력하도록 하자. [그림 1-13]과 같이 나오면 설치가 잘 완료된 것이다.

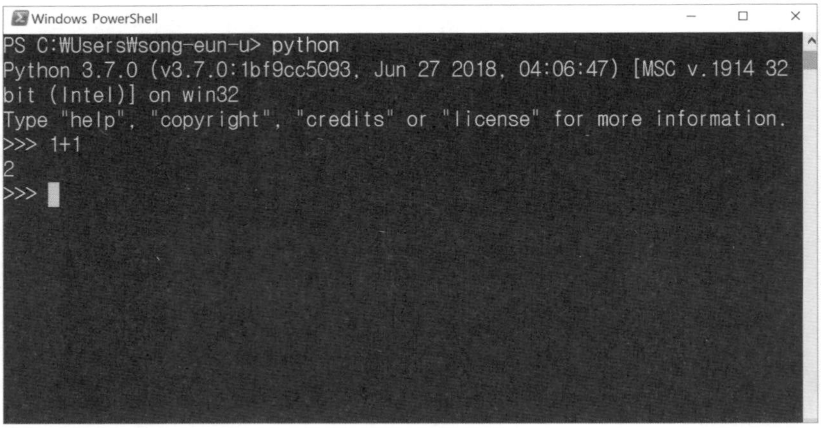

[그림 1-13] 윈도우 파이썬 실행 화면

파이썬 가상 환경 설치

지금까지는 시스템 전체에 적용되는 파이썬을 설치했다. 즉 앞에서 설치한 파이썬은 해당 운영 시스템 전반적으로 공유되어 사용된다는 뜻이다. 사실 여기에는 문제가 한 가지 있다. 그것도 큰 문제가 있다. 바로 여러 버전의 패키지를 설치할 수 없다는 점이다. 예를 들어, A라는 패키지가 있다고 가정한다면, 패키지 A 버전 1과 패키지 A 버전 2를 동시에 설치할 수 없다는 뜻이다. 그 이유는, 만일 동일한 패키지의 여러 버전이 설치되어 있으면 파이썬이 어떤 버전의 패키지를 로드(load)해야 하는지 알 수 없기 때문이다. 예를 들어, 앞으로 이 책에서 사용할 프레임워크(framework)인 Flask가 버전 0.5와 1.0 둘 다 설치되어 있다고 가정해 보자. 그러면 파이썬이 Flask 라는 클래스를 임포트(import)해야 할 때 0.5 버전의 클래스를 임포트해야 하는지 1.0 버전의 클래스를 임포트해야 하는지 알 수 없다. 그러므로 파이썬에서는 한 번 에 한 버전만 설치하도록 한다.

그렇다면 도대체 왜 동일한 패키지가 여러 버전이 필요한가에 대한 의문이 들 수도 있다. 단순하게 생각한다면, "동일한 패키지는 한 버전만 있으면 되는 것 아닌가? 만일 버전 업그레이드가 필요하다면 항상 최신 버전만 있으면 되는 것 아닌가?" 하는 생각을 할 수도 있을 것이다. 그러나 그렇게 간단한 문제가 아니다. 대부분의 개발자가 하나 이상의 파이썬 프로젝트를 개발하기 때문이다. 예를 들어, 프로젝트 1과 2를 동시에 개발한다고 가정했을 때 프로젝트 1에서는 패키지 A의 버전 1을 사용하고, 프로젝트 2에서는 패키지 A의 버전 2를 사용하는데, 패키지 A의 버전 1과 버전 2가 서로 호환되지 않으면 문제가 생겨 버린다. 패키지 A의 버전 2를 설치하면 프로젝트 1이 제대로 실행되지 않고, 그렇다고 패키지 A의 버전 2를 설치하면 프로젝트 2가 제대로 실행되지 않는 문제가 생기는 것이다.

이러한 문제를 해결해 주는 것이 바로 가상 환경(virtual environment)이다. 파이썬 가상 환경은 해당 프로젝트가 다른 프로젝트와 설정 및 패키지 버전 충돌 등이 일어나지 않도록 해당 프로젝트만을 위한 독립된 개발 환경을 만들어 주는 기능이다. 가상 환경을 사용하면 생성된 가상 환경의 디렉터리에 모든 설정 및 패키지를 설치하므로 다른 프로젝트와 충돌 문제가 없어지게 된다. 실제로, 아주 간단한 파이썬 스크립트 개발이 아닌 이상 거의 대부분의 파이썬 개발은 가상 환경에서 이루어진다.

만일 정말로 동일한 패키지의 다른 버전들이 동시에 필요하다면 방법이 아주 없는 것은 아니다. 파이썬 패키지는 꼭 pip으로만 설치해야 하는 것은 아니다. 원하는 파이썬 패키지를 소스 코드를 다운로드받아서 직접 빌드하여 설치할 수도 있다. 그리하여 site-packages 디렉터리가 아닌 다른 디렉터리에 설치하는 것이 가능하다. 그 후 PYTHONPATH 환경 변수(environment variable)에 해당 패키지가 설치된 디렉터리를 추가해 주면 된다(PYTHONPATH 환경 변수는 파이썬 모듈과 패키지들이 설치되어 있는 경로들을 담고 있다. 그러므로 파이썬이 모듈이나 패키지를 읽어 들어야 할 때 PYTHONPATH 환경 변수에 지정되어 있는 경로들을 검색한다). 그러나 이것만으로는 충분하지 않다. 다른 버전을 설치하고 읽어 들였다 하더라도 동일한 패키지이므로 이름 충돌이 분명히 일어날 것이다. 즉 해당 패키지에서 사용하는 모듈 이름이 분명히 같을 것이므로 동일한 패키지의 모든 버전의 모듈을 불러들이기는 불가능하다. 그러므로 패키지를 소스 코드에서 직접 빌드할 때 사용할 모듈의 이름을 다른 이름으로 수정한 후 빌드해야 한다. 사실, 동일한 패키지의 여러 버전이 동시에 필요한 일이 있을 경우가 거의 없다. 만일 있다면 근본적인 다른 문제점이 있다고 봐도 무방하다.

콘다

일반적으로 파이썬 가상 환경에는 크게 2가지가 있다. Venv라고 하는, 파이썬3에 포함되어 있는 가상 환경 기능과 콘다(Conda) 같은 외부 개발 툴(tool)을 사용한 파이썬 가상 환경이다(참고로, 파이썬2는 파이썬3와는 달리 가상 환경이 포함되어 있지 않고, 일반적으로 virtualenv라는 패키지를 따로 설치 해야 한다).

콘다는 파이썬 패키지 매니저(package manager)와 개발 환경 매니저(environment manager) 기능을 제공하는 개발 툴이다. 간단하게 생각하면 pip과 venv의 기능을 동시에 제공한다고 생각하면 된다. 콘다는 아나콘다(Anaconda)라는 컨티넘애널리틱스(Continuum Analytics)에서 만든 파이썬 배포판에 포함되어 있다. 아나콘다는 데이터 분석 및 사이언스에 특화된 파이썬 배포판으로 Numpy, SciPy 등 수학, 과학, 데이터 분석 분야의 패키지들, 그리고 그 외에도 여러 가지의 널리 사용되는 파이썬 패키지가 종합적으로 미리 설치되어 나온다. 콘다는 아나콘다에 포함되어 있는 패키지 매니저 및 개발 환경 매니저다.

가상 환경 기능만 고려하면 venv를 사용하는 것이 더 합리적이라고 생각할 수도 있다. venv는 이미 파이썬3에 포함되어 나오기 때문이다. 하지만 가상 환경들을 관리하는 측면에서 콘다가 여러 면으로 venv보다 편리하다. 그러므로 이 책에서는 콘다를 사용해서 가상 환경을 생성 및 관리할 것이다.

이미 언급한 대로 콘다는 아나콘다에 포함되어 있는 툴이지만, 아나콘다 전체를 설치하지 않고 콘다만 설치하여 사용할 수 있다. 만일 데이터 사이언스/과학 분야 관련 프로젝트를 한다면 아나콘다를 설치하는 것이 좋다. 필요한 패키지들 중 많은 패키지가 대부분 설치되어 나오기 때문이다. "내가 필요한 패키지만 골라서 설치하면 되지 않는가? 무엇 때문에 종합적으로 다 설치되어 나오는 플랫폼이 필요한가?"라고 생각할 수도 있다. 그 이유는, 많은 데이터 사이언스/과학 관련 패키지들을 설치하려면 외부 C 라이브러리가 필요한데, 이 부분들을 처리하기가 꽤 까다로울 수 있기 때문이다. 특히 윈도우 환경에서는 다른 운영체제 환경보다 더욱 까다롭다. 그래서 필요한 패키지들이 이미 설치가 되어 나오는 아나콘다 파이썬 배포판이 선호된다.

하지만 이 책의 내용을 진행하기 위해서 꼭 아나콘다가 필요하지는 않다. 아나콘다의 단점 중 하나는, 많은 패키지들을 포함하느라 아나콘다의 용량이 꽤 크다는 것이다. 현재 아나콘다 CLI 버전은 523MB 정도 된다. 이 책의 내용을 진행하기 위해서 특별한 데이터 사이언스 패키지들이 필요하지는 않으므로, 우리에게 필요 없는 패키지들을 포함하고 있는 아나콘다를 사용하기보다는 이 책에 필요한 기능을 제공하는 콘다만 사용하면 충분하다. 콘다만 설치하기 위해서는 아나콘다 대신에 미니콘다(Miniconda)를 설치하면 된다. 자, 이제 미니콘다를 설치하도록 하자.

맥과 우분투에서 콘다 설치하기

웹 브라우저를 열고 콘다 웹사이트의 미니콘다 다운로드 페이지(https://conda.io/miniconda.html)로 접속해서, 해당 운영체제에 해당하는 파이썬3.6 버전 인스톨러를 다운로드받도록 하자.

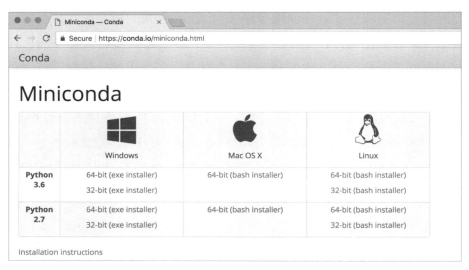

[그림 1-14] 미니콘다 실행 파일 다운로드 페이지

맥의 경우 다음 파일이 다운로드될 것이다.

Miniconda3-latest-MacOSX-x86_64.sh

우분투의 경우 다음 파일이 다운로드될 것이다.

Miniconda3-latest-Linux-x86_64.sh

이제 터미널을 열어서 다음의 커맨드를 입력하도록 하자.

```
bash ./Miniconda3-latest-MacOSX-x86_64.sh
```

참고로, 미니콘다 실행파일의 실제 경로는 어디에 파일을 다운로드받았느냐에 따라 달라진다. 그러므로 미니콘다 실행파일이 다운로드된 실제 경로대로 위의 명령어를 수정하자.

미니콘다 인스톨이 시작될 것이다. 절차대로 진행하면 된다(대부분의 경우 엔터

(enter)를 눌러서 디폴트(default) 값으로 설치하면 된다). 설치가 완료되면 콘다가 제대로 작동하는지 확인하도록 하자. CLI에서 다음 명령어를 입력하자.

```
conda list
```

다음과 같이 설치된 패키지들의 리스트가 나열될 것이다(참고로, 실제로 설치된 패키지 리스트들은 다음 이미지와 다를 확률이 높다. 저자는 이미 콘다를 사용한 지 오래이므로 많은 패키지가 설치되어 있다).

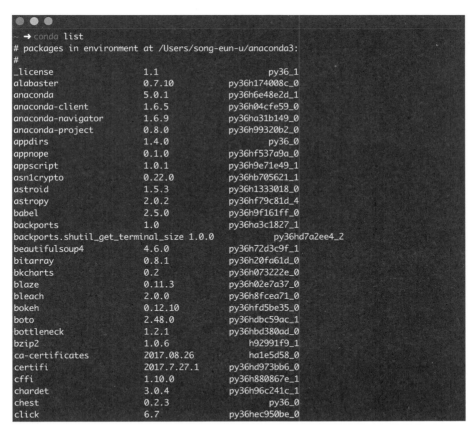

[그림 1-15] 콘다 리스트 실행 화면

윈도우에서 콘다 설치하기

콘다 웹사이트의 미니콘다 다운로드 페이지(https://conda.io/miniconda.html)로 접속해서, 윈도우용 파이썬3.6 버전 인스톨러를 다운로드받도록 하자. 다운로드가 완료되면 해당 파일을 실행시키자. 아래와 같은 화면이 나올 것이다.

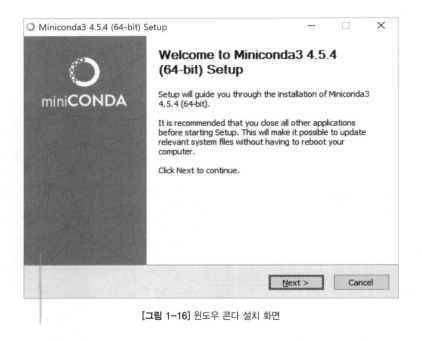

[그림 1-16] 윈도우 콘다 설치 화면

순서대로 진행하도록 하자. 진행 중간에 "Add Anaconda to my PATH environment variable"라는 옵션을 설정할 수 있는 화면이 나온다. 아나콘다 홈페이지에서는 해당 옵션을 선택하지 말라고 권장한다. 그 이유는 아나콘다를 윈도우의 패스(PATH) 환경 변수에 포함시켜 주면 콘다와 함께 아나콘다의 파이썬도 윈도우의 패스 환경 변수에 포함시키는데, 만일 파이썬을 사용하는 다른 프로그램들이 이미 설치되어 있다면 그 프로그램들을 실행 시 예상치 못한 문제가 생길 수도 있기 때문이다. 대신에 아나콘다는 아나콘다 프롬프트(Anaconda Prompt) 창을 사용하라고 권장하고 있다.

설치가 끝나면 아나콘다 프롬프트 창을 실행해 보도록 하자. 윈도우 검색에서
"Anaoconda"라고 입력하면 아나콘다 프롬프트 창이 결과에 나타날 것이다.

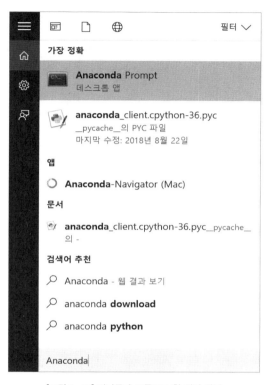

[그림 1-17] 아나콘다 프롬프트 창 결과 화면

실행시켜 보자. 일반 아나콘다 프롬프트 창이 실행된다. 모습은 일반적인 윈도우의
명령어 창과 비슷하지만, 아나콘다 프롬프트 창에서는 콘다와 아나콘다 파이썬이 윈
도우의 패스 환경 변수에 포함되어 있다. 아래 명령어를 실행해서 콘다의 버전이 제
대로 출력되면 콘다 설치가 성공적으로 된 것이다.

```
conda --version
```

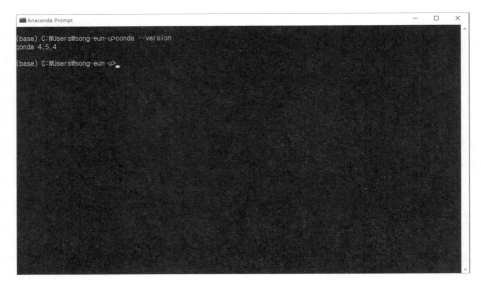

[그림 1-18] 콘다 버전 확인 화면

터미널 환경

백엔드 개발에 처음 입문하는 분들에게 저자가 추천하는 것 중 하나가 명령어 인터페이스(CLI, Command Line Interface)에 익숙해지라는 것이다. 그 이유는 대부분의 백엔드 시스템이 리눅스 기반의 서버에서 운영되기 때문이다. 그러므로 리눅스 서버에 접속해서 작업을 할 때 텍스트 터미널을 통해 작업을 하는 경우가 대부분이다. 예를 들어, 백엔드 시스템에 오류가 났을 때 서버에 접속해 로그를 보면서 오류를 해결해야 하는 경우 모든 작업이 다 터미널상에서 이루어지므로 만일 명령어 인터페이스와 터미널 환경에 익숙하지 않다면 많은 어려움을 겪게 될 것이다. 그래서 개발할 때는 UI나 여러 편리한 툴(tool)에 의존하는 것을 최소화하고 최대한 터미널을 통해서 개발하는 것을 습관화하도록 권장한다.

맥에서 터미널 환경

맥에서는 기본 터미널이 이미 설치되어 있다. 그러나 많은 개발자들이 iTerm을 사용한다. 그 이유는 iTerm이 기본 터미널에 비해 여러 편리한 기능을 제공하기 때문이다. iTerm은 iTerm 홈페이지(https://www.iterm2.com/downloads.html)를 통해서 다운로드받을 수 있다.

iTerm 설치 파일을 다운로드받아서 설치하도록 하자.

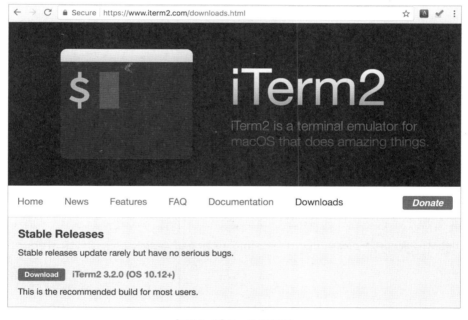

[그림 1-19] iTerm2 홈페이지

설치가 완료되면 iTerm을 실행하도록 하자. iTerm은 다양한 설정이 가능하다. 그 중에서도 많은 백엔드 개발자들이 중요하게 생각하는 색상 테마(Color Theme)를 설정하여 터미널을 더 멋지게 보이도록 설정해 보자. iTerm의 설정(Preferences) 화면에서 프로파일(Profiles)을 선택한 후 오른쪽의 패널 중 색상(Colors)를 선택하

자. 색상 패널에 오른쪽 하단에 "Color Presets"라는 드롭다운(dropdown) 메뉴가 있다. "Color Presets" 드롭다운 메뉴를 통해 원하는 색상 테마를 선택할 수 있다.

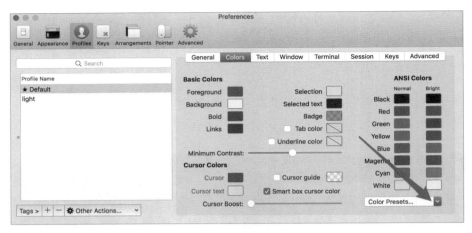

[그림 1-20] iTerm2 프로파일 설정 화면

기본으로 설치되어 있는 iTerm 색상 테마 이외에도 여러 다양한 색상 테마를 외부에서 임포트하여 적용할 수 있다. iTerm의 색 테마 페이지(https://github.com/mbadolato/iTerm2-Color-Schemes)에서 175개 이상의 iTerm 색상 테마를 받을 수 있으니 관심 있으면 둘러보는 것도 좋겠다. 저자는 "Solarized Light" 색상 테마를 선택했다. 그 외에도 다른 색상 테마들이 있으니 원하는 색상 테마를 선택하면 된다.

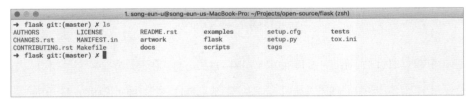

[그림 1-21] iTerm2 색상 테마 적용 화면

우분투에서 터미널 환경

맥과 마찬가지로 우분투에서도 당연히 터미널이 기본적으로 설치되어 있다. 우분투에는 Gnome 터미널이 디폴트 터미널로 설치되어 있다. Gnome 터미널에서도 색상 테마 변경이 가능하다(다만 iTerm처럼 간단하지는 않다). Gnome 터미널도 색상 테마 변경을 통해 더 멋지게 만들어 보도록 하자.

Gnome 터미널에서 색상 테마를 설정하는 방법은 여러 가지가 있지만, 가장 간단한 방법 중 하나는 Gogh라고 하는 Gnome 터미널 색상 테마 변경 툴을 사용해서 변경하는 방법이다. 먼저 다음 명령어를 사용해서 dconf-cli를 설치하도록 하자. 이미 설치되어 있을 확률이 높지만, 그래도 설치되어 있지 않을 경우를 대비해서 다음 명령어를 실행하도록 하자.

```
sudo apt install dconf-cli
```

이제 Gogh를 사용해서 색상 테마를 변경하도록 하자. 다음 명령어를 실행하면 된다. 참고로, 만일 wget 명령어가 설치되어 있지 않으면 wget를 먼저 설치해야 한다.

```
wget -O gogh https://git.io/vQgMr && chmod +x gogh && ./gogh && rm gogh
```

앞의 명령어를 실행하면 번호가 지정되어 있는 다양한 색상 테마 옵션(option)들이 나열될 것이다. 그중 맘에 드는 색상 테마의 번호를 입력해 주면 된다. 참고로, 저자는 Solarized-Light로 설정해서 사용하고 있다.

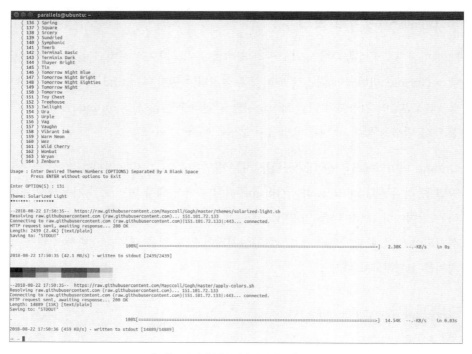

[그림 1-22] 우분투 터미널 색상 적용 화면

Gogh를 통해서 적용할 수 있는 색상 테마 리스트들은 Gogh의 깃허브(Github) 페이지(https://github.com/Mayccoll/Gogh)를 통해서 확인할 수 있다.

윈도우에서 터미널 환경

윈도우에서도 PowerShell 등의 명령어 인터페이스 툴이 제공되어 있다. 하지만 맥이나 우분투 그리고 그 외 다른 리눅스 기반의 운영체제들에 비해 윈도우의 명령어 인터페이스는 많이 열악하고 개발 환경으로 사용하기 불편하다. 그래서 저자는 백엔드 개발에 윈도우보다는 맥이나 우분투를 사용하라고 추천한다.

다행히 윈도우 10부터는 윈도우 안에서 우분투를 설치하여 사용할 수 있게 되었다.

간단한 설치를 통하여 윈도우상에서 우분투의 터미널 환경을 사용할 수 있게 된 것이다. 그러므로 윈도우에서는 우분투 터미널을 사용하도록 하자. 먼저 마이크로소프트 스토어에 접속해서 "Ubunut"를 검색하자.

[그림 1-23] 윈도우 앱 스토어 우분투 화면

설치 버튼을 누른 후 절차대로 설치하면 된다. 설치가 완료되면 우분투 터미널 환경을 윈도우상에서 사용할 수 있게 된다. 앞서 설치했던 미니콘다와 툴들도 전부 우분투용으로 설치하면 된다.

깃

이제 깃(git)을 설치하도록 하자. 깃은 코드의 버전을 관리해 주는 코드 버전 관리 시스템이다. 깃은 너무 유명해서 아마 이미 깃을 설치하고 사용하고 있는 분들도 많을 것이다. 만일 아직 깃을 설치하지 않았으면 설치하도록 하자.

맥에서 깃 설치하기

먼저 홈브루를 사용하여 깃을 설치하자.

```
brew install git
```

설치가 되었으면 다음 명령어를 실행해서 설치를 확인하자.

```
git --version
```

깃 버전이 잘 출력되면 이제 깃에서 사용할 사용자 이름과 이메일을 설정하도록 하자.

```
git config --global user.name "Eun Song"
git config --global user.email "songew@gmail.com"
```

우분투에서 깃 설치하기

먼저 apt 명령어를 통해 깃을 설치하자.

```
sudo apt update
sudo apt install git
```

설치가 완료되었으면 다음 명령어를 통해 깃 버전을 확인함으로써 깃 설치가 잘되었는지 확인하자.

```
git --version
```

마지막으로, 깃의 사용자 이름과 이메일을 설정하도록 하자.

```
git config --global user.name "Eun Song"
git config --global user.email "songew@gmail.com"
```

윈도우에서 깃 설치하기

윈도우에서 깃을 설치하기 위해서는 윈도우용 깃 설치 파일을 다운로드받아서 실행하면 된다. 윈도우용 깃 설치 파일은 "gitforwindows" 홈페이지(https://gitforwindows.org/)에서 다운로드받을 수 있다. 자세한 설치 절차는 해당 홈페이지에서 확인할 수 있다.

깃허브

깃허브는 깃을 사용하는 프로젝트를 지원하는 웹 호스팅 서비스다. 즉 깃으로 버전 관리를 하는 프로젝트들을 웹상에서 저장하고 관리할 수 있게 해주는 서비스다. 깃과 깃허브를 사용하지 않는 개발자나 회사는 보기 힘들 정도로 널리 사용되는 서비스이므로 혹시 아직 가입하지 않았다면 가입하도록 하자. 가입은 깃허브 홈페이지

(https://github.com/)에서 가입하면 된다.

깃 관련 터미널 툴들

다음에 소개할 툴들은 터미널 환경에서 깃을 사용할 때 여러 편리한 기능을 제공해 주는 툴들이다. 반드시 설치해야 하는 것은 아니지만, 설치하면 터미널 환경에서 보다 편리하게 깃을 사용할 수 있다.

TIG(Text-mode Interface fot Git)

깃 커밋 히스토리를 터미널에서 보여 주는 툴이다. git log와 동일한 기능이지만, git log보다 터미널상에서 깃 커밋 히스토리 및 수정 사항들을 훨씬 보기 쉽게 해준다. 자세한 정보는 tig의 깃허브 페이지(https://github.com/jonas/tig)에서 확인할 수 있다.

▶ **맥에서 설치하기**

```
brew install tig
```

▶ **우분투에서 설치하기**

```
sudo apt install tig
```

Diff So Fancy

git diff의 출력 화면을 터미널상에서 더 보기 쉽게 출력해주는 깃 플러그인이다. git diff의 일반적인 출력 화면은 사실 보기 어려울 수 있는데, Diff So Fancy를 설치하면 수정 사항들이 눈에 더 잘 들어온다. 더 자세한 내용은 Diff So Fancy의 깃허브 페이지(https://github.com/so-fancy/diff-so-fancy)에서 확인할 수 있다.

[그림 1-24] Git Diff So Fancy

▶ **맥에서 설치하기**

```
brew install diff-so-fancy
```

▶ **우분투에서 설치하기**

우분투에서는 먼저 npm(자바스크립트 nodejs의 패키지 매니저)를 설치한 후 npm
을 통해서 설치해야 한다.

```
sudo apt install npm
sudo npm -g install diff-so-fancy
```

▶ **Diff So Fancy 설정하기**

Diff So Fancy를 설치한 후에는 원하는 색상 설정을 해주어야 한다. 아래는 Diff
So Fancy에서 권장하는 설정들이다. 아래 명령어 그대로 터미널에서 실행해 주면
된다.

```
git config --global color.ui true

git config --global color.diff-highlight.oldNormal    "red bold"
git config --global color.diff-highlight.oldHighlight "red bold 52"
git config --global color.diff-highlight.newNormal    "green bold"
git config --global color.diff-highlight.newHighlight "green bold 22"

git config --global color.diff.meta       "yellow"
git config --global color.diff.frag       "magenta bold"
git config --global color.diff.commit     "yellow bold"
git config --global color.diff.old        "red bold"
git config --global color.diff.new        "green bold"
git config --global color.diff.whitespace "red reverse"
```

참고로 저자는 다음과 같은 diff-highlight 색상을 선호한다. 그 이유는 저자는
Solarized light 테마를 사용하고 있는데, 다음 색상의 수정 사항들이 눈에 더 잘 띄
기 때문이다.

```
git config --global color.diff-highlight.oldNormal "red"
git config --global color.diff-highlight.oldHighlight "red 217"
git config --global color.diff-highlight.newNormal "green"
git config --global color.diff-highlight.newHighlight "green 157"
```

셸

셸(Shell)은 터미널 환경에서 운영체제의 커널(kernel)과 사용자의 유저 스페이스
(user space)를 이어 주는 인터페이스(interface) 역할을 하는 프로그램이다. 아주
간단하게 설명하면 사용자의 명령어를 운영체제에 전달하여 실행되게 하고, 그 결과
물을 사용자에게 전달하는 역할을 하는 프로그램이라고 생각하면 된다. 인터페이스
역할 외에도 셸 스크립트(Shell Script)라는 셸 전용 프로그래밍 언어를 사용해서 터
미널 환경에서 다양한 자동화를 실행할 수도 있다.

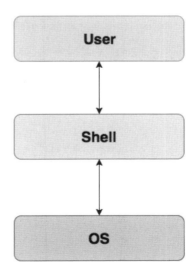

[그림 1-25] 셸 구조

대표적인 셸로는 Bash(Bourne-Again Shell)가 있다. Bash는 거의 대부분의 리눅스 기반 운영체제에서 기본 셸로 설치된다. 하지만 Bash 이외에도 여러 다양한 셸이 있다. 그중 최근에 인기를 얻고 있는 셸로 ZSH(Z Shell)이 있다. 기본적인 기능은 Bash와 큰 차이는 없으나 여러 다양한 편리한 기능을 제공하고 있다. 특히 Oh My Zsh이라는 ZSH 설정 매니저 플러그인을 통해서 편리하게 셸을 설정할 수 있어서 널리 사용되고 있다.

> ZSH은 설치하여 사용하면 Bash보다 편리하지만 필수 조건은 아니다. Bash를 사용해도 파이썬 백엔드 개발을 하는 데 문제는 없다. 그러므로 터미널에 익숙지 않아서 ZSH 설치 및 설정에 자신이 없거나 ZSH 사용에 관심이 없으면 ZSH 설치를 꼭 하지 않아도 된다.

맥에서 ZSH 설치하기

맥에는 ZSH이 미리 설치되어 있다. 하지만 설치되어 있는 ZSH은 최신 버전이 아닐 가능성이 높다. 아래 명령어를 통해 ZSH을 최신 버전으로 업그레이드하도록 하자.

```
brew install zsh zsh-completions
```

ZSH 설치가 완료되면 디폴트 셸을 BASH에서 ZSH로 변경시켜 주어야 한다. 다음 명령어를 실행하여 디폴트 셸을 ZSH로 변경하자.

```
sudo -s 'echo /usr/local/bin/zsh >> /etc/shells' && chsh -s /usr/local/bin/zsh
```

이제 터미널 창을 닫고 새로 열면 ZSH이 디폴트 셸로 시작될 것이다. 다음 명령어를 실행했을 때 ZSH의 경로가 출력되면 ZSH이 정상적으로 디폴트 셸로 지정된 것이다.

```
echo $SHELL
```

우분투에서 ZSH 설치하기

먼저 다음 명령어를 통해서 ZSH을 설치하자.

```
sudo apt install zsh
```

ZSH이 설치가 되면 디폴트 셸을 BASH에서 ZSH로 변경시켜 주도록 하자.

```
chsh -s `which zsh`
```

그 후 시스템을 재부팅시켜 주면 디폴트 셸이 ZSH로 바뀌어 있을 것이다. 터미널에서 다음 명령어를 사용했을 때 ZSH 경로가 나오면 정상적으로 ZSH이 디폴트 셸로 설정된 것이다.

```
echo $SHELL
```

Oh My Zsh

ZSH이 널리 쓰이게 된 큰 이유는 "Oh My Zsh"에 있다. "Oh My Zsh"은 ZSH의 설정 관리(configuration manager) 툴이다. ZSH을 사용하면 당연히 "Oh My Zsh"

을 써야 하는 것으로 여겨질 정도로 ZSH 사용자들에게 널리 사용된다. 실제로 구글에 "zshell"을 검색하면 ZSH보다 "Oh My Zsh"이 더 상위 검색 결과에 나올 확률이 높을 정도로 ZSH 사용자들에게 인기가 많다. "Oh My Zsh"이 이렇게 인기가 많은 이유는 ZSH의 다양하고 편리한 플러그인들을 쉽게 설치하고 관리할 수 있기 때문이다. 더 자세한 정보는 "Oh My Zsh"의 홈페이지(https://ohmyz.sh/)에서 확인할 수 있다.

"Oh My Zsh"의 설치 방법은 맥과 우분투가 동일하다. 다음 명령어를 터미널에서 실행해서 설치하면 된다.

```
sh -c "$(curl -fsSL https://raw.githubusercontent.com/robbyrussell/oh-
my-zsh/master/tools/install.sh)"
```

"Oh My Zsh" 명령어가 실행이 완료되면 터미널 창에 "Oh My Zsh" 로고가 크게 출력될 것이다.

[그림 1-26] Oh My Zsh

처음으로 ZSH와 "Oh My Zsh"를 설치하는 경우 다음과 같은 화면이 출력될 수 있다.

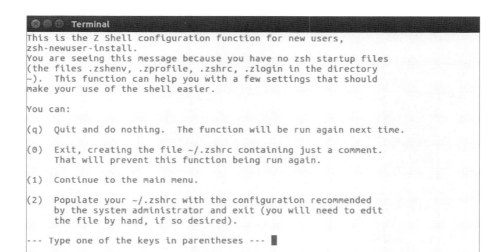

[그림 1-27] Oh My Zsh 설정 파일 옵션 화면

ZSH 설정 파일인 .zshrc 파일이 아직 생성되지 않아서 그에 관한 옵션을 설정할 수 있는 화면이다. 0번을 선택하면 된다.

Oh My Zsh 설정

"Oh My Zsh" 설정은 모두 .zshrc 파일을 통해서 이루어진다. 에디터로 .zshrc 파일을 열어서 필요한 설정을 직접 지정하면 된다. .zshrc 파일은 홈디렉터리에 위치해 있을 것이다. 예를 들어, vim으로 .zshrc 파일을 열기 위해서는 다음 명령어를 실행하면 된다.

```
vim ~/.zshrc
```

다음은 저자의 ZSH 설정 파일 내용이다.

```
# Path to your oh-my-zsh installation.
export ZSH=$HOME/.oh-my-zsh

ZSH_THEME='agnoster'

plugins=(
    git
    osx
    autojump
    scala
    python
    pip
    github
    gnu-utils
    zsh-syntax-highlighting
    history-substring-search
    colored-man-pages
)
source $ZSH/oh-my-zsh.sh
source $(brew --prefix autoenv)/activate.sh
source /usr/local/share/zsh-syntax-highlighting/zsh-syntax-
highlighting.zsh
```

ZSH의 설정 중 주로 수정하게 되는 것은 ZSH_THEME과 plugins이다. ZSH_
THEME는 원하는 ZSH 테마의 이름을 설정해 주면 되고, plugins는 설치를 원하
는 ZSH 플러그인들의 이름을 나열하면 된다. 그리고 난 후 터미널을 다시 시작하
면 ZSH 테마와 플러그인들이 적용되어 있을 것이다. ZSH 테마는 원하는 테마를
적용하면 된다. 다만 몇몇 테마들은 추가로 폰트를 설치하거나 테마의 코드를 깃허
브에서 다운로드받아야 되는 등 추가적인 설치 과정이 필요할 수 있다. 플러그인
들은 다양한 플러그인들이 존재한다. 그중 zsh-syntax-highlighting와 history-
substring-search 플러그인은 꼭 설치하길 권장한다. zsh-syntax-highlighting

플러그인은 ZSH에서 명령어에 색상을 입혀 준다. history−substring−search 플러그인은 ZSH에서 키워드 입력 후 화살표 위 방향 키를 입력하면 해당 키워드가 속한 과거 실행 명령어들을 찾아 준다. 아주 편리한 기능이다.

적용 가능한 ZSH 테마들과 플러그인들 그리고 그 외 더 자세한 정보는 "Oh My Zsh" 깃허브 페이지(https://github.com/robbyrussell/oh−my−zsh)에서 확인할 수 있다.

> BASH에서 ZSH로 셸을 변경하고 나면 콘다가 실행되지 않는 경우가 있을 수 있다. 콘다의 경로를 BASH상에서는 PATH 환경 변수에 포함시켰던 것이 ZSH로 변경하면서 포함되지 않아서 생기는 문제다. 이 해결 방법은 간단하다. ZSH상에서도 콘다의 경로를 PATH 환경 변수에 포함시켜 주면 된다. .zshrc 파일에 다음 구문을 삽입해 주면 된다.

```
export PATH="/path/to/Minoconda3/bin:$PATH
```

참고로 /path/to/Miniconda3/bin 부분은 각자 콘다가 설치된 경로로 지정해 주면 된다. 저자의 경우 /Users/song−eun−u/Minoconda3/bin에 설치되어 있으므로 다음처럼 설정해 주었다.

```
export PATH="/Users/song-eun-u/Minoconda3/bin:$PATH
```

다양한 에디터 소개 ━━━━━━━━━━━

이제 백엔드 개발을 시작하기에 앞서 필요한 것들이 거의 다 준비되었다. 마지막으로, 실제 코딩을 할 수 있는 에디터를 설치하면 된다. 에디터의 종류는 정말 다양하지만, 그중 가장 널리 쓰이는 파이썬 에디터 몇 가지를 소개하도록 하겠다.

파이참

파이참(PyCharm)은 젯브레인스(Jet Brains)가 만든 파이썬용 IDE(Integrated Development Environment)다. 가장 널리 사용되고 있는 파이썬 IDE 중 하나다. 프로페셔널(Professional) 버전과 커뮤니티(Community) 버전이 있는데 커뮤니티 버전이 무료다. 젯브레인 홈페이지의 파이참 다운로드 페이지(https://www.jetbrains.com/pycharm/download/)에 가서 다운로드받아서 설치하면 된다.

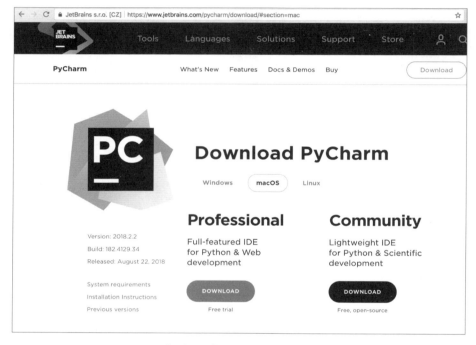

[그림 1-28] 파이참 다운로드 페이지

파이썬 비주얼 스튜디오 코드 IDE

마이크로소프트에서 제공하는 비주얼 스튜디오 코드(Visual Studio Code) IDE

도 파이썬 모드를 제공한다. 역시 무료이며 윈도우뿐만 아니라 맥과 리눅스에서도 사용할 수 있다. 비주얼스튜디오 마켓플레이스 홈페이지(https://marketplace. visualstudio.com/items?itemName=ms-python.python)에서 다운로드받아 설치할 수 있다. 참고로, 비주얼 스튜디오 코드가 없다면 먼저 비주얼 스튜디오 코드를 설치해야 한다.

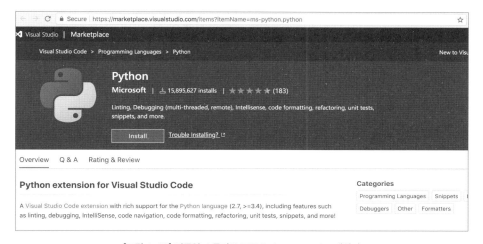

[그림 1-29] 비주얼 스튜디오 코드 Python extension 페이지

VIM

VIM은 아주 오래 역사가 깊은 에디터다. 1991년에 첫 출시되었으며 오랫동안 많은 개발자에게 사랑받은 에디터다. 사용법이 어렵고 복잡해서 고급 사용자가 되기 어렵기로 악명이 높다. 하지만 익숙해지면 개발 생산성(productivity)에 많은 도움이 된다. 또한 리눅스 서버에서 작업 시에 VI나 VIM을 사용해야 하는 경우가 많으므로 백엔드 개발자라면 기본적인 사용법은 알아두는 것이 좋은 에디터이기도 하다. IDE가 아닌 단순 에디터이지만 수많은 플러그인이 개발되어 있으므로 웬만한 IDE 부럽지 않은 기능을 사용할 수 있다. 그리고 무엇보다 기본적으로 터미널 기반의 에디터

이므로 터미널에서 곧바로 사용할 수 있다는 아주 큰 장점이 있다. 터미널에서 주로 개발을 하는 백엔드 개발자들에게 많은 사랑을 받는 이유기도 하다. 맥이나 우분투 등의 리눅스 기반 운영체제 시스템에서는 대부분 VIM이 설치되어 나온다.

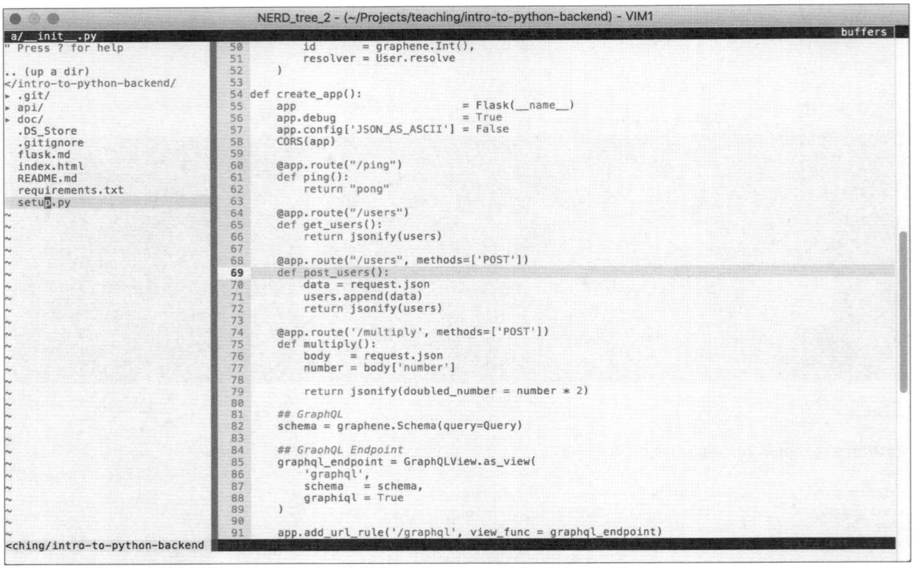

[그림 1-30] VIM

만일 설치되어 있지 않거나 최신 버전의 VIM을 사용하기 위해서는 맥에서 홈브루를 사용해서 설치하면 된다.

```
brew install vim
```

우분투에서는 apt를 사용해서 설치하도록 하자.

```
sudo apt install vim
```

윈도우에서는 VIM 다운로드 페이지(https://www.vim.org/download.php)에서 다운로드받아서 설치하면 된다.

참고로, 저자는 VIM을 사용한다. 그리고 개발자들에게도 VIM을 사용하라고 권고한다. IDE는 다양한 기능들을 제공해 주므로 편리하긴 하지만, 그 편리함 때문에 언어의 숙련도를 높이는 데 방해가 되기도 한다. 그에 반해 VIM은 기본적으로 편집(editing) 기능만 제공하므로 해당 언어나 개발 환경은 사용자가 직접 찾아보고 익숙해져야 한다. 그러므로 처음에는 개발 속도가 느릴 수 있지만, 시간이 지남에 따라 해당 언어와 개발 환경에 관해 많은 것들을 배우게 된다. 그러한 이유로 저자는 VIM 사용을 추천한다.

VIM은 오래되었고 인기도 많은 만큼 VIM 사용법을 무료로 가르쳐 주는 사이트도 많다. Openvim.com(https://www.openvim.com/) 혹은 그 외 다른 여러 사이트를 통해 VIM을 배워 볼 수 있다.

서브라임 텍스트

서브라임 텍스트(Sublime Text)는 파이참 같은 IDE와 VIM 같은 에디터의 중간 정도 에디터라고 생각하면 된다. 파이참처럼 무겁고 여러 다양한 기능을 제공하는 IDE는 아니지만, 그렇다고 VIM처럼 너무 사용하기 어려운 에디터도 아니다. 사용하기 쉽고 꼭 필요한 기능들은 다 제공하면서 그렇다고 복잡하지 않아 인기가 많은 에디터다. 게다가 무료로 사용할 수 있다. 서브라임 텍스트 홈페이지(https://www.sublimetext.com/)에서 다운로드받아서 설치할 수 있다.

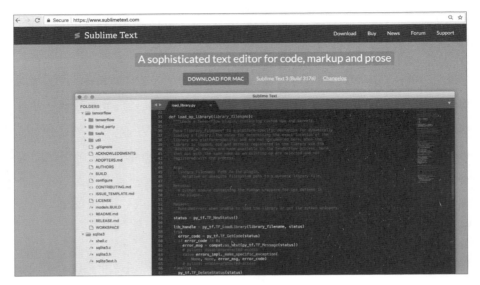

[그림 1-31] 서브라임 텍스트

1장 정리

1장에서는 파이썬 및 파이썬 개발 환경을 설치하는 것에 대해 다루었다. 백엔드 개발에는 터미널 CLI 환경 사용이 중요하다. 그러므로 터미널 설치 및 설정과 ZSH 설치 및 설정에 대해 알아보았으며, 또한 터미널 환경에서 유용한 여러 가지 툴들에 대해서 알아보고 설치하는 내용을 다루었다.

다음 장에서는 본격적인 백엔드 API 개발에 들어가기에 앞서 웹 시스템들이 시스템 구조적으로 어떻게 발전하게 되었는가와 현대 웹 시스템의 구조와 아키텍처(architecture)는 어떻게 형성되어 있는가에 대해서 간략하게 이야기할 것이다.

현대 웹 시스템 구조 및 아키텍처

본격적인 API 개발에 들어가기에 앞서, 웹 시스템들이 시스템 구조적으로 어떻게 발전하게 되었는가와 현대 웹 시스템의 구조와 아키텍처는 어떻게 형성되어 있는가에 대해서 간략하게 알아보도록 하자. 이러한 역사와 배경 지식을 이해하게 되면 왜 API 백엔드 개발이 필요한지, 그리고 백엔드 개발자들은 어떠한 역할을 하며 어떠한 기술이나 능력이 요구되는지에 대해서 더 잘 이해할 수 있게 된다.

또한 현대의 개발팀의 구조, 즉 어떠한 직군들이 있고, 어떠한 역할들이 있는지에 대해서도 알아보도록 하겠다. 그럼으로써 독자들이 실제 개발자로서 실무를 하게 될 때 팀에서 어떠한 역할을 담당하게 될지 더 이해할 수 있고, 또한 앞으로 발전해 나아가는 목표를 정하는 데 도움이 될 것이다.

- 웹 시스템들의 발전 역사
- 현대의 웹 시스템 들의 구조 및 아키텍처
- 현대의 개발팀의 구조

웹 시스템들의 발전 역사

초기의 웹 시스템

1989년에 팀 버너스 리(Tim Berners-Lee)가 월드와이드웹(WWW, World Wide Web)을 발명하고 난 후로 많은 서비스들이 웹을 통해 제공되었다. 특히 2000년대 닷컴붐(Dotcom Boom) 때에 엄청나게 많은 웹 서비스 회사들이 생기면서 웹 시스템들과 웹 관련 기술들이 엄청난 발전을 하였다.

웹이 발명되고 난 후 초기 1세대 웹 시스템들은 지금의 웹 시스템들보다 훨씬 단순한 형태였다. 당시에는 지금처럼 다양하고 복잡한 서비스를 웹을 통해서 제공하는 것이 아니라 정말 단순하게 문서(text)를 웹 브라우저를 통해 보는 수준이었다.

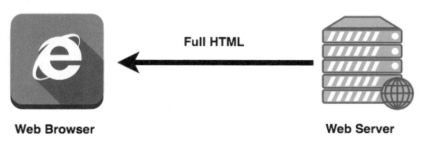

[그림 2-1] 1세대 웹 시스템

그러므로 웹 서버는 단순히 웹 브라우저가 요청하는 해당 페이지를 보내 주는 정도의 기능만 했다. 예를 들어, /news.html 페이지를 웹 브라우저가 요청하면 해당

HTML 페이지를 보내 준다. 그러면 웹 브라우저는 웹 서버에서 전달받은 HTML 파일을 렌더링하여 사용자에게 보여 준다. 간단하다는 장점은 있으나 굉장히 정적인 (static) 페이지만 보여 줄 수밖에 없는 구조였다.

[그림 2-2] 초기의 애플(Apple) 사이트

자바스크립트의 역할이 커지기 시작함

단순했던 웹 서비스들이 조금씩 복잡해지기 시작하면서 사용자 인터랙션(user interaction)이 중요해지기 시작한다. 즉 정적인 데이터나 문서만을 보여 주지 않고 웹 페이지에서 사용자와 동적인 상호작용이 중요해지기 시작한 것이다. 이러한 부분을 구현하기 위해서 자바스크립트의 역할이 커지기 시작한다. 자바스크립트는 웹 브라우저에서 실행이 가능한 프로그래밍 언어다. 주로 웹상에서 동적인 기능을 제공하기 위해 사용된다. 많은 웹사이트들이 단순히 HTML을 통해 정적인 문서를 보여 주는 것을 넘어서 자바스크립트를 통해 동적인 기능들을 제공하기 시작했다.

HTML / JavaScript / XML

Web Browser   Web Server

[그림 2-3] 자바스크립트의 역할 증가

웹 서버가 HTML뿐만 아니라 동적인 기능을 구현하는 자바스크립트 코드까지 같이 웹 브라우저에 전송하면 웹 브라우저는 서버에서 전달받은 자바스크립트 코드를 실행해서 동적인 기능들이 사용자에게 제공되도록 한다. 그러므로 전체 페이지를 로드(load)하지 않아도 사용자의 인풋(input)들을 동적으로 처리하고 새로운 데이터들을 제공할 수 있게 된 것이다. 초기에는 이렇게 자바스크립트를 통해서 사용자와 동적인 상호작용 기능을 구현하는 기술이 AJAX라는 이름으로 알려졌었다.

점점 웹 서비스가 정적에서 동적으로 변화되어 가고 HTML보다 자바스크립트의 역할이 점점 더 커져 갔지만, 아직도 현재 통용되는 API 개념이 널리 사용되고 있지는 않았다. 여전히 동일한 서버에서 HTML, 자바스크립트, 그리고 데이터가 전부 웹 브라우저 등의 클라이언트로 전송되고 있었다. 그리고 데이터는 XML의 구조로 전송되는 것이 일반적인 시대였다.

XML은 데이터를 전송하기 위한 markup 언어다. 구조는 HTML과 비슷하나 데이터를 표현하기 위해 사용된다.

구별되기 시작하는 프론트엔드와 백엔드

동적인 서비스가 중요시되고 많은 웹 서비스들이 발전하면서 자바스크립트의 역할이 훨씬 커지게 되면서 급기야는 HTML도 자바스크립트 코드로 직접 생성하게 되는 방식이 사용되기 시작했다. 그 전에는 자바스크립트가 HTML 파일에 속한 일부분에 지나지 않았다면 이제는 자바스크립트가 주가 되어서 HTML 생성부터 사이트(프론트엔드(frontend))에 관한 모든 부분을 구현하게 되었다. 그러므로 전에는 부분적으로만 동적이었던 웹사이트나 서비스들이 이제는 전체적으로 동적이 된 것이다.

자바스크립트가 주가 되면서 SPA(Single Page Application) 방식의 프론트엔드 개발이 인기를 얻게 되었다. SPA는 이름 그대로 단일 페이지로 모든 웹사이트/서비스의 기능을 구현하는 것이다. 페이지는 아주 단순하게 기본 HTML 구조에 메인 자바스크립트 파일이 포함되어 있는데, 이 메인 자바스크립트가 모든 페이지 및 기능들을 동적으로 구현하게 되는 것이다.

이렇게 단일 페이지의 자바스크립트를 통해 모든 페이지를 동적으로 구현하게 되다보니 자연스럽게 웹 브라우저가 필요한 서버와의 통신은 데이터 전송이나 생성 및 수정에 관한 것이 대부분이 된다. 사이트의 페이지를 렌더링(rendering)하는 데 필요한 자바스크립트 코드는 최초의 통신에서 모두 한 번에 받으므로 그다음부터는 서버와 데이터만 주고받으면 된다.

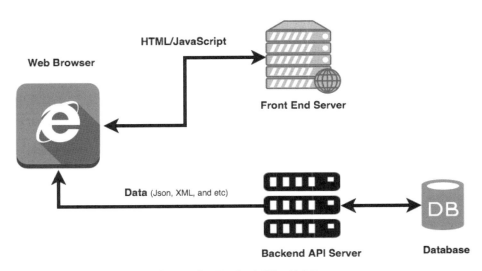

[그림 2-4] 프론트엔드와 백엔드 분리 구조

그렇다 보니 자연스럽게 프론트엔드 서버와 백엔드 서버가 나뉘게 된다. 프론트엔드 서버는 페이지 렌더링에 필요한 HTML과 자바스크립트 파일을 전송하는 역할을 담당하고, 백엔드 서버는 페이지에서 필요한 데이터 생성 및 전송을 담당하는 역할을 하게 된다.

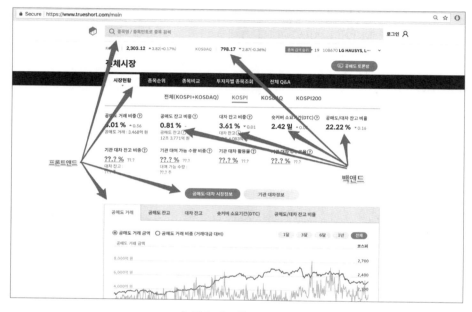

[그림 2-5] 트루쇼트 사이트

저자가 공동 창업한 공매도 플랫폼인 트루쇼트(True short) 사이트(그림 2-5)를 예를 들어 보자. 트루쇼트 사이트의 메뉴, 검색 창, 버튼, 전체적인 페이지 구조, 차트 등은 전부 프론트엔드 서버에서 받은 HTML과 자바스크립트 코드를 통해서 렌더링된 것이다. 이러한 메뉴, 버튼, 링크 등은 실시간으로 바뀌는 것이 아니므로 첫 접속 때 프론트엔드 서버에게 받은 HTML과 자바스크립트 코드를 실행함으로써 프론트엔드 서버와 지속적인 통신 없이도 페이지가 구현 가능하다.

그에 반해, 실제 데이터들, 예를 들어 "공매도 잔고 비중" 수치, 코스피와 코스닥 값들 등 실제 데이터들은 매번 업데이트되므로 지속적으로 백엔드 서버와의 통신을 통해 데이터들을 업데이트해서 보여 주게 된다.

이렇게 시스템적으로 프론트엔드 서버와 백엔드 서버의 기능이 명확히 구분되면서 그에 따라 프론트엔드 개발자와 프론트엔드 서버 개발자의 역할과 요구되는 기술들 또한 구분이 된다. 프론트엔드 개발자는 주로 시스템의 UI(User Interface)와 UX(User Experience) 부분을 구현하는 역할을 담당한다. 웹 시스템의 경우 최근에 프론트엔드 개발자들이 주로 사용하는 기술은 HTML과 CSS 그리고 자바스크립트다. 또한 ReactJS, AngularJS, Webpack, npm, 그리고 그 외 여러 자바스크립트 프레임워크 및 라이브러리가 사용된다.

반면 백엔드 API 개발자의 역할은 프론트엔드 시스템(혹은 다른 클라이언트 시스템)과 데이터를 실시간으로 주고받을 수 있는 기능을 구현하는 역할을 담당한다. 특히 많은 수의 동시 요청을 장애 없이 실시간으로, 그리고 최대한 빠른 속도로 처리할 수 있는 시스템을 구현하는 것이 백엔드 개발자의 중요한 역할이 된다. 그러므로 백엔드 개발에 주로 사용되는 언어도 안정적이고 확장성이 높으며 실행 속도도 높은 시스템을 구현하기에 유리한 언어가 주로 사용된다. 대표적인 언어들로는 Java, Scala, Rust, Python 등이 있다. 처리 용량이나 속도가 크게 중요하지 않은 백엔드 시스템을 구현할 때는 개발의 속도와 편리함이 장점인 언어들이 사용되기도 한다. 그러한 언어들은 Ruby, PHP 등이 있다. 최근에는 NodeJS라는 자바스크립트 엔진이 인기를 얻으면서 자바스크립트로 구현된 백엔드 시스템도 늘어나는 추세다. 자바스크립트를 사용해서 백엔드 시스템을 구현하면 가장 큰 장점 중 하나는 자바스크립트를 사용해서 프론트엔드와 백엔드 둘 다 구현할 수 있다는 점이다.

현대 웹 시스템들의 구조 및 아키텍처

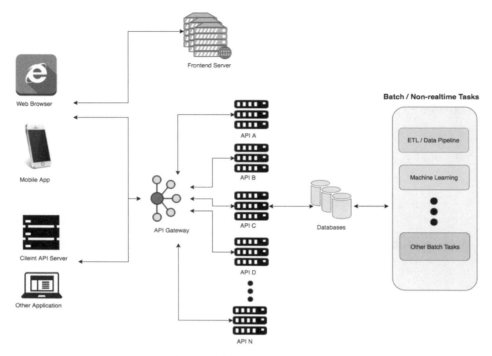

[그림 2-6] 현대 웹 시스템 아키텍처

현대에 들어와서는 웹 시스템의 규모가 더욱더 커지고 무엇보다 처리해야 하는 동시 요청 수와 데이터의 규모가 기하학적으로 증가하면서 웹 시스템들의 구조 또한 더욱 방대해지고 복잡해지게 된다. API 시스템들이 처리해야 하는 동시 요청 수가 기하급수적으로 늘어나고, 또한 API 시스템들이 너무 방대해지고 복잡해지는 문제를 해결하기 위해서 MSA(Micro Service Architecture) 같은 새로운 아키텍처 개념이 발전됨으로써 API 서버들이 훨씬 더 세분화되며 규모가 커지게 된다.

또한 분석해야 하는 데이터의 양이 엄청나게 늘어나면서 ETL(Extract, Transfer, Load) 혹은 Data Pipeline 시스템이 발전하게 되며, Hadoop 등 대용량 분석 프레임워크 등의 발달로 이른바 "Big Data" 분석 시스템이 많은 회사들의 백엔드 시스템에 도입된다. 게다가 최근에는 ML(Machine Learning)과 AI 기술의 발달로 많은 회사들이 ML과 AI 시스템도 활용하게 됨으로써 백엔드 시스템의 영역은 계속해서 방대해져 가는 추세다.

그러므로 현대의 백엔드 개발자의 영역은 일반적인 백엔드 API 시스템 개발부터 Data Pipeline 시스템, Machine Learning 시스템, Big Data 분석 시스템 등 비실시간(혹은 준실시간) 대규모 데이터 수집 및 분석 시스템, 그리고 Machine Learning 시스템까지 넓어지고 있다.

백엔드 개발자로 입문하게 되면 주로 API 시스템 구현부터 시작하게 된다. 그러면서 경력과 경험이 높아질수록 대용량 데이터 수집 및 분석 시스템 구현의 역할을 담당하게 되는 것이 일반적이다(물론 예외의 경우는 얼마든지 있을 수 있다). 그 이유는 일반적으로 API보다는 데이터 수집 및 분석 시스템 구현이 난이도가 더 높기 때문이다. 여러분도 백엔드 개발에 입문했으므로 API 개발부터 시작해서 차근차근 경력과 실력을 쌓아 나가면 네이버, 카카오, 구글(Google), 페이스북(Facebook), 아마존(Amazon), 그리고 넷플릭스(Netflix) 시스템 정도의 대규모 데이터 분석 시스템을 구현할 정도로 발전할 수 있을 것이다.

현대 개발팀의 구조

웹 시스템의 발전 역사와 현대 웹 시스템의 구조에 대해서 이해하는 것만큼 중요한 것이 바로 현대 개발팀의 일반적인 구조와 구성 요소원들에 대한 이해다. 시스템을 개발할 때 개발자 혼자 개발하는 경우는 거의 없다. 대부분의 경우 여러 개발자 및 구성원들이 함께 힘을 합하여 개발하게 된다. 그러므로 개발팀이 어떠한 형태로 이루어지며, 역할 분담이 어떻게 되는지 이해하는 것이 중요하다. 또한 개발팀을 구성하는 다양한 구성원의 역할을 이해함으로써 앞으로 진로를 결정할 때 도움이 될 것이다.

일반적으로 개발팀의 구성원들은 다음과 같다.

- 기획자(Product Manager)
- 디자이너(Designer)
- 프론트엔드 개발자(Frontend Developer)
- 백엔드 개발자(Backend Developer)
- 데브옵스(DevOps)
- 풀스택 개발자(Full Stack Developer)
- 시스옵스(SysOp – System Operations)
- 데이터 사이언티스트(Data Scientist)
- 데이터 엔지니어(Data Engineer)
- 테스터(Tester)
- 스크럼 마스터(Scrum Master)

기획자

줄여서 PM이라고 불리기도 하는 기획자(product manager)는 개발하고자 하는 서비스를 정의하고 기획하는 역할을 담당하는 직군이다. 어떠한 시스템을 개발하기 위해서는 개발하려는 시스템이 무엇인가를 정의하고 기획하는 작업이 당연히 선행되어야 한다. 기획자들은 개발하려는 시스템이 주는 가치 정의부터 세세한 기능들의 기획 및 정의를 구현하며, 또한 지속적으로 고객들의 피드백을 반영하면서 기능들의 정의와 기획을 발전시켜 나가는 역할을 담당한다.

우리나라에서는 기획자의 역할이 조금 왜곡된 면이 없지 않다. 그 이유는 우리나라에서 기획자의 지위가 개발자를 관리하는 관리자의 느낌이 강한 곳이 많기 때문이다. 그러나 기획자와 개발자는 담당하는 역할이 다른 팀원일 뿐이지 서로 상하관계여야 하는 이유는 없다. 무엇보다 비기술직인 기획자가 개발자들 혹은 개발팀을 관리하는 것은 당연히 비효율적일 수밖에 없다(물론 기술적 능력을 갖춘 기획자도 있지만, 기획자는 기본적으로 개발을 하거나 기술적인 역할을 하는 직군이 아니다). 개발팀을 효율적으로 관리할 수 있는 주체는 개발 프로세스와 자세한 개발 사항을 이해하고, 지시 및 가이드할 수 있는, 기술적으로 뛰어난 시니어 개발자들이라는 것이 미국에서의 일반적인 인식이다.

물론 기술적으로 뛰어나다고 해서 모두 관리자가 될 수 있는 것은 아니다. 그리고 실제로 많은 개발자들이 관리자가 되는 것에 관심이 없다. 개발을 잘하는 것과 개발팀을 효과적으로 관리하고 이끄는 것은 서로 다른 영역이기도 하고, 많은 개발자들은 계속해서 순수하게 개발에 집중하길 원하는 개발자들이 많기 때문이다. 하지만 그래도 일반적으로 높은 개발의 능력과 경력이 개발팀의 관리자에게 요구되는 능력이다. 높은 기술적 능력이 없이는 개발팀을 잘 이끌 수 없을뿐더러 팀원들에게 존중받기 힘들기 때문이다.

디자이너

디자이너(designer)의 역할은 여러 가지가 있지만, 일반적으로 웹 시스템 개발에는 UI(User Interface) 및 UX(User Experience)를 구현하는 역할을 담당한다. 프론트엔드의 눈에 보이는 부분, 그리고 사용자(user)가 직접 경험할 수 있는 부분들을 사용자가 좋아하고 편리해 할 수 있게 디자인하는 역할이다.

프론트엔드 개발자

프론트엔드 개발자(frontend developer)는 프론트엔드 시스템을 구현하는 역할을 맡는 개발자를 말한다. 앞서 이야기한 대로 HTML, CSS, 그리고 자바스크립트가 일반적으로 요구되는 언어다. 특이하게 우리나라에는 HTML과 CSS 부분만을 담당하는 퍼블리셔(publisher)라는 직군이 따로 있다. 그러나 미국의 경우 퍼블리셔라는 직군은 없고, 프론트엔드 개발자가 HTML과 CSS 그리고 자바스크립트를 모두 담당하게 된다.

백엔드 개발자

백엔드 개발자(backend developer)는 백엔드 시스템을 개발하는 역할을 맡는다. 백엔드 개발자도 크게 2가지 분야로 나눌 수 있다. 백엔드 시스템에서 좀 더 앞쪽 부분을 담당하는, 즉 API 개발을 담당하는 개발자, 그리고 백엔드 시스템에서 더 뒤쪽 부분, 즉 데이터 수집, 분석, 관리 등의 데이터 관련 시스템을 개발하는 개발자들로 나눌 수 있다. API 개발과 데이터 관련 시스템 개발은 서로 많이 다르며, 요구되는 기술이나 능력도 차이가 있다. 주로 데이터를 처리하고 분석하는 시스템 구현이 API 구현보다 더 난이도가 높다. 그러므로 좀 더 경력이 높은 개발자들이 백엔드 부분에서도 뒷부분에 해당하는 시스템들을 많이 구현한다.

데브옵스

데브옵스(DevOps)는 "Development"와 "Operation"의 합성어로, 직군이라기보다는 개발 분야에서 나타나는 문화나 추세라고 말하는 것이 더 정확하다. 데브옵스는 이름 그대로 개발자가 시스템 개발(development)뿐만 아니라 시스템 운영(operation)까지 담당하는 것을 이야기한다.

AWS 등의 클라우드 서비스가 발달함에 따라 서버 구축 및 운영 등의 시스템 인프라스트럭처(infrastructure) 구축과 관리를 하는 데 있어서 실제 서버 하드웨어를 직접 다루지 않아도 되게 되었다. 그러므로 자연스럽게 시스템 운영(system operation)

담당자가 따로 필요없이 개발자들이 직접 시스템 인프라스트럭처를 구현하는 추세가 널리 퍼지게 되었다.

시스템 운영뿐만 아니라 빌드, 테스트, 배포 등 개발에서 배포되기까지의 과정을 자동화하여 전체적인 개발 사이클(cycle)을 효율적으로 더 빨리 진행될 수 있는 개발 환경을 구축하는 역할도 담당한다. 특히 최근에는 IAC(Infrastructure As Code)라는 개념의 발달로 서버 환경 설정부터 전체적인 시스템 인프라스트럭처 구현 및 관리까지 자동화가 가능하다.

> IAC(Infrastructure As Code)는 시스템 인프라스트럭처를 마치 시스템 개발을 하듯이 코드로 구현하는 것이다. 예를 들어, AWS상에서 서버들을 생성하고 운영시키는 작업들을 IAC 이전에는 직접 AWS 콘솔에서 손으로 작업했다면, IAC는 이러한 작업들을 코드로 구현한 후 해당 코드를 실행시켜서 시스템 인프라스트럭처를 구축하는 것이다.

데브옵스에 대한 수요는 굉장히 높은 편이다. 특히 개발 능력도 높으면서 데브옵스 실력도 높은 개발자는 일반적으로 인기가 많은 편이다. 그러므로 개발 능력과 함께 데브옵스 능력도 키울 것을 권한다.

풀스택 개발자

프론트엔드 개발과 백엔드 개발 둘 다 가능한 개발자를 풀스택 개발자(full stack developer)라고 한다. 특히 NodeJS를 통해 자바스크립트만으로 프론트엔드와 백엔드 둘 다 개발하는 것이 가능해지면서 많은 풀스택 개발자들이 생겨났다.

풀스택 개발자는 수요가 많을 수밖에 없다. 특히 스타트업 같은 소규모의 기업에서는 더욱더 풀스택 개발자를 선호한다. 스타트업이나 소규모의 기업은 자금이나 리소스(resource)가 제한적일 수밖에 없으므로 개발자 한 명이 더 넓은 영역을 담당해 주는 것이 유리하기 때문이다. 하지만 개발 입문자들이 풀스택 개발자를 목표로 한다면 주의해야 하는 점이 있다. 풀스택 개발자라고 해도 프론트엔드 개발과 백엔드 개발 둘 다 동일하게 잘할 수 없다. 만일 개발 입문자가 프론트엔드 개발과 백엔드 개발 둘 다 잘하려고 노력한다면 두 분야 다 보통 정도의 실력만 유지하게 될 확률이 높다. 저자가 개인적으로 권장하는 방향은, 프론트엔드 개발이나 백엔드 개발 둘 중 하나의 분야를 선택하고 집중해서 해당 분야에서 전문가가 되고, 나머지 분야는 전문가는 아니지만 필요하다면 할 수 있는 정도를 목표로 하는 것이다.

시스옵스(SysOps, System Oeprations)

시스템 인프라스트럭처(system infrastructure)의 구현과 관리 및 운영을 담당하는 직군. 데브옵스와 다르게 실제 하드웨어를 다룰 수 있는 직군이다. 서버를 직접 설치하고 운영시키며, 그 외 물리적인 네트워크 구축 및 운영 등 시스템 인프라스트럭처 운영에 필요한 모든 부분을 담당한다. 주로 직접 데이터 센터(data center)를 사용하여 시스템을 운영하는 회사에 필요한 직군이다.

AWS 등의 클라우드 서비스가 널리 사용되며 데브옵스가 발전함에 따라 예전보다는 시스옵스 팀에 대한 수요가 많이 줄어들고 있는 추세다. 실제로 넷플릭스 같은 대기업도 시스템 인프라스트럭처를 전부 AWS상에서 구현해 놓았으므로 따로 시스옵스 팀이 없는 것으로 알려져 있다.

데이터 사이언티스트

데이터 사이언티스트(data scientist)는 데이터 분석에 필요한 알고리즘과 모델링의 구현을 담당하는 직군이다. 웹 시스템의 규모가 커지고 빅데이터 기술이 발달하면서 많은 기업들이 방대한 양의 데이터를 수집할 수 있는 능력이 생겨 나게 되었다. 그리고 이 방대한 양의 데이터를 분석하여 고객들의 니즈(needs)를 더 이해하고 파악함으로써 더 나은 서비스를 제공하고자 하는 기업들이 늘어나게 되었다. 그에 따라 많은 양의 데이터를 분석해서 새로운 정보와 가치를 만들어 낼 수 있는 데이터 사이언티스트라는 직군이 최근 새로 생기게 되었다.

데이터 사이언티스트들은 대부분 수학, 통계학, 물리학 등의 분야에서 석사 이상의 학위를 가지고 있고, 박사 학위를 가지고 있는 사람도 많다. 저자도 미국에서 데이터 사이언티스트 팀과 오랫동안 일을 했지만, 박사 학위를 가지고 있지 않은 데이터 사이언티스트를 본 적이 없다. 이렇게 고학력이 요구되는 직군인 데다가 데이터 사이언스라는 분야가 생긴 지 오래되지 않았으므로 경험이 많은 데이터 사이언티스트가 많지 않은 것이 현실이다. 그런데 데이터 사이언티스트의 수요가 급증함에 따라 데이터 사이언티스트는 일반적으로 고소득을 얻을 수 있는 직군이 되었다.

데이터 엔지니어

데이터 엔지니어(data engineer)는 데이터 사이언티스트와 함께 일하는 직군이다. 주로 데이터 사이언티스트가 데이터를 분석할 수 있도록 데이터를 정리하고 정석화시키는 시스템을 구현하는 역할을 담당한다.

테스터

테스터(tester)는 이름 그대로 시스템을 테스트하여 검증하는 역할을 담당하는 직군이다. 테스터는 크게 2가지 역할로 구분된다. 하나는 QA(Quality Assurance)라고 불리는 테스터인데, 일반적으로 직접 손으로 테스트하는 매뉴얼 테스팅(manual testing)을 담당한다. 다른 하나는 테스트 자동화 시스템을 구현하는 테스터들이다.

이들은 기업마다 명칭이 다를 수 있는데, 일반적으로는 Software Engineer in Test 혹은 Test Automation Engineer라고 불린다. 이들은 테스트를 실행하는 시스템을 구현하는 개발자라고 보면 된다. 그 외에도 개발자들을 도와 단위 테스트(unit test)를 구현하는 역할도 한다.

많은 기업들이 사람이 직접 테스트하는 매뉴얼 테스팅보다는 테스트 자동화 시스템을 선호하는 추세다. 아무래도 사람이 직접 테스트하는 것은 오류 가능성이 높고 실행 속도가 느리며 비용이 비싸기 때문이다. 그에 반해 자동화 테스트 시스템을 구축해 놓으면 정확도, 속도 그리고 비용 면에서 훨씬 유리하다. 물론 사람이 직접 테스트하는 것이 훨씬 자연스러운 기능도 있다. UI test가 그 대표적인 예다. HTML이나 CSS 오류가 있는지, 그래서 화면상에서 부정확하게 렌더링되지는 않은지 등은 완벽하게 자동화하기에는 어려운 부분이 있는 것이 사실이다. 그러나 이러한 부분마저 테스팅 자동화 기술의 발달로 많이 보완되고 있는 추세다.

스크럼 마스터

스크럼 마스터(scrum master)는 스크럼 개발론이 널리 사용되면서 새로 생겨난 직군이다. 스크럼 개발론이 널리 사용되긴 하지만, 제대로 사용되지 않는 경우가 많아서 많은 기업들이 여러 문제를 겪기 시작했다. 개발자들의 생산성을 높이기 위해서 스크럼을 도입했지만, 제대로 스크럼을 사용하지 못해서 생산성이 그다지 높아지지 않는 문제가 생긴 것이다. 그래서 개발팀들이 스크럼을 제대로 사용할 수 있도록 코치(coach)해 주고 이끌어 주는 역할을 하는 직군이다. 당연히 스크럼에 대해 잘 이해하고 있고 스크럼을 오랫동안 직접 사용하고 이끌어 본 경력이 요구된다. 우리나라에서는 생소한 직군일 수 있다. 하지만 미국의 경우 스크럼 마스터 직군을 고용하는 기업들이 늘어나고 있는 추세다.

2장 정리

2장에서는 웹 시스템 발전의 역사와 함께 웹 시스템들이 구조적으로 어떠한 형태로 발전하였는지에 대해 알아보았다. 그러므로 프론트엔드 서버와 백엔드 서버가 어떻게 나뉘게 되었으며, 어떠한 기능을 서로 담당하게 되는지 보았다. 그리고 마지막으로, 현대의 개발팀을 구성하는 여러 직군에 대해서도 간략하게 알아보았다. 자, 이제 본격적으로 백엔드 API 개발을 시작해 보도록 하자.

C·H·A·P·T·E·R

첫 API 개발 시작

이제 본격적으로 API 개발을 시작해 보도록 하자. Flask라는 API 프레임워크를 기반으로 API를 개발할 것이다. 먼저 Flask에 대해서 알아보고 난 후, 기초적인 API 기능을 구현하는 것부터 시작하면서 API 개발의 기초를 잡아가도록 하자.

- Flask 소개 및 설치
- API 기초적인 기능 구현(ping 엔드포인트 구현)
- API 실행

Flask

Flask는 파이썬으로 웹 애플리케이션(web application)을 구현할 때 사용되는 프레임워크(framework)다. Flask의 홈페이지(http://flask.pocoo.org/)에 나온 공식적인 설명은 "micro web framework"이다. 즉 군더더기가 없는, 아주 가벼운 웹 프레임워크라는 이야기다. 파이썬 기반의 웹 프레임워크에는 Flask 이외에도 Django 등 다른 여러 웹 프레임워크가 있다. 하지만 다른 파이썬 웹 프레임워크들은 여러 모듈과 기능들을 제공하느라 프레임워크 자체가 무겁고, 학습 곡선(learning curve)이 높을 수 있는 데 비해 Flask는 비교적 쉽게 배워서 사용할 수 있다. 그러므로 API 개발 입문용으로 사용하기에는 좋은 프레임워크다. API 개발 입문용으로 사용하기 좋은 프레임워크라고 해서 학습용에만 어울리는 프레임워크는 아니다. Flask는 실제로 대규모 시스템에 사용되어도 전혀 손색이 없는 잘 만들어진 프레임워크이며, 실제로 여러 시스템에 사용되고 있다.

프레임워크는 특정 시스템을 구현하기 위해서 공통적으로 요구되는 기능들과 구조를 재사용이 가능하도록 구현해 놓은 것이다. 웹 프레임워크를 예를 들어 보자. 모든 웹 시스템은 소켓(socket)을 통해서 네트워크와 연결하여 외부 시스템으로부터 통신을 주고받을 수 있어야 한다. 모든 웹 시스템은 이러한 기능을 필수로 구현해야 한다. 이러한 기능은 이미 규격화되어서 시스템마다 각각 따로 구현해야 할 필요가 없다. 이미 구현되어 있는 코드를 재사용해도 된다. 그러므로 Flask 같은 웹 프레임워크를 사용함으로써 개발자는 웹 시스템을 통해 제공하고자 하는 비즈니스 로직(business logic)에만 집중할 수 있는 것이다.

프레임워크와 비슷한 개념으로 라이브러리(library)가 있다. 프레임워크와 라이브러리는 둘 다 공통적으로 필요한 기능을 재사용이 가능하도록 구현해 놓아서 다른 개발자들이 필요에 의해 사용할 수 있도록 해 놓았다는 점에서는 동일하다. 둘의 차이점은, 라이브러리는 개발자가 자신의 코드 안에서 실행한다면, 프레임워크는 프레임워크가 개발자의 코드를 실행하는 개념이다. 즉 라이브러리는 개발자의 코드 안에 일부분으로 포함되어 개발자가 원하는 대로 사용이 가능하지만, 프레임워크는 프레임워크가 제공하는 틀 안에서 개발자가 필요한 로직을 구현하는 차이가 있다.

이제 Flask를 사용하여 본격적으로 API 개발을 시작하도록 하자. 새로운 파이썬 프로젝트를 시작할 때 가장 먼저 해야 할 일 중 하나는 파이썬 가상 환경을 생성하는 것이다. 파이썬 가상 환경에 대해서는 1장에서 자세히 설명해 놓았으니 참고하자. 터미널을 열고 아래 명령어를 실행하여 새로운 파이썬 가상 환경을 생성하자.

```
conda create --name api python=3.7
```

1장에서 설치한 콘다를 사용하여 파이썬 가상 환경을 설치한 것이다. 저자는 가상 환경의 이름을 api라고 지었지만, 이름은 각자가 원하는 대로 지어도 된다. 파이썬 버전은 저자가 글을 쓰고 있는 현재 최신 버전인 3.7로 지정하였다. 앞의 명령어를 실행하면 다음과 같이 기본 패키지와 지정된 버전의 파이썬 등이 설치되며, 파이썬 가상 환경이 생성될 것이다. 참고로, 파이썬 가상 환경 생성 과정에서 "Proceed ([y]/n)?"라는 질문을 하는데, 즉 이대로 진행해도 되는지 확인을 요청하는 과정이다. 이때 "y"를 입력하면 된다.

```
Fetching package metadata ..........
Solving package specifications: .

Package plan for installation in environment /Users/song-eun-u/
anaconda3/envs/api:

The following NEW packages will be INSTALLED:

    ca-certificates: 2018.03.07-0
    certifi:         2018.8.24-py37_1
    libcxx:          4.0.1-h579ed51_0
```

```
    libcxxabi:      4.0.1-hebd6815_0
    libedit:        3.1.20170329-hb402a30_2
    libffi:         3.2.1-h475c297_4
    ncurses:        6.1-h0a44026_0
    openssl:        1.0.2p-h1de35cc_0
    pip:            10.0.1-py37_0
    python:         3.7.0-hc167b69_0
    readline:       7.0-h1de35cc_5
    setuptools:     40.2.0-py37_0
    sqlite:         3.24.0-ha441bb4_0
    tk:             8.6.8-ha441bb4_0
    wheel:          0.31.1-py37_0
    xz:             5.2.4-h1de35cc_4
    zlib:           1.2.11-hf3cbc9b_2

Proceed ([y]/n)? y

#
# To activate this environment, use:
# > source activate api
#
# To deactivate an active environment, use:
# > source deactivate
#
```

파이썬 가상 환경이 이제 설치되었다. 생성된 파이썬 가상 환경을 사용하기 위해서는 활성화를 시켜야 한다. 파이썬 가상 환경은 다음의 명령어를 통해 활성화시킬 수 있다.

```
source activate api
```

파이썬 가상 환경이 성공적으로 활성화되면 터미널의 커맨드라인의 맨 왼쪽 괄호 안에 활성화된 파이썬 가상 환경의 이름이 표시된다.

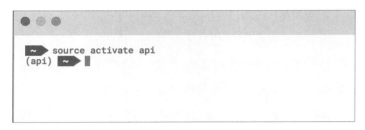

[그림 3-1] 파이썬 가상 환경 활성화 화면

만일 api가 아닌 다른 파이썬 가상 환경을 활성화시키고 싶다면 해당 가상 환경의 이름을 입력하면 된다.

가상 환경을 비활성화시키려면 다음의 명령어를 실행시키면 된다.

```
source deactivate
```

위 명령어가 실행되면 현재 활성화되어 있는 파이썬 가상 환경이 비활성화된다.

참고로, 여러 파이썬 프로젝트를 개발하다 보면 당연히 파이썬 가상 환경도 여러 개를 생성하게 된다. 그러므로 가끔 원하는 파이썬 가상 환경의 이름이 생각나지 않을 때가 있다. 그럴 때는 다음과 같이 conda env list 명령어를 실행하여 현재 생성되어 있는 가상 환경들의 리스트를 확인하면 편리하다.

```
$ conda env list

# conda environments:
#
api                  *  /Users/song-eun-u/anaconda3/envs/api
test                    /Users/song-eun-u/anaconda3/envs/test
enterprise              /Users/song-eun-u/anaconda3/envs/enterprise
root                    /Users/song-eun-u/anaconda3
```

자, 이제 Flask를 설치해 보도록 하자. 새로운 패키지를 설치하기 전에 항상 파이썬 가상 환경을 실행시키는 것을 잊지 말도록 하자. 파이썬 가상 환경이 실행되고 있지 않은 상태에서 패키지를 설치하면 해당 패키지는 시스템에 설치되어 있는 파이썬에 종속되어 설치된다. 그러므로 먼저 파이썬 가상 환경을 실행하도록 하자. 앞으로 나오는 모든 코드들은 파이썬 가상 환경이 실행되어 있다는 가정하에 진행될 것이다.

Flask는 pip을 통해서 간단하게 설치할 수 있다. pip은 파이썬의 패키지 매니저다. pip을 사용하여 터미널(terminal) 등의 커맨드라인 환경에서 간단하게 원하는 파이썬 패키지들을 설치할 수 있다. Flask를 설치하기 위해서는 아래의 명령어를 사용하면 된다.

```
pip install flask
```

앞의 명령어를 실행한 후 다음과 같이 성공적으로 설치되었다는 메시지가 출력되면 Flask 설치가 완료되었다.

[그림 3-2] Flask 설치 화면

Flask가 정상적으로 설치되었다면 Flask를 임포트(import)하여 사용할 수 있어야 한다. 이 부분을 확인하기 위해 파이썬 interactive mode에서 Flask를 임포트해 보도록 하자. 터미널에서 python 명령어를 실행하여 파이썬 interactive mode로 들어가자. 앞서 말했듯이 파이썬 가상 환경이 실행된 상태여야 한다.

```
python
```

그 후 다음 파이썬 구문을 입력하도록 하자.

```
from flask import Flask

app = Flask("test")
```

Flask가 정상적으로 설치되었다면 다음처럼 에러가 나지 않고 정상적으로 실행된다.

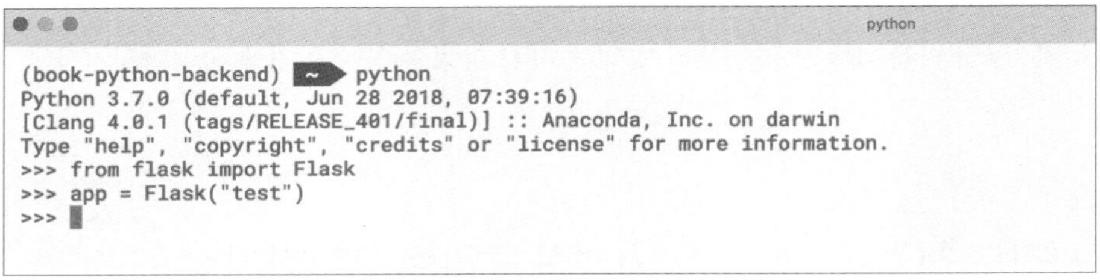

```
● ● ●                                                              python
(book-python-backend) ▶ ~ ▶ python
Python 3.7.0 (default, Jun 28 2018, 07:39:16)
[Clang 4.0.1 (tags/RELEASE_401/final)] :: Anaconda, Inc. on darwin
Type "help", "copyright", "credits" or "license" for more information.
>>> from flask import Flask
>>> app = Flask("test")
>>>
```

[그림 3-3] Flask 설치 확인

만일 파이썬 가상 환경을 활성화시키지 않은 상태에서 동일한 파이썬 코드를 실행하면 어떻게 될까? 확인해 보기 위해 먼저 파이썬 가상 환경을 비활성화시켜 보도록 하자.

```
source deactivate
```

파이썬 가상 환경이 비활성화되면 터미널의 커맨드라인 가장 오른쪽에 있던 괄호와 그 안의 파이썬 가상 환경 이름이 없어진 것을 확인할 수 있다. 이제 동일하게 python (혹은 python3) 명령어를 입력한 후 Flask를 임포트해 보도록 하자. 다음과 같이 ModuleNotFoundError 오류 메시지가 출력되는 것을 볼 수 있다.

```
● ● ●                                                                python3

(book-python-backend) ~    source deactivate
   ~    python3
Python 3.7.0 (v3.7.0:1bf9cc5093, Jun 26 2018, 23:26:24)
[Clang 6.0 (clang-600.0.57)] on darwin
Type "help", "copyright", "credits" or "license" for more information.
>>> from flask import Flask
Traceback (most recent call last):
  File "<stdin>", line 1, in <module>
ModuleNotFoundError: No module named 'flask'
>>>
```

[그림 3-4] 가상 환경 비활성화 때는 가상 환경에서 설치한 패키지는 찾을 수 없어야 한다

그러므로 이 책의 내용을 진행할 때는 항상 파이썬 가상 환경을 활성화한 상태에서 진행해야 한다. 항상 터미널 커맨드라인의 가장 오른쪽에 있는 괄호를 확인하도록 하자. 그럼 다음 내용으로 진행하기 위해 다시 파이썬 가상 환경을 활성화시키자.

시작도 첫걸음부터 - ping 엔드포인트 구현하기 ▬▬▬▬

첫 API 개발은 ping 엔드포인트(endpoint)를 구현하는 것부터 시작한다. 엔드포인트란 단순하게 설명하자면 API 서버가 제공하는 통신 채널 혹은 접점이라고 할 수 있다. 프론트엔드 서버 등의 클라이언트가 백엔드 API 서버와 통신할 때 엔드포인트에 접속하는 형태로 통신하게 된다. 각 엔드포인트는 고유의 URL 주소를 가지게 되며, 고유의 URL 주소를 통해 해당 엔드포인트에 접속할 수 있다.

일반적으로 각 엔드포인트는 고유의 기능을 담당하고 있다. 그리고 이러한 엔드포인트들이 모여서 하나의 API를 구성하는 것이다. 예를 들어, SNS 서비스를 위한 API는 사용자 sign up 엔드포인트, 사용자 로그인 엔드포인트, 새로운 포스팅 생성 엔드포인트, 다른 사용자와 친구 맺기 엔드포인트 등의 여러 엔드포인트들로 구성되어 있다.

앞선 내용은 일반적인 API에 적용되는 내용이다. 하지만 최근에 나온 기술인 GraphQL(Graph Query Language)은 여러 엔드포인트로 구성되어 있지 않고 단 하나의 엔드포인트로 모든 기능을 제공하는 형태로 구성된다. GraphQL에 대해서는 추후 더 자세히 소개할 것이다.

ping 엔드포인트는 단순히 "pong"이라는 텍스트를 리턴(return)하는 엔드포인트다. 이름 그대로, ping pong처럼 ping 엔드포인트를 호출하면 "pong"이라고 응답하는 것이다. 아주 간단한 엔드포인트이며, 아마 이보다 더 간단하기 힘들 것이다. 간단하기 때문에 첫 API 개발하는 부분으로 적합하기도 하지만, 또한 실제 시스템에서 사용될 수 있는 엔드포인트이기도 하다. 도대체 이렇게 단순히 "pong"이라는 텍스트만 리턴하는 엔드포인트가 어디에 사용될까 의아해 할 수 있다. ping 엔드포인트는 주로 API 서버가 현재 운행되고 있는지 아니면 정지된 상태인지를 간단하게 확인할 때 사용된다. 이러한 기능을 하는 엔드포인트를 헬스 체크(health check) 엔드포인트라고 한다. API 서버에 접속하지 않고 해당 API의 정상 운행 여부를 간단하게 체크하는 엔드포인트다.

먼저, 앞으로 우리가 만들어 갈 API 코드가 위치할 디렉터리를 생성하자. 디렉터리의 이름은 이 책에서는 "api"라고 지을 것이다. 하지만 실제 디렉터리의 이름은 다른 이름으로 지어도 상관은 없다. 터미널의 커맨드라인에서 다음의 명령어를 실행하여 디렉터리를 생성하자.

```
mkdir -p ~/Projects/api
```

mkdir 명령어는 리눅스 기반의 운영체제에서 새로운 디렉터리를 생성해 주는 명령어이며, "Make Directory"의 약자다. 그다음에 나오는 -p 옵션은 디렉터리의 중간 경로에 해당하는 디렉터리가 이미 존재하지 않으면 자동으로 생성하라는 뜻이다.

예를 들어, Projects라는 디렉터리가 존재하지 않으면 Projects라는 새로운 디렉터리도 생성해 준다.

리눅스 기반의 운영체제에서 경로를 지정할 때 사용되는 ~는 해당 사용자의 홈(home) 디렉터리를 뜻한다. 예를 들어 ~/Projects/api는 /Users/song-eun-u/Projects/api로 해석된다.

"api" 디렉터리가 생성되었으면 해당 디렉터리로 이동하자.

```
cd ~/Projects/api
```

 cd 명령어는 터미널 커맨드라인상에서 다른 디렉터리로 위치를 변경할 때 사용하는 리눅스 명령어이며, "Change Directory"의 약자다.

"api" 디렉터리로 이동했으면 해당 디렉터리 안에 "app.py"라는 파일을 만들도록 하자.

```
vim app.py
```

저자는 vim을 사용했지만, 에디터는 pycharm이나 visual studio code 등 원하는 다른 에디터나 IDE를 사용해도 무방하다. "app.py" 파일을 생성하였으면 다음과 같이 수정하자.

```
from flask import Flask                          ❶

app = Flask(__name__)                            ❷

@app.route("/ping", methods=['GET'])             ❸
def ping():                                       ❹
```

```
    return "pong"
```

- ❶: Flask를 사용하기 위해선 먼저 Flask를 임포트해 줘야 한다. Flask에서 Flask 클래스를 임포트하도록 하자.

- ❷: 임포트(import)한 Flask 클래스를 객체화(instantiate)시켜서 app이라는 변수에 저장을 하였다. 이 app 변수가 바로 API 애플리케이션이다(정확히는 Flask 웹 애플리케이션이 된다). app 변수에 API의 설정과 엔드포인트들을 추가하면 API가 완성되는 것이다. 이 부분에 대해서는 이 책의 내용을 진행하면서 더 알게 될 것이다.

- ❸: Flask의 route 데코레이터(decorator)를 사용하여 엔드포인트를 등록한다. 이 경우에는 그다음에 나오는 ping 함수를 엔드포인트 함수로 등록하였으며, 고유 주소는 "ping"이며 HTTP 메소드(method)는 GET으로 설정되어 등록되었다.

- ❹: ping 함수를 정의하였다. route 데코레이터를 통해서 엔드포인트로 등록된 함수이다. 앞서 설명한 대로 ping 엔드포인트는 단순히 "pong" 텍스트만을 리턴한다. 그러므로 ping 엔드포인트를 구현하는 ping 함수에서도 단순히 "pong" 스트링(string)을 리턴한다. 그러면 Flask가 알아서 HTTP 응답(response)으로 변환하여 해당 HTTP 요청(request)을 보낸 클라이언트에게 전송한다. HTTP 구조와 핵심 내용에 대해서는 다음 장에서 더 자세히 이야기할 것이다.

"app.py" 파일의 코드에서 특히 집중해야 하는 부분은 바로 어떻게 엔드포인트를 지정하는가다. Flask에서는 일반적으로 route 데코레이터를 사용해서 함수들을 엔드포인트로 등록하는 방식이 사용된다. 즉, Flask에서 엔드포인트를 구현한다는 것은 결국은 일반 함수를 구현하는 것과 큰 차이가 없다는 뜻이다. 이러한 관점에서 바라보면 결국 백엔드 API 개발도 구조적으로는 크게 어렵거나 복잡할 것이 없다. 해당 API가 제공하는 서비스, 즉 비즈니스 로직(business logic)을 구현하는 함수들을 개발하는 것이 백엔드 API에서 차지하는 가장 큰 부분이 되는 것이다. 다시 한번 강조하고자 한다. API 코드의 전체적인 구조가 일단 잡히면 그다음부터는 엔드포인트들, 즉 함수들을 구현하는 것이 개발의 대부분이다. 함수를 구현하는 것은 개념적이나 구조적으로는 어려울 것이 없다. 이미 여러 번 함수를 구현해 본 독자들도 많을 것이다. 그러므로 API 개발에 입문하기 위해서는 기본적인 개념을 먼저 잘 이해하고, 그러고 난 후 API 코드의 전체적인 구조에 대해서 이해하는 것이 핵심이라고 할 수 있다. API의 개념을 잘 이해해서 구조를 잘 잡고 나면 그다음은 필요한 비즈니스 로직을 함수를 통해 구현하면 된다.

API 실행하기

이제 앞서 구현한 API 코드를 실행시켜 보도록 하자. Flask 애플리케이션을 실행하려면 다음과 같은 명령어를 터미널에서 입력하면 된다. 앞서 여러 번 언급했듯이 파이썬 가상 환경을 활성화한 상태에서 실행해야 한다. 앞서 만들었던 ~/Projects/api 디렉터리로 변경 후 다음 명령어를 실행시키자.

```
FLASK_APP=app.py FLASK_DEBUG=1 flask run
```

- FLASK_APP 환경 변수에는 Flask 애플리케이션을 실행시키는 파일을 지정해 주면 된다. 이 경우에는 "app.py" 파일을 지정해 주면 된다. 만일 파일 이름을 다르게 정했다면 해당 파일 이름을 지정해 주면 된다. 한 가지 조심해야 할 점은 지정된 파일이 명령어를 실행시키는 디렉터리에서 찾을 수 있어야 한다는 점이다. 그래서 Flask를 실행시키는 명령어는 일반적으로 해당 API의 리포지토리(repository) 디렉터리에서 실행되어야 한다.
- FLASK_DEBUG 환경 변수를 1로 지정해 놓으면 디버그(debug) 모드가 활

성화된다. 디버그 모드가 활성화된 상태에서는 코드가 수정되었을 때 Flask 애플리케이션을 직접 재시작할 필요없이 자동으로 재시작되어 새로 수정된 코드가 곧바로 자동으로 반영되도록 하는 모드다. 개발할 때 굉장히 편리한 모드이므로 개발 시에는 주로 활성화시키는 것이 좋다.

앞선 명령어를 실행시키면 아래와 같은 화면이 출력될 것이다.

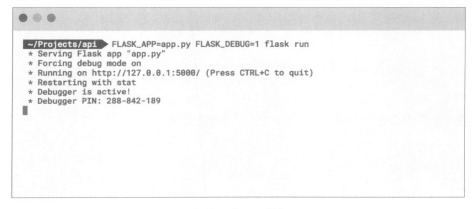

```
~/Projects/api  FLASK_APP=app.py FLASK_DEBUG=1 flask run
 * Serving Flask app "app.py"
 * Forcing debug mode on
 * Running on http://127.0.0.1:5000/ (Press CTRL+C to quit)
 * Restarting with stat
 * Debugger is active!
 * Debugger PIN: 288-842-189
```

[그림 3-5] Flask 실행

출력된 화면을 보면 "Running on http://127.0.0.1:5000/"라는 텍스트가 보일 것이다. 방금 실행시킨 API, 즉 app.py가 http://127.0.0.1:5000에서 돌아가고 있다는 뜻이다. 참고로, "127.0.0.1"은 로컬 호스트(local host)의 IP 주소다.

로컬 호스트는 바로 시스템이 실행되고 있는 해당 컴퓨터를 이야기한다. 그리고 로컬 호스트의 IP 주소는 127.0.0.1이다. 컴퓨터 환경에서는 자기 자신을 접근하는 경우가 굉장히 자주 있기 때문에 운영 시스템(OS)에서 항상 고정된 호스트 이름과 IP 주소를 제공하는데 이것이 바로 로컬 호스트와 127.0.0.1이다. 그러므로 127.0.0.1 IP 주소는 예약(reserved)된 IP 주소이며 인터넷상에서 일반 IP로는 쓰일 수 없다.

이제 ping 엔드포인트가 제대로 돌아가는지 실제로 API에 접속해서 테스트해 보자. ping 엔드포인트에 접속하기 위해서는 ping 엔드포인트에 HTTP 요청(request)을 보내면 된다. HTTP 요청을 보내는 방법에는 여러 가지가 있지만, 이 책에서는 터미널 명령어 환경에서 HTTP 요청을 보낼 수 있게 해주는 httpie라는 툴을 주로 사용할 것이다.

httpie를 설치하는 방법은 간단하다. 맥에서는 다음 홈브루 명령어를 터미널에서 실행하면 된다.

```
brew install httpie
```

우분투에서는 다음 명령어를 터미널에서 실행하면 된다.

```
sudo apt instal httpie
```

httpie가 설치되었으면 http라는 명령어를 터미널에서 사용하여 HTTP 요청을 보낼 수 있다. API가 실행되고 있는 상태에서 터미널 창을 추가로 하나 열거나 새로 탭(tab)을 생성한 후 다음 명령어를 실행해 보자.

```
http -v GET http://localhost:5000/ping
  ❶ ❷ ❸              ❹
```

- ❶: http 명령어를 사용하여 HTTP 요청을 터미널에서 보낼 수 있게 된다.
- ❷: -v 옵션은 "verbose" 옵션으로 해당 HTTP 요청과 응답에 관한 추가적인 정보를 출력한다.
- ❸: 해당 HTTP 요청의 HTTP 메소드를 "GET"으로 지정한 것이다. HTTP 메소드에 관해서는 다음 장에서 더 자세히 이야기할 것이다.

- ❹: 해당 HTTP 요청이 전송되어야 할 엔드포인트의 고유 주소를 지정한 것이다. localhost는 127.0.0.1 IP 주소와 동일하다. 즉 127.0.0.1 IP 주소의 포트(port) 5000번에서 실행되고 있는 API의 "/ping" 주소에 지정되어 있는 엔드포인트로 HTTP 요청을 보내라고 명령하는 것이다. 그리고 앞서 보았듯이 우리가 방금 실행시킨 API가 로컬 호스트의 5000번 포트에서 실행되고 있다. 결국 우리가 앞서 실행시킨 API에 HTTP 요청을 보내는 것이다.

명령어를 실행시키면 다음과 같은 결과물이 출력된다.

[그림 3-6] ping 엔드포인트 호출 화면

왼쪽 터미널에서는 API가 실행되고 있는 것을 볼 수 있고, 오른쪽 터미널에서는 왼쪽에서 실행되고 있는 API에 HTTP 요청을 보낸 것을 볼 수 있다. 그리고 오른쪽 터미널에서 보낸 HTTP 요청에 "pong"이라는 텍스트가 응답으로 온 것을 확인할 수 있다. 동일한 결과물이 출력된다면 API가 제대로 실행됐으며 "ping" 엔드포인트가 제대로 실행되고 있는 것을 확인한 것이다.

지금까지 아주 기본적이지만 정상적으로 작동하는 첫 번째 버전의 API를 개발하고 실행과 테스트까지 해보았다. 앞에서 이미 강조했듯이 백엔드 API 개발 입문에서 중요한 것은 API 개발에 기본적인 핵심 개념들을 이해하고, 그 후 API 코드의 전체적인 구조에 대해서 이해하고 구현하는 것이다. API를 개발하기 위해 필수적인 기본 개념들 중 가장 중요한 것 중 하나가 바로 HTTP다. 이미 이번 장에서도 HTTP에 관한 내용들이 언급되었다. 그럴 수밖에 없는 이유는 일반적으로 API는 기본적으로 HTTP 통신에 기반을 두고 있기 때문이다. 다음 장에서는 HTTP에 대해서 더 자세히 알아보도록 하겠다.

 HTTP 외에 다른 프로토콜(protocol)을 사용하는 API도 있을 수 있다. 하지만 백엔드 API 개발 입문에서는 HTTP 프로토콜만 고려해도 무방하다.

3장 정리

3장에서는 Flask를 사용한 API 개발의 첫걸음을 시작하였다. Flask에 대해서 소개하고 설치한 후 Flask 기반으로 간단한, 하지만 작동하는 API를 구현해 보았고, 실제 실행과 접속도 해보았다.

- Flask는 파이썬 웹 애플리케이션을 구현할 때 사용되는 프레임워크이며, Django와 다르게 웹 애플리케이션을 구현할 때 꼭 필요한 기능만을 제공하는 프레임워크다. 그러므로 학습 곡선이 비교적 낮다.
- 파이썬 개발을 할 때에는 먼저 파이썬 가상 환경을 생성한 후 항상 활성화시킨 상태에서 개발, 실행, 테스트를 해야 한다. 파이썬 가상 환경을 생성하는 방법은 여러 가지가 있지만, 콘다를 사용하여 파이썬 개발 환경을 생성하는 것이 선호된다.
- Flask에서는 일반적으로 route 데코레이터를 사용해서 함수들을 엔드포인트로 등록하는 방식이 사용된다. 즉, Flask에서 엔드포인트를 구현한다는 것은 결국은 일반 함수를 구현하는 것과 마찬가지다. 그러므로 백엔드 API 개발도 구조적으로는 크게 어렵거나 복잡할 것이 없다. 해당 API가 제공하

는 서비스, 즉 비즈니스 로직(business logic)을 구현하는 함수들을 개발하는 것이 백엔드 API에서 차지하는 가장 큰 부분이 된다. 다시 한번 강조하고자 한다.

- 백엔드 API 개발 입문에서 중요해 것은 먼저 기본적인 개념을 먼저 잘 이해하고, 그러고 난 후 API 코드의 전체적인 구조에 대해서 이해하는 것이 핵심이라고 할 수 있다. API의 개념을 잘 이해해서 구조를 잘 잡고 나면 그다음은 필요한 비즈니스 로직을 함수를 통해 구현하기만 된다. API 코드의 전체적인 구조가 일단 잡히면 그다음부터는 엔드포인트들, 즉 함수들을 구현하는 것이 개발의 대부분이다. 함수를 구현하는 것은 개념적이나 구조적으로는 어려울 것이 없다.

- API를 개발하기 위해 필수적인 기본 개념들 중 가장 중요한 것 하나가 바로 HTTP다. 왜냐하면 API는 기본적으로 HTTP 통신에 기반을 두고 있기 때문이다.

다음 장에서는 본격적인 API 개발을 위해 꼭 이해해야 하는 HTTP의 구조와 핵심 요소에 대해서 알아보도록 하자.

HTTP의 구조 및 핵심 요소

프론트엔드 시스템과 백엔드 API 시스템은 일반적으로 HTTP 프로토콜을 기반으로 통신한다. 이 책에서 앞으로 우리가 만들어 나갈 API 시스템 또한 HTTP 프로토콜 기반이 될 것이다. 그러므로 백엔드 API 시스템을 구현하는 데에 있어서 HTTP 프로토콜을 이해하는 것은 필수라고 할 수 있다. 이번 장에서는 HTTP의 구조 및 백엔드 API 시스템 개발에 필요한 핵심 요소들을 알아보도록 하자.

- HTTP 핵심 요소
- HTTP 구조
- 자주 사용되는 HTTP 메소드와 Status Code

HTTP

HTTP는 HyperText Transfer Protocol의 약자로서, 웹상에서 서로 다른 서버 간에 하이퍼텍스트 문서, 즉 HTML을 서로 주고받을 수 있도록 만들어진 프로토콜, 통신 규약이다. 웹상에서 네트워크를 통해 서버 사이에 통신할 때 어떠한 형식으로 서로 통신하자고 규정해 놓은 "통신 형식" 혹은 "통신 구조"라고 보면 된다. 사람 간의 대화로 비유하자면, 만일 두 사람이 대화를 하는데 한 명은 한국어를 하고 다른 한 명은 영어를 한다면 서로 이해할 수 없을 것이다. 둘 다 이해하는 공용어를 사용해야만 서로 대화가 가능해질 것이다. 마찬가지로 서버 간의 통신에서도 서로 이해할 수 있는 공통의 통신 형식이 필요하다. 그러한 통신 형식을 프로토콜(protocol)이라고 하고, 프로토콜 중에 가장 널리 사용되는 프로토콜이 바로 HTTP라고 생각하면 된다.

> HTTP는 1989년에 팀 버너스 리가 인터넷상에서 문서를 전송하기 위한 목적으로 발명하였다. 웹 초기 시대에 정말 단순하게 HTML 데이터를 전송하는 데 주로 쓰였다. 그러다 웹 기술이 발전함에 따라 이제는 단순 HTML을 넘어서서 여러 다양한 데이터를 전송하는 데 사용된다.

HTTP 통신 방식

HTTP 통신 방식에는 2가지 특징이 있다. 하나는 HTTP의 요청(request)과 응답(response) 방식이고, 또 다른 특징은 stateless다.

HTTP 요청과 응답

먼저 HTTP 프로토콜에 대해서 이해해야 할 것은, HTTP는 기본적으로 요청
(request)과 응답(response)의 구조로 되어 있다는 것이다. HTTP를 기반으로 통신
할 때 클라이언트가 먼저 HTTP 요청을 서버에 보내면 서버는 요청을 처리한 후 결
과에 따른 HTTP 응답을 클라이언트에게 보냄으로써 하나의 HTTP 통신이 된다.

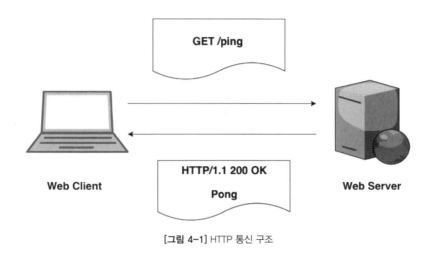

[그림 4-1] HTTP 통신 구조

그러므로 백엔드 API 시스템의 엔드포인트 구현도 기본적으로 HTTP 요청을 인풋
(input)으로 받아서 HTTP 응답을 아웃풋(output)으로 리턴하는 구조로 구현을 하
게 된다. 3장에서 구현했던 "ping" 엔드포인트를 예로 들어 보자.

```
@app.route("/ping", methods=['GET'])
def ping():
    return "pong"
```

"ping" 엔드포인트의 경우에도 마찬가지로 HTTP 요청과 응답이 오고 가는 구조다.
이 경우 HTTP 요청은 "/ping" 주소에 GET 요청을 보내는 것이고, HTTP 응답

은 200 OK 상태 코드와 함께 "pong"이라는 텍스트를 보내는 것이다. 하지만 실제 ping 함수는 전혀 HTTP 요소가 포함되어 있지 않아 보인다. "pong" 스트링을 리턴하긴 하지만 200 OK 등 HTTP 요소는 전혀 보이지 않는다. 그 이유는 Flask가 HTTP 부분을 자동으로 처리해 주기 때문이다. 예를 들어, ping 함수는 단순한 "pong" 스트링을 리턴하더라도 Flask가 자동으로 HTTP 응답으로 변환시켜 준다. 이 경우에는 상태 코드는 200 OK이고, 바디(body)는 "pong" 텍스트인 HTTP 응답으로 변환시켜 준다. 그러므로 Flask를 사용하면 개발자는 최대한 일반 함수를 구현하듯이 엔드포인트를 구현할 수 있다.

stateless

두 번째로 HTTP 프로토콜에 대해서 이해해야 하는 것은, 바로 HTTP 통신은 "stateless"라는 점이다. stateless는 말 그대로 상태(state)가 없다는 뜻으로, HTTP 통신에서는 상태(state)라는 개념이 존재하지 않는다. 앞에서 HTTP 통신은 요청과 응답의 구조로 되어 있으며, 서버가 클라이언트로부터 요청을 받고 응답을 보내는 것이 하나의 HTTP 통신이라고 언급했다. 클라이언트와 서버는 HTTP 통신을 여러 번 주고받는 것이 일반적인데, HTTP 프로토콜에서는 동일한 클라이언트와 서버가 주고받은 HTTP 통신들이라도 서로 연결되어 있지 않다. 즉, 각각의 HTTP 통신은 독립적이며 그 전에 처리된 HTTP 통신에 대해서 전혀 알지 못한다. 그렇기에 HTTP 프로토콜은 stateless라고 하는 것이다.

HTTP 프로토콜이 stateless이기 때문에 서버 디자인이 훨씬 간단해지고 효과적인 장점이 있다. HTTP 통신들의 상태를 서버에서 저장할 필요가 없으므로 여러 다른 HTTP 통신 간의 진행이나 연결 상태의 처리나 저장을 구현 및 관리하지 않아도 되기 때문이다. 오직 각각의 HTTP 요청에 대해 독립적으로 응답만 보내 주면 된다.

다만 단점은 stateless이기 때문에 HTTP 요청을 보낼 때는 해당 요청을 처리하기 위해 필요한 모든 데이터를 매번 포함시켜서 요청을 보내야 한다. 예를 들어, 어떠한 HTTP 요청을 처리하기 위해서 해당 사용자가 로그인이 되어야 한다고 가정해 보자. 해당 사용자가 이미 그전의 HTTP 통신을 통해서 로그인을 한 상태라고 하더라도 HTTP는 stateless이기 때문에 새로 보내는 HTTP 통신에서는 해당 사용자가 그전 HTTP 통신에서 로그인했다는 사실을 알지 못한다. 그러므로 새로운 HTTP 요청을 보낼 때 해당 사용자의 로그인 사실 여부를 포함시켜서 보내야 한다. 사용자의 로그인 사실 여부를 포함시켜서 HTTP 요청을 보내기 위해서는 클라이언트가 사용자의 로그인 사실 여부를 기억하고 있어야 한다. 이러한 점들을 해결하기 위해서 쿠키(cookie)나 세션(session) 등을 사용하여 HTTP 요청을 처리할 때 필요한 진행 과정이나 데이터를 저장한다.

쿠키(cookie)는 웹 브라우저가 웹사이트에서 보내온 정보를 저장할 수 있도록 하는 조그마한 파일을 말한다. 앞서 말한 대로 HTTP는 stateless이므로 클라이언트에서 HTTP 요청을 보낼 때 필요한 모든 정보를 포함해서 보내야 한다. 그러므로 클라이언트가 필요한 정보를 포함해서 보낼 수 있으려면 클라이언트가 정보를 저장할 수 있는 메커니즘이 필요하다. 웹 브라우저는 쿠키라고 하는 파일을 사용해서 필요한 정보를 저장한다.

세션(session)은 쿠키와 마찬가지로 HTTP 통신상에서 필요한 데이터를 저장할 수 있게 하는 메커니즘이다. 쿠키와 차이점이라면 쿠키는 웹 브라우저, 즉 클라이언트 측에서 데이터를 저장하는 반면에 세션은 웹 서버에서 데이터를 저장한다.

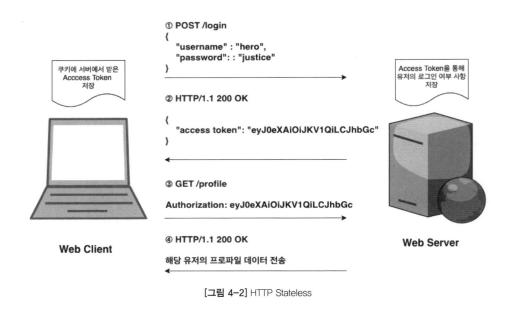

① POST /login
{
   "username" : "hero",
   "password": : "justice"
}

② HTTP/1.1 200 OK

{
   "access token": "eyJ0eXAiOiJKV1QiLCJhbGc"
}

③ GET /profile

Authorization: eyJ0eXAiOiJKV1QiLCJhbGc

④ HTTP/1.1 200 OK

해당 유저의 프로파일 데이터 전송

쿠키에 서버에서 받은
Acccess Token
저장

Web Client

Access Token을 통해
유저의 로그인 여부 사항
저장

Web Server

[그림 4-2] HTTP Stateless

HTTP 요청 구조

HTTP 통신은 요청과 그에 대한 응답으로 이루어져 있음을 알아보았다. 이제 HTTP
요청과 응답 메시지(message)가 어떠한 구조로 이루어져 있는지 알아보자. 먼저,
HTTP 요청 메시지의 구조에 대해서 알아보도록 하자. HTTP 요청은 다음과 같은
형태로 되어 있다.

```
POST /payment-sync HTTP/1.1          ❶

Accept: application/json             ❷
Accept-Encoding: gzip, deflate
Connection: keep-alive
Content-Length: 83
Content-Type: application/json
Host: intropython.com
```

```
User-Agent: HTTPie/0.9.3

{                                      ❸
    "imp_uid": "imp_1234567890",
    "merchant_uid": "order_id_8237352",
    "status": "paid"
}
```

HTTP 요청 메시지는 크게 다음의 세 부분으로 구성되어 있다.

- ❶: Start Line
- ❷: Headers
- ❸: Body

HTTP 요청 메시지의 각 부분에 대해서 더 자세히 알아보도록 하자.

참고로, 우리가 HTTP 요청과 응답 메시지의 모든 부분을 직접 구현할 필요는 없다. Flask(혹은 Django 등의 다른 웹 프레임워크)가 거의 대부분을 알아서 처리해 준다. 일반적으로 개발자가 직접 지정해야 하는 부분은 HTTP 메소드와 status code, 몇 개의 헤더 정보, 그리고 body 부분이다. 하지만 그래도 HTTP 응답과 요청의 구조와 내용을 이해는 하고 있어야 한다.

Start Line

이름 그대로 HTTP 요청의 시작줄이다. 예를 들어, "search" 엔드포인트에 GET HTTP 요청을 보낸다면 해당 HTTP 요청의 start line은 다음과 같다.

```
GET /search HTTP/1.1
```

start line은 세 부분으로 구성되어 있다.

- HTTP 메소드
- Request target
- HTTP version

▶ HTTP 메소드

HTTP 메소드는 해당 HTTP 요청이 의도하는 액션(action)을 정의하는 부분이다. 예를 들어, 서버로부터 어떠한 데이터를 받고자 한다면 GET 요청을 보내고, 서버에 새로운 데이터를 저장하고자 한다면 POST 요청을 보내는 등의 식이다. HTTP 메소드에는 GET, POST, PUT, DELETE, OPTIONS 등 여러 메소드(method)들이 있다. 하지만 그중 GET과 POST가 가장 널리 쓰인다.

▶ Request target

Request target은 해당 HTTP 요청이 전성되는 목표 주소를 말한다. 예를 들어, 3장에서 구현했던 "ping" 엔드포인트에 보내는 HTTP 요청의 경우 request target은 "/ping"이 된다.

▶ HTTP version

HTTP version은 이름 그대로 해당 요청의 HTTP 버전을 나타낸다. HTTP 버전에는 현재 "1.0", "1.1", 그리고 "2.0"이 있다. HTTP 버전을 명시하는 이유는 HTTP 버전에 따라 HTTP 요청 메시지의 구조나 데이터가 약간씩 다를 수 있으므로 서버가 받은 요청의 HTTP version에 맞추어서 응답을 보낼 수 있도록 하기 위함이다.

헤더

start line 다음에 나오는 부분은 헤더(header)다. 헤더 정보는 HTTP 요청 그 자체에 대한 정보를 담고 있다. 예를 들어, HTTP 요청 메시지의 전체 크기(Content-Length) 같은 정보를 담고 있다.

헤더는 파이썬의 dictionary처럼 key와 value로 되어 있다. 그리고 key와 value는 :로 연결된다. 즉, key:value로 표현이 된다. 예를 들어, google.com에 보내는 HTTP 요청의 Host 헤더의 경우 다음과 같이 표현된다.

```
HOST : google.com
```

- Key는 HOST이다.
- Value는 google.com이다.

HTTP 헤더는 다양한 헤더가 있는데 그중 자주 사용되는 헤더 정보에는 다음과 같다.

- Host
  - 요청이 전송되는 target의 호스트의 URL주소를 알려 주는 헤더다.
  - 예: Host: google.com

- User-Agent
  - 요청을 보내는 클라이언트의 대한 정보: 예를 들어, 웹 브라우저에 대한 정보.
  - 예: User-Agent: Mozilla/5.0 (Macintosh; Intel Mac OS X 10_13_5) AppleWebKit/537.36 (KHTML, like Gecko) Chrome/68.0.3440.106 Safari/537.36

- Accept
  - 해당 요청이 받을 수 있는 응답(response) body 데이터 타입을 알려 주는 헤더.
  - MIME (Multipurpose Internet Mail Extensions) type이 value로 지정된다. 예를 들어, JSON 데이터 타입을 요청하는 경우에는 application/json MIME type을 value로 정해 주면 된다. 모든 데이터 타입을 다 허용하는 경우에는 */*로 지정해 주면 된다.
  - MIME type은 굉장히 다양하다. 그러나 그중 API에서 자주 사용되는 MIME type은 application/json과 application/octet-stream, text/csv, text/html, image/jpeg, image/png, text/plain, 그리고 application/xml 정도다.
  - MIME type에 대한 더 자세한 정보는 Mozilla의 MIME type 페이지 (https://developer.mozilla.org/en-US/docs/Web/HTTP/Basics_of_HTTP/MIME_types)를 참고하도록 하자.
  - 예: Accept: */*

- Connection
  - 해당 요청이 끝난 후에 클라이언트와 서버가 계속해서 네트워크 연결 (connection)을 유지할 것인지 아니면 끊을 것인지에 대해 알려 주는 헤더.
  - HTTP 통신에서 서버 간에 네트워크 연결하는 과정이 다른 작업에 비해 시간이 걸리는 부분이므로 HTTP 요청 때마다 네트워크 연결을 새로 만들지 않고 HTTP 요청이 계속되는 한 처음 만든 연결을 재사용하는 것이 선호되는데, 그에 관한 정보를 전달하는 헤더다.
  - connection 헤더의 값이 keep-alive이면 앞으로도 계속해서 HTTP 요청을 보낼 예정이므로 네트워크 연결을 유지하라는 뜻이다.
  - connection 헤더의 값이 close라고 지정되면 더 이상 HTTP 요청을 보내지 않을 것이므로 네트워크 연결을 닫아도 된다는 뜻이다.

- 예: Connection: keep−alive
- Content−Type
  - HTTP 요청이 보내는 메시지 body의 타입을 알려 주는 헤더다. Accept 헤더와 마찬가지로 MIME type이 사용된다. 예를 들어, HTTP 요청이 JSON 데이터를 전송하면 Content−Type 헤더의 값은 application/json이 될 것이다.
  - 예: Content−Type: application/json
- Content−Length:
  - HTTP 요청이 보내는 메시지 body의 총 사이즈를 알려 주는 헤더다.
  - 예: Content−Length: 257

Body

HTTP 요청 메시지에서 body 부분은 HTTP 요청이 전송하는 데이터를 담고 있는 부분이다. 전송하는 데이터가 없다면 body 부분은 비어 있게 된다.

HTTP 응답 구조

HTTP 응답 메시지의 구조도 요청 메시지와 마찬가지로 크게 세 부분으로 구성되어 있다.

```
HTTP/1.1 404 Not Found               ❶

Connection: close                    ❷
Content-Length: 1573
```

```
Content-Type: text/html; charset=UTF-8
Date: Mon, 20 Aug 2018 07:59:05 GMT

<!DOCTYPE html>                                    ❸
<html lang=en>
  <meta charset=utf-8>
  <meta name=viewport content="initial-scale=1, minimum-scale=1,
  width=device-width">
  <title>Error 404 (Not Found)!!1</title>
  <style>
    *{margin:0;padding:0}html,code{font:15px/22px arial,sans-
    serif}html{background:#fff;color:#222;padding:15px}body{margin:7%
    auto 0;max-width:390px;min-height:180px;padding:30px 0 15px}* >
    body{background:url(//www.google.com/images/errors/robot.png) 100%
    5px no-repeat;padding-right:205px}p{margin:11px 0
    22px;overflow:hidden}
    ins{color:#777;text-decoration:none}a img{border:0}@media screen
    and (max-width:772px){body{background:none;margin-top:0;max-
    width:none;padding-right:0}}#logo{background:url(//www.google.com/
    images/branding/googlelogo/1x/googlelogo_color_150x54dp.png) no-
    repeat;margin-left:-5px}@media only screen and (min-
    resolution:192dpi){#logo{background:url(//www.google.com/images/
    branding/googlelogo/2x/googlelogo_color_150x54dp.png) no-repeat 0%
    0%/100% 100%;-moz-border-image:url(//www.google.com/images/
    branding/googlelogo/2x/googlelogo_color_150x54dp.png) 0}}@media
    only screen and (-webkit-min-device-pixel-ratio:2)
    {#logo{background:url(//www.google.com/images/branding/
    googlelogo/2x/googlelogo_color_150x54dp.png) no-
    repeat;-webkit-background-size:100% 100%}}#logo{display:inline-
    block;height:54px;width:150px}
  </style>
  <a href=//www.google.com/><span id=logo aria-label=Google></span></a>
  <p><b>404.</b> <ins>That's an error.</ins>
  <p>The requested URL <code>/payment-sync</code> was not found on this
  server.  <ins>That's all we know.</ins>
```

- ❶: Status Line
- ❷: Headers
- ❸: Body

90

HTTP 응답 메시지의 각 부분에 대해서도 자세히 알아보도록 하자.

Status Line

이름 그대로 HTTP 응답 메시지의 상태를 간략하게 요약하여 알려 주는 부분이다. 다음과 같은 형태로 구성되며, HTTP 요청의 start line과 마찬가지로 status line도 다음과 같은 세 부분으로 구성되어 있다.

```
HTTP/1.1 404 Not Found
    ❶      ❷      ❸
```

- ❶: HTTP Version
- ❷: Status Code
- ❸: Status Text

HTTP version은 HTTP 요청 메시지의 start line과 마찬가지로 사용되고 있는 HTTP 버전을 나타낸다.

status code는 HTTP 응답 상태를 미리 지정되어 있는 숫자로 된 코드로 나타내 준다. 예를 들어, HTTP 요청이 정상적으로 처리가 되었으면 응답의 status code는 200이라는 숫자로 표현된다.

status text는 HTTP 응답 상태를 간략하게 글로 설명해 주는 부분이다. 아무래도 숫자로 표현되어 있는 status code만으로는 항상 응답의 상태를 사람이 파악하기 어려울 수 있으므로 그 부분을 보완해 주는 역할을 한다고 생각하면 된다. 예를 들어, HTTP 요청이 정상적으로 처리한 HTTP 응답의 status code는 200이 되고 status text는 "OK"가 된다.

헤더

HTTP 응답의 헤더 부분은 HTTP 요청의 헤더 부분과 동일하다. 다만 HTTP 응답에서만 사용되는 헤더 값들이 있다. 예를 들어, HTTP 응답에는 User-Agent 헤더 대신에 Server 헤더가 사용된다.

Body

HTTP 응답 메시지의 body도 HTTP 요청 메시지의 body와 동일하다. 그리고 요청 메시지와 마찬가지로 전송하는 데이터가 없다면 body 부분은 비어 있게 된다.

자주 사용되는 HTTP 메소드

앞에서 HTTP 메소드는 HTTP 요청이 의도하는 액션(action)을 정의하는 부분이라고 언급하였다. API를 개발하는 데 있어서 HTTP 메소드를 잘 이해하고 적절한 HTTP 메소드를 사용하는 것이 중요하다. 다양한 HTTP 메소드들이 있는데 그중 가장 자주 사용되는 HTTP 메소드들에 대해서 조금 더 자세히 알아보도록 하자

GET

먼저, GET 메소드에 대해서 이야기하도록 하자. POST 메소드와 함께 가장 자주 사용되는 HTTP 메소드다. GET 메소드는 이름 그대로 어떠한 데이터를 서버로부터 요청(GET)할 때 주로 사용하는 메소드다. 즉, 데이터의 생성이나 수정 그리고 삭제 등의 변경 사항이 없이 단순히 데이터를 받아 오는 요청이 주로 GET 메소드로 요청된다. 언급한 대로 주로 데이터를 받아 올 때 사용되므로 해당 HTTP 요청의 body

가 비어 있는 경우가 많다.

POST

GET 메소드와 함께 가장 자주 사용되는 HTTP 메소드다. GET과 다르게 데이터를 생성하거나 수정 및 삭제 요청을 할 때 주로 사용되는 HTTP 메소드다.

OPTIONS

OPTIONS 메소드는 주로 특정 엔드포인트에서 허용하는 메소드들이 무엇이 있는지 알고자 하는 요청에서 사용되는 HTTP 메소드다. 엔드포인트는 허용하는 HTTP 메소드가 지정되도록 되어 있으며, 허용하지 않는 HTTP 메소드의 요청이 들어오면 405 Method Not Allowed 응답을 보내게 된다.

예를 들어, 3장에서 구현한 "ping" 엔드포인트의 경우 GET 메소드 요청만 받도록 구현되어 있다. 그러므로 만일 POST 요청을 보내면 405 Method Not Allowed 응답을 Flask가 자동으로 보낸다.

그러므로 엔드포인트가 어떠한 HTTP 메소드 요청을 허용하는지 알고자 할 때 OPTIONS 요청을 보내게 된다. "ping" 엔드포인트에 OPTIONS 요청을 보내면 다음과 같은 응답을 받게 된다.

```
HTTP/1.0 200 OK

Allow: GET, HEAD, OPTIONS      ❶
Content-Length: 0
Content-Type: text/html; charset=utf-8
Date: Fri, 28 Sep 2018 06:35:18 GMT
Server: Werkzeug/0.14.1 Python/3.7.0
```

- ❶: OPTIONS 요청을 보내면 응답에는 Allow 헤더를 통해 해당 엔드포인트가 허용하는 HTTP 메소드를 보내 준다.

위의 HTTP 응답을 보면 Allow 헤더에 GET, HEAD, OPTIONS가 나열된 것을 볼 수 있다. 그 뜻은 "ping" 엔드포인트가 GET, HEAD, 그리고 OPTIONS 메소드 요청들을 허용한다는 뜻이다.

> "ping" 엔드포인트를 구현할 때 분명히 GET 메소드만 허용하도록 구현했는데 왜 HEAD와 OPTIONS 메소드까지 허용되는지 의아해 할 수도 있다. Flask가 자동으로 HEAD와 OPTIONS 요청에 대한 응답을 구현해 준다. 그러므로 개발자가 직접 OPTIONS 메소드에 대한 처리를 구현하지 않아도 된다.

PUT

POST 메소드와 비슷한 의미를 가지고 있는 메소드다. 즉, 데이터를 새로 생성할 때 사용되는 HTTP 메소드다. POST와 중복되는 의미이므로 데이터를 새로 생성하는 HTTP 요청을 보낼 때 굳이 PUT을 사용하지 않고 모든 데이터 생성 및 수정 관련한 요청은 다 POST로 통일해서 사용하는 시스템이 많아지고 있다.

DELETE

이름 그대로 데이터 삭제 요청을 보낼 때 사용되는 메소드다. PUT과 마찬가지로 POST에 밀려서 잘 사용되지 않는 메소드다.

자주 사용되는 HTTP Status Code와 Text

HTTP 요청에서 HTTP 메소드를 잘 이해하는 것만큼 HTTP 응답에서는 HTTP status code와 text를 잘 이해하여 HTTP 응답을 보낼 때 적절한 status code의 응답을 보내는 것 또한 굉장히 중요하다. HTTP status code도 다양한 status code들이 있는데, 그중 가장 자주 사용되는 status code와 text에 대해서 더 자세히 알아보도록 하자.

200 OK

가장 자주 보게 되는(혹은 자주 보고 싶은) status code다. HTTP 요청이 문제없이 성공적으로 잘 처리 되었을 때 보내는 status code다.

301 Moved Permanently

HTTP 요청을 보낸 엔드포인트의 URL 주소가 바뀌었다는 것을 나타내는 status code다. 301 status code의 HTTP 응답은 Location 헤더가 포함되는 것이 일반적인데, Location 헤더에 해당 엔드포인트의 새로운 주소가 포함되어 나온다. 301 요청을 받은 클라이언트는 Location 헤더의 엔드포인트의 새로운 주소에 해당 요청을 다시 보내게 된다. 이러한 과정을 "redirection"라고 한다.

```
HTTP/1.1 301 Moved Permanently
Location: http://www.example.org/index.asp
```

400 Bad Request

이름 그대로 HTTP 요청이 잘못된 요청일 때 보내는 응답 코드다. 주로 요청에 포함된 인풋(input) 값들이 잘못된 값들이 보내졌을 때 사용된다. 예를 들어, 사용자의 전화번호를 저장하는 HTTP 요청인데, 만일 전화번호에 숫자가 아닌 글자가 포함됐을 경우 해당 요청을 받은 서버에서는 잘못된 전화번호 값이므로 400 응답을 해당 요청을 보낸 클라이언트에게 보내는 것이다.

401 Unauthorized

HTTP 요청을 처리하기 위해서는 해당 요청을 보내는 주체(사용자 혹은 클라이언트)의 신분(credential) 확인이 요구되나 확인할 수 없었을 때 보내는 응답 코드다. 주로 해당 HTTP 요청을 보내는 사용자가 로그인이 필요한 경우 401 응답을 보낸다.

403 Forbidden

HTTP 요청을 보내는 주체(사용자 혹은 클라이언트)가 해당 요청에 대한 권한이 없음을 나타내는 응답 코드다. 예를 들어, 오직 비용을 지불한 사용자만 볼 수 있는 데이터에 대한 HTTP 요청을 보낸 사용자는 아직 비용을 지불하지 않을 상태일 경우 서버는 403 응답을 보낼 수 있다.

404 Not Found

HTTP 요청을 보내고자 하는 URI가 존재하지 않을 때 보내는 응답 코드다. 어떠한 웹사이트에 잘못된 주소의 페이지를 접속하려고 하면 아마 "해당 페이지를 찾을 수 없습니다"라는 메시지가 있는 것을 본 적이 있을 것이다. 그러한 페이지를 404

페이지라고 한다.

500 Internal Server Error

이름 그대로, 내부 서버 오류가 발생했다는 것을 알려 주는 응답 코드다. 즉, HTTP 요청을 받은 서버에서 해당 요청을 처리하는 과정에서 서버 오류(error)가 나서 해당 요청을 처리할 수 없을 때 사용하는 응답 코드다. 아마, API 개발을 하는 백엔드 개발자들이 가장 싫어하는 응답 코드일 것이다.

API 엔드포인트 아키텍처 패턴

API의 엔드포인트 구조를 구현하는 방식에도 널리 알려지고 사용되는 패턴들이 있다. 크게 2가지가 있는데 하나는 REST 방식이고 다른 하나는 GraphQL이다. REST 방식은 가장 널리 사용되는 API 엔드포인트 아키텍처 패턴(architecture pattern)이다. 이미 많은 API 시스템들이 REST 방식으로 구현되어 있다. GraphQL 은 페이스북이 개발한 기술이며, 비교적 최근에 나온 기술이다.

RESTful HTTP API

REST(Representation State Transfer)ful HTTP API는 API 시스템을 구현하기 위한 아키텍처의 한 형식이다. REST의 개념은 로이 필딩(Roby Fielding) 박사가 2000년 그의 박사학위 논문으로 처음 소개하였다.

RESTful API는 API에서 전송하는 리소스(resource)를 URI로 표현하고 해당 리소스에 행하고자 하는 의도를 HTTP 메소드로 정의하는 방식이다. 각 엔드포인트는 처리하는 리소스를 표현하는 고유의 URI 주소를 가지고 있으며, 해당 리소스에 행할 수 있는 행위를 표현하는 HTTP 메소드를 처리할 수 있게 된다. 예를 들어, 사용자 정보를 리턴하는 "/users"라는 엔드포인트에서 사용자 정보를 받아 오는 HTTP 요청은 다음과 같이 표현할 수 있다.

```
HTTP GET /users
GET /users
```

새로운 사용자를 생성하는 엔드포인트는 URI를 "/user"로 정하고 HTTP 요청은 다음과 같이 표현할 수 있다.

```
POST /user
{
    "name"  : "송은우",
    "email" : "songew@gmail.com"
}
```

이러한 구조로 설계된 API를 RESTful API라고 한다. RESTful API의 장점은 몇 가지가 있는데, 그중 가장 강한 장점은 자기 설명력(self-descriptiveness)이다. 즉 엔드포인트의 구조만 보더라도 해당 엔드포인트가 제공하는 리소스와 기능을 파악할 수 있다. API를 구현하다 보면 엔드포인트의 수가 많아지면서 엔드포인트들의 역할과 기능을 파악하기가 쉽지 않을 때가 많은데, REST 방식으로 구현하면 구조가 훨씬 직관적이며 간단해진다.

GraphQL

한동안 REST 방식이 API를 구현하는 데 있어서 정석으로 여겨졌다. 그래서 많은 기업들이 API를 REST 방식으로 구현하였다. 그러나 REST 방식으로 구현해도 여전히 구조적으로 생기는 문제들이 있었다. 특히 가장 자주 생기는 문제는, API의 구조가 특정 클라이언트에 맞추어져서 다른 클라이언트에서 사용하기에 적합하지 않게 된다는 점이다. 페이스북이 2012년에 모바일 앱을 개발하기 시작했을 때 기존의 API는 페이스북의 사이트에 너무 맞추어져 있어서 모바일 앱 개발에 사용하기에는 적합하지 않았고, 모바일 앱용 API를 따로 만들어야 했다. 이러한 문제가 생기는 이유는, REST 방식의 API에서는 클라이언트들이 API가 엔드포인트들을 통해 구현해 놓은 틀에 맞추어 사용해야 하다 보니 그 틀에서 벗어나는 사용은 어려워지기 때문이다.

이러한 문제를 해결하기 위해서 페이스북은 GraphQL을 만들게 된다. GraphQL은 REST 방식의 API과는 다르게 엔드포인트가 오직 하나다. 그리고 엔드포인트에 클라이언트가 필요한 것을 정의해서 요청하는 식이다. 기존 REST 방식의 API와 반대라고 보면 된다(서버가 정의한 틀에서 클라이언트가 요청하는 것이 아니라 클라이언트가 필요한 것을 서버에 요청하는 방식이다).

백문이 불여일견이라고 했다. 실제 예를 들어 설명하면 더 이해하기 쉬울 것이다.

아이디가 1인 사용자의 정보와 그의 친구들의 이름 정보를 API로부터 받아 와야한다고 예를 들어 보자. 일반적인 REST 방식의 API에서는 다음과 같이 두 번의 HTTP 요청을 보내야 한다.

```
GET /users/1
GET /users/1/friends
```

앞서 본 두 번의 요청을 한 번의 HTTP 요청으로 줄이기 위해서는 다음처럼 HTTP 요청을 보내야 한다.

```
GET /users/1?include=friends.name
```

둘 다 비효율적이고 불필요하게 복잡한 것을 볼 수 있다. 만일 사용자 정보들 중 다 필요하지 않고 이름만 필요하든가 혹은 어떤 경우에는 친구들의 이름 외에도 친구들의 이메일도 필요하다면 HTTP 요청은 더 복잡해질 것이다. GraphQL을 사용하면 다음과 같이 HTTP 요청을 보내면 된다.

```
POST /graphql

{
  user(id: 1) {
    name
    age
    friends {
      name
    }
  }
}
```

만일 사용자 정보는 이름만 필요하고, 대신 친구들의 이름과 이메일이 필요하다면 다음과 같이 보내면 된다.

```
POST /graphql

{
  user(id: 1) {
    name
    friends {
      name
      email
    }
  }
}
```

GraphQL은 장점이 많지만, REST에 비해서는 나온 지 오래되지 않은 기술이므로 REST만큼은 널리 사용되고 있지 않다. 그에 비해 REST는 알려진 지 오래되었으므로 이미 여러 시스템에서 사용되고 있다. 그러므로 백엔드 개발 입문자에게는 REST 방식의 API을 이해하고 익숙해지는 것이 GraphQL을 배우는 것보다 더 적합하다고 할 수 있다. 그러므로 이 책에서는 REST 방식 위주로 구현할 것이다.

4장 정리

이번 장에서는 백엔드 API 개발을 하기 위해 꼭 필요한 요소인 HTTP에 대해서 알아보았다. HTTP의 핵심 요소에 대해서 알아보았고, HTTP의 요청과 응답 메시지의 구조와 내용에 대해서 알아보았으며, API 엔드포인트 아키텍처 패턴에 대해서 알아보았다. 이번 장의 내용을 정리하면 다음과 같다.

- HTTP 통신은 요청과 응답으로 이루어져 있다. 클라이언트가 HTTP 요청을 보내면 서버는 해당 요청에 대한 응답을 보내는 것이 하나의 HTTP 통신이다.
- HTTP 통신은 stateless다. 클라이언트와 서버는 HTTP 통신을 여러 번 주고받는 것이 일반적인데, HTTP 프로토콜에서는 동일한 클라이언트와 서버가 주고받은 HTTP 통신들이라도 서로 연결되어 있지 않다. 즉, 각각의 HTTP 통신은 독립적이며, 그 전에 처리된 HTTP 통신에 대해서 전혀 알지 못한다.
- HTTP 요청 메시지는 크게 다음 세 부분으로 구성되어 있다.
  - Start line
  - Header
  - Body

- HTTP 응답 메시지도 세 부분으로 구성되어 있다.
  - Status line
  - Header
  - Body
- 자주 사용되는 HTTP 메소드에는 GET, POST, OPTIONS, PUT, DELETE 등이 있다.
- 자주 사용되는 HTTP 응답 코드와 응답 텍스트에는 200 OK, 301 Moved Permanently, 400 Bad Request, 401 Unauthorized, 403 Forbidden, 404 Not Found, 500 Internal Server Error 등이 있다.
- API 엔드포인트 아키텍처 패턴 중 가장 널리 사용되는 패턴은 REST다. REST는 엔드포인트의 고유 주소(URI)와 허용하는 HTTP 메소드를 통해서 제공하는 리소스와 기능을 알 수 있게 해 줌으로써 클라이언트가 API를 더 쉽게 이해하고 사용할 수 있게 해준다.
- GraphQL은 REST 방식의 API를 구현할 때 생기는 문제를 해결하기 위해 만들어진 기술로, REST보다 더 유연한 엔드포인트 구조를 구현할 수 있지만, REST보다는 아직 널리 사용되고 있지 않다.

CHAPTER

5

본격적으로 API 개발하기

3장에서 Flask를 사용해서 기초적인 API를 만들어 보았다. 그리고 4장에서는 API 시스템을 만들기 위해 필요한 HTTP의 핵심 요소와 구조에 대해서 알아보았다. 하지만 3장에서 구현한 API 시스템은 "ping" 엔드포인트 하나밖에 없는 API다. 아직은 특별히 유용하지 않은 시스템이다. 이제 우리의 API를 더 본격적으로 개발해 보도록 하자.

우리가 구현할 API 시스템은 "미니터(Miniter)" 다. "미니터"는 "미니 트위터(Mini Twitter)"를 줄인 말이다. 우리가 구현할 API 시스템은 미니 버전(mini version) 트위터다. 즉 축소된 규모의 트위터 시스템을 만들어 볼 것이다. "미니터"를 구현하면서 API 개발의 핵심 구조와 개념들을 배우는 것이 목적이다.

미니터의 기능

미니터 API 시스템을 구현하기 위해서는 먼저 미니터가 구현해야 하는 기능들을 알아야 한다. 미니터는 축소된 규모의 트위터인 만큼 트위터가 제공하는 핵심 기능들은 구현해야 한다.

미니터가 제공하는 핵심 기능들은 다음과 같다.

- 회원가입
- 로그인
- 트윗(tweet)
- 다른 회원 팔로우(follow)하기
- 다른 회원 언팔로우(unfollow)하기
- 타임라인(해당 사용자 그리고 사용자가 팔로우하는 사용자들의 트윗들)

물론 실제 트위터의 API 시스템은 이보다 훨씬 많은 기능들을 제공하고 있다. 그러나 트위터는 많은 개발자와 트위터 직원들이 만든 시스템이다. 이 책에서 트위터 규모 정도의 시스템의 기능 모두를 구현하기는 어려울 것이다. 하지만 트위터의 기본적인 핵심 기능들을 구현하는 것만으로도 API 시스템 개발 입문에는 충분할 것이다.

실제 트위터는 굉장히 많은 사용자가 이용한다. 그러므로 동시 접속 사용자 수가 엄청나다. 트위터처럼 굉장히 많은 동시 접속들을 빠르게 처리하는 것은 매우 어려운 일이다. 그러한 시스템을 구현하기 위해서는 시스템 측면 그리고 로직 구현 측면에서 많은 것들을 고려해야 한다. 이번 장에서 구현하는 미니터 API 개발은 백엔드 개발 입문을 위한 교육이 목적이므로 많은 수의 동시 접속이나 HTTP 요청 처리 속도를 고려한 구현은 하지 않는다.

회원가입

회원가입 절차는 간단하다. 사용자에게 이름, 이메일, 비밀번호 등의 기본적인 회원 정보를 HTTP 요청을 통해 받은 후 시스템상에 저장하면 된다. 회원가입에 필요한 정보는 다음과 같다고 가정하자.

- id
- name
- email
- password
- profile

다음은 회원가입 기능을 구현하는 엔드포인트다.

```
from flask import Flask, jsonify, request              ❶

app         = Flask(__name__)
app.users   = {}                                       ❷
app.id_count = 1                                        ❸

@app.route("/sign-up", methods=['POST'])               ❹
def sign_up():
    new_user                = request.json             ❺
    new_user["id"]          = app.id_count             ❻
    app.users[app.id_count] = new_user                ❼
    app.id_count            = app.id_count + 1          ❽

    return jsonify(new_user)                            ❾
```

- ❶ : 필요한 Flask의 모듈들을 임포트한다. request를 통해 사용자가 HTTP 요청을 통해 전송한 JSON 데이터를 읽어 들일 수 있다. jsonify는 dictionary 객체를 JSON으로 변환하여 HTTP 응답으로 보낼 수 있게 된다.

- ❷ : 새로 가입한 사용자를 저장할 dictionary를 users란 변수에 정의한다. 키(key)는 사용자 아이디가 될 것이며, 값(value)은 dictionary에 저장되어 있는 사용자 정보다.

- ❸ : 회원가입하는 사용자의 id 값을 저장하는 변수다. id는 1부터 시작하며 새로운 사용자가 회원가입을 할 때마다 id 값이 하나씩 증가한다.

- ❹ : "/ping" 엔드포인트와 마찬가지로 route 데코레이터를 사용해서 엔드포인트를 정의한다. 엔드포인트의 고유 주소는 "/sign-up"으로 정의하고, HTTP 메소드는 POST로 한다.

- ❺ : HTTP 요청을 통해 전송된 회원 정보를 읽어 들인다. request는 엔드포인트에 전송된 HTTP 요청 정보(헤더, body 등등)를 저장하고 있다. request.json은 해당 HTTP 요청을 통해 전송된 JSON 데이터를 파이썬 dictionary로 변환해 준다.

- ❻ : HTTP 요청으로 전송된 회원가입 정보에 id 값을 더하여 준다.

- ❼ : 회원가입하는 사용자의 정보를 ❷에서 생성한 dictionary에 저장한다. ❷에서 언급했듯이 dictionary의 key는 사용자 아이디이고, value는 회원가입 정보다.

- ❽ : id_count, 즉 id 값에 1을 더해 준다. 그럼으로써 다음 회원 id 값이 이미 회원을 가입한 사용자들의 id 값과 겹치지 않게 한다.

- ❾ : 회원가입한 사용자의 정보를 JSON 형태로 전송한다. jsonify를 사용해 dictionary를 JSON으로 변환한다. status code는 200이 된다. 원래는 status code도 지정해 주어야 하지만, 만일 지정해 주지 않으면 디폴트 값으로 200이 리턴이 된다.

❸ 에서 하는 방식으로 id 값을 증가시키는 것은 엄밀히 말하자면 문제가 있을 수 있다. 만일 HTTP 요청들이 동시에 전송될 경우 id 값이 잘못 지정될 가능성이 있다. 이러한 문제를 예방하기 위해서 atomic increment operation(여러 스레드

(thread)가 동시에 값을 증가시킬 수 없고, 한 번에 한 스레드만 값을 증가시키는 것)을 사용해야 한다. 그러나 다음 장에서 데이터베이스(database)에 데이터를 저장할 것이고, id 값은 데이터베이스에서 자동 생성을 해준다. atomic 연산은 API 개발 입문과는 직접적인 관련이 없으므로 이 책에서는 atomic 연산에 대해서는 이야기하지 않는다. 다만 개인적으로 atomic 연산에 대해서는 알아보는 것을 추천한다.

3장에서 만든 app.py 파일에서 "/ping" 엔드포인트 아래에 회원가입 엔드포인트를 다음과 같이 추가하자.

```python
from flask import Flask, request

app        = Flask(__name__)
app.id_count = 1
app.users    = {}

@app.route("/ping", methods=['GET'])
def ping():
    return "pong"

@app.route("/sign-up", methods=['POST'])
def sign_up():
    new_user                = request.json
    new_user["id"]          = app.id_count
    app.users[app.id_count] = new_user
    app.id_count            = app.id_count + 1

    return jsonify(new_user)
```

회원가입 엔드포인트를 추가가 완료되었으면 실행시켜 보도록 하자. 터미널을 열고 "app.py" 파일이 있는 디렉터리로 이동한 후 3장에서 생성한 파이썬 가상 환경을 활성화하자. 그 후 다음과 같이 Flask를 실행하도록 하자.

```
(api)$ FLASK_ENV=development FKAS_APP=app.py flask run
 * Environment: development
 * Debug mode: on
 * Running on http://127.0.0.1:5000/ (Press CTRL+C to quit)
 * Restarting with stat
 * Debugger is active!
 * Debugger PIN: 594-819-916
```

- FLASK_ENV는 Flask가 실행되는 개발 스테이지를 뜻한다. "development"
  로 정해 놓으면 debug mode가 실행된다. 3장에서 언급했듯이 debug
  mode가 실행되면 코드가 수정될 때마다 Flask가 자동으로 재실행되어 수
  정된 코드가 반영되도록 해준다.

정상적으로 실행이 되었으면 실제로 회원가입 요청을 보내 보도록 하자. 3장에서 이
미 해보았듯이 httpie를 사용하여 터미널에서 회원가입 HTTP 요청을 보내 보자.

```
http -v POST localhost:5000/sign-up name=송은우 email=songew@gmail.com
password=test1234
POST /sign-up HTTP/1.1
Accept: application/json, */*
Accept-Encoding: gzip, deflate
Connection: keep-alive
Content-Length: 83
Content-Type: application/json
Host: localhost:5000
User-Agent: HTTPie/0.9.9

{
    "email": "songew@gmail.com",
    "name": "송은우",
    "password": "test1234",
    "profile": "Christian. Software Engineer. Serial Entrepreneur. Book
    Author"
}

HTTP/1.0 200 OK
```

108

```
Content-Length: 106
Content-Type: application/json
Date: Sun, 14 Oct 2018 14:18:05 GMT
Server: Werkzeug/0.14.1 Python/3.7.0

{
    "email": "songew@gmail.com",
    "id": 1,
    "name": "송은우",
    "password": "test1234",
    "profile": "Christian. Software Engineer. Serial Entrepreneur. Book
    Author"
}
```

- httpie를 사용해서 POST로 JSON 데이터를 보내는 것은 아주 간단하다. HTTP 요청을 보내는 엔드포인트 주소 다음에 field=value의 형태로 보내면 된다. 예를 들어, "name" 필드의 값을 "송은우"로 JSON 데이터 형태로 전송하기 위해서는 name=송은우라고 지정해 주면 된다.

HTTP 응답으로 200 OK가 전송되었으면 회원가입 엔드포인트가 성공적으로 작동하는 것이다. 이제 나머지 엔드포인트들도 구현하도록 하자.

300자 제한 트윗 글 올리기

이번에는 미니터의 메인 기능인 300자 제한 트윗(Tweet) 글 올리기 엔드포인트를 구현해 보자. 이 엔드포인트는 다음과 같은 요소들을 구현해야 한다.

- 사용자는 300자를 초과하지 않는 글을 올릴 수 있다.
- 만일 300자를 초과하면 엔드포인트는 400 Bad Request 응답을 보내야 한다.

- 사용자가 300자 이내의 글을 전송하면 엔드포인트는 사용자의 글을 저장하고 있어야 한다. 그래서 사용자의 타임라인 엔드포인트를 통하여 읽을 수 있도록 해야 한다.

Tweet 엔드포인트를 호출할 때 전송하는 JSON 데이터는 다음과 같다.

```
{
    "id"    : 1,                    ❶
    "tweet" : "My First Tweet"      ❷
}
```

- ❶ : 트윗을 보내는 해당 사용자의 아이디
- ❷ : 트윗 내용

엔드포인트는 다음과 같이 구현할 수 있다. 코드를 보기 전에 먼저 스스로 어떻게 구현할 것인가에 대해서 고민해 보는 것을 권장한다. 가능하면 직접 먼저 구현해 보는 것도 좋다.

```
app.tweets = []                                         ❶

@app.route('/tweet', methods=['POST'])
def tweet():
    payload = request.json
    user_id = int(payload['id'])
    tweet   = payload['tweet']

    if user_id not in app.users:
        return '사용자가 존재하지 않습니다', 400

    if len(tweet) > 300:
        return '300자를 초과했습니다', 400

    user_id = int(payload['id'])
```

```
app.tweets.append({
    'user_id' : user_id,
    'tweet'   : tweet
})

return '', 200
```

- ❶ : 사용자들의 트윗들을 저장할 디렉터리다. key는 사용자 아이디이고, value는 사용자들의 트윗을 담고 있는 리스트다.
- ❷ : 엔드포인트의 주소는 "/tweet"이고 HTTP 메소드는 POST이다.
- ❸ : HTTP 요청으로 전송된 JSON 데이터에서 "tweet" 필드를 읽어 들여 사용자의 tweet 내용이 300자를 넘었는지를 확인한다.
- ❹ : 만일 해당 사용자 아이디가 존재하지 않으면 400 Bad Request 오류 메시지를 전송한다.
- ❺ : 만일 사용자의 트윗이 300자를 넘었으면 "300자를 초과했습니다"라는 메시지와 함께 400 Bad Request 응답을 보낸다.
- ❻ : HTTP 요청으로 전송된 JSON 데이터에서 사용자 아이디를 읽어 들인다.
- ❼ : 해당 사용자 아이디와 트윗을 딕셔너리(dictionary)로 생성해서 app. tweets 리스트에 저장시킨다. 곧 구현할 타임라인 엔드포인트에서 app. tweets 리스트를 읽어 들이게 된다.

사용자의 신분 확인을 단순히 HTTP 요청에 포함된 JSON 데이터에 속해 있는 아이디 값으로 판명하는 것은 보안적으로 문제가 있다. 하지만 이번 장에서는 보안적으로 완벽한 시스템을 구현하는 것이 목적이 아니라 API 개발 입문이 목적이므로 일단 보안적인 부분은 무시해도 괜찮다. 앞으로 데이터베이스에 연결시키고 인가 엔드 포인트를 구현하면서 보안 부분은 더 강화가 될 것이다.

회원가입 엔드포인트와 마찬가지로 "tweet" 엔드포인트를 "app.py" 파일에 추가시
킨 후 실행시키도록 하자. 그리고 실제로 트윗을 보내 보도록 하자.

```
$ http -v POST localhost:5000/tweet id:=1 tweet="My First Tweet"

POST /tweet HTTP/1.1
Accept: application/json, */*
Accept-Encoding: gzip, deflate
Connection: keep-alive
Content-Length: 36
Content-Type: application/json
Host: localhost:5000
User-Agent: HTTPie/0.9.9

{
    "id": 1,
    "tweet": "My First Tweet"
}

HTTP/1.0 200 OK
Content-Length: 0
Content-Type: text/html; charset=utf-8
Date: Mon, 15 Oct 2018 07:33:10 GMT
Server: Werkzeug/0.14.1 Python/3.7.0
```

200 OK 응답이 오면 정상적으로 구현된 것이다. 만일 "사용자가 존재하지 않습
니다"라는 메시지와 함께 400 Bad Request 응답이 온다면 해당 사용자가 생성이
안 되어서 생기는 문제이므로 먼저 회원가입 엔드포인트를 통해 사용자를 생성한 후
다시 시도해 보자. 주의해야 할 점은, 이미 사용자를 생성했다고 하더라도 만일 API
가 재실행되면 기존에 생성했던 사용자 및 데이터들은 전부 지워진다. 아직 데이터
베이스에 데이터들을 저장하는 것이 아니라 메모리(memory)상에서만 저장하는 것
이므로 서버가 재실행이 되는 순간 메모리상의 데이터들은 전부 지워지니 유의하도
록 하자.

팔로우와 언팔로우 엔드포인트

실제 트위터와 마찬가지로 미니터에서 중요한 부분 중 하나가 또한 다른 트위터들을 팔로우(혹은 언팔로우)하고 팔로우하는 사용자들의 글과 사진을 타임라인에서 볼 수 있는 기능이다. 팔로우 혹은 언팔로우하고 싶은 사용자의 아이디를 HTTP 요청으로 보내면 API에서 해당 요청을 처리하는 방식으로 구현할 것이다. 팔로우 엔드포인트에 전송할 JSON 데이터는 다음과 같다.

```
{
    "id"     : 1,
    "follow" : 2
}
```

id 필드는 해당 사용자의 아이디이고, follow 필드는 팔로우하고자 하는 사용자의 아이디다.

언팔로우 엔드포인트에 전송할 JSON 데이터는 다음과 같다.

```
{
    "id"       : 1,
    "unfollow" : 2
}
```

id 필드는 해당 사용자의 아이디이고, unfollow 필드는 언팔로우하고자 하는 사용자의 아이디다.

그 외에는 특별히 추가적인 설명이 필요하지는 않으니 곧바로 구현하도록 하자. 먼저 팔로우 엔드포인트를 구현하도록 하자. 이번에도 다음의 코드를 보기 전에 먼저 생각해서 구현해 본 후 다음 코드와 비교해 보도록 하자.

```
@app.route('/follow', methods=['POST'])
def follow():
    payload           = request.json
    user_id           = int(payload['id'])                           ❶
    user_id_to_follow = int(payload['follow'])                       ❷

    if user_id not in app.users or user_id_to_follow not in app.users: ❸
        return '사용자가 존재하지 않습니다', 400

    user = app.users[user_id]                                        ❹
    user.setdefault('follow', set()).add(user_id_to_follow)          ❺

    return jsonify(user)
```

- ❶ : HTTP 요청으로 전송된 JSON 데이터에서 해당 사용자의 아이디를 읽어 들인다.

- ❷ : HTTP 요청으로 전송된 JSON 데이터에서 해당 사용자가 팔로우할 사용자의 아이디를 읽어 들인다.

- ❸ : 만일 해당 사용자나 팔로우할 사용자가 존재하지 않는다면 400 Bad Request 응답을 보낸다.

- ❹ : app.users 딕셔너리에서 해당 사용자 아이디를 사용해서 해당 사용자의 데이터를 읽어 들인다.

- ❺ : ❹에서 읽어 들인 사용자의 정보를 담고 있는 딕셔너리가 이미 "follow"라는 필드를 가지고 있다면, 즉 이미 사용자가 다른 사용자를 팔로우한 적이 있다면, 사용자의 "follow" 키와 연결되어 있는 set에 팔로우하고자 하는 사용자 아이디를 추가한다. 만일 이번이 처음 다른 사용자를 팔로우하는 것이라면 사용자의 정보를 담고 있는 딕셔너리에 "follow"라는 키를 emtpy set와 연결하여 추가한다. 이렇게 키가 존재하지 않으면 디폴트 값을 저장하고, 만일 키가 이미 존재하면 해당 값을 읽어 들이는 기능을 setdefault를 사용하여 구현한다. setdefault는 굉장히 유용한 딕셔너리의 기능이니 자세한 내용을 찾아봐도 좋을 것이다.

팔로우 엔드포인트를 구현할 때 해당 사용자가 팔로우하는 다른 사용자들의 아이디를 저장하는 자료구조로써 set를 사용한다. list를 사용하지 않고 set를 사용하는 이유는 만일 이미 팔로우하고 있는 사용자를 팔로우하는 요청이 왔을 경우에도 동일한 사용자 아이디가 여러 번 저장되지 않게 해주기 때문이다. 그러므로 팔로우하고자 하는 사용자 아이디가 이미 팔로우되고 있지는 않은지에 대한 확인을 굳이 해주지 않아도 된다. 중복된 사용자 아이디가 존재할 수 없으므로 언팔로우할 때도 굉장히 편리하다. 이에 대해서는 다음에 나올 언팔로우 엔드포인트 코드를 통해 더 자세히 보도록 하자.

서버를 실행시켜서 실제로 팔로우 엔드포인트에 HTTP 요청을 보내 보도록 하자. 다음과 같은 오류가 날 것이다.

```
$ http -v POST localhost:5000/follow id:=1 follow:=2
POST /follow HTTP/1.1
Accept: application/json, */*
Accept-Encoding: gzip, deflate
Connection: keep-alive
Content-Length: 22
Content-Type: application/json
Host: localhost:5000
User-Agent: HTTPie/0.9.9

{
    "follow": 2,
    "id": 1
}

HTTP/1.0 500 INTERNAL SERVER ERROR
Connection: close
Content-Type: text/html; charset=utf-8
Date: Thu, 18 Oct 2018 13:32:21 GMT
Server: Werkzeug/0.14.1 Python/3.7.0
X-XSS-Protection: 0
```

```
...
...
    raise TypeError(f'Object of type {o.__class__.__name__} ')
TypeError: Object of type set is not JSON serializable
```

오류가 나는 이유는 팔로우하는 사용자 아이디들을 저장하는 자료구조로 사용하는 set를 파이썬의 json 모듈이 JSON으로 변경하지 못하기 때문이다. list는 JSON으로 변경될 수 있지만 set는 변경하지 못하므로 오류가 난다. 이 문제를 해결하기 위해서는 커스텀 JSON 엔코더(custom JSON encoder)를 구현해서 디폴트 JSON 엔코더에 덮어 씌워야 한다. 우리가 직접 커스텀 JSON 엔코더를 통해서 set를 list로 변경해 줌으로써 JSON으로 문제없이 변경될 수 있도록 해주어야 한다.

```
from flask.json import JSONEncoder                          ❶

class CustomJSONEncoder(JSONEncoder):                        ❷
    def default(self, obj):                                  ❸
        if isinstance(obj, set):                             ❹
            return list(obj)

        return JSONEncoder.default(self, obj)                ❺

app.json_encoder = CustomJSONEncoder                         ❻
```

- ❶ : flask.json 모듈에서 JSONEncoder 클래스를 임포트한다. JSONEncoder 클래스를 확장해서 커스텀 엔코더를 구현한다.
- ❷ : JSONEncoder 클래스를 부모 클래스로 상속받는 CustomJSON Encoder 클래스를 정의한다.
- ❸ : JSONEncoder 클래스의 default 메소드를 확장(over-write)한다. default 메소드에서 set인 경우 list로 변경해 주어야 한다.
- ❹ : JSON으로 변경하고자 하는 객체(obj)가 set인 경우 list로 변경해서 리턴한다.

- ❺ : 객체가 set이 아닌 경우는 본래 JSONEncoder 클래스의 default 메소드를 호출해서 리턴하면 된다.
- ❻ : CustomJSONEncoder 클래스를 Flask의 디폴트 JSON 엔코더로 지정해 준다. 그리하면 jsonify 함수가 호출될 때마다 JSONEncoder가 아닌 CustomJSONEncoder 클래스가 사용된다.

위의 코드를 추가하고 시스템을 다시 재시작시킨 후 "follow" 엔드포인트를 호출하면 정상적으로 HTTP 응답이 오는 것을 확인할 수 있다.

이제 언팔로우 엔드포인트를 구현하도록 하자. 언팔로우 엔드포인트는 팔로우 엔드포인트와 거의 유사하다. 차이점은 set에 사용자 아이디를 추가하는 것이 아니라 삭제하는 것이다.

```
@app.route('/unfollow', methods=['POST'])
def unfollow():
    payload          = request.json
    user_id          = int(payload['id'])
    user_id_to_follow = int(payload['unfollow'])               ❶

    if user_id not in app.users or user_id_to_follow not in app.users: ❷
        return '사용자가 존재하지 않습니다', 400

    user = app.users[user_id]
    user.setdefault('follow', set()).discard(user_id_to_follow)  ❸

    return jsonify(user)
```

- ❶ : 언팔로우할 사용자 아이디를 HTTP 요청으로 전송된 데이터에서 읽어 들인다.
- ❷ : 팔로우 엔드포인트와 마찬가지로 해당 사용자 아이디 혹은 언팔로우할 사용자 아이디가 존재하지 않으면 400 Bad Request 응답을 보낸다.

- ❸ : 언팔로우하고자 하는 사용자 아이디를 set에서 삭제한다. remove 메소드를 사용하지 않고 discard 메소드를 사용하는 이유는, remove의 경우 만일 없는 값을 삭제하려고 하면 오류를 일으키지만 discard 메소드는 삭제하고자 하는 값이 있으면 삭제를 하고 없으면 무시하기 때문이다. 그러므로 굳이 삭제하고자 하는 사용자 아이디가 실제로 set에 존재하는지를 확인하는 로직을 구현하지 않아도 되므로 편하다.

타임라인 엔드포인트 ▬▬▬▬▬▬▬▬▬

회원가입, 트윗 올리기, 그리고 다른 사용자 팔로우/언팔로우하기 엔드포인트를 구현하였으니 이제 사용자의 타임라인 엔드포인트를 구현해 보자. 트위터의 타임라인처럼 해당 사용자의 트윗들 그리고 팔로우하는 사용자들의 트윗들을 리턴해 주는 엔드포인트다. 타임라인 엔드포인트는 데이터의 수정이 없이 받아 오기만 하는 엔드포인트이므로 HTTP 메소드는 GET이 될 것이다. 그리고 타임라인 엔드포인트가 리턴하는 JSON 데이터는 다음과 같은 형태의 데이터를 리턴한다.

```
{
    "user_id" : 1,                        ❶
    "timeline" : [                        ❷
        {
            "user_id" : 2,                ❸
            "tweet"   : "Hello, World!"   ❹
        },
        {
            "user_id" : 1,
            "tweet"   : "My first tweet!!"
        }
    ]
}
```

- **❶** : 해당 사용자의 아이디
- **❷** : 해당 사용자와 사용자가 팔로우하는 사용자들의 트윗 리스트
- **❸** : 해당 트윗을 올린 사용자 아이디
- **❹** : 트윗 내용

타임라인 엔드포인트를 구현해 보도록 하자. 트윗 엔드포인트에서 사용자들의 트윗을 app.tweets 리스트에 저장하는 것을 기억할 것이다. 사용자의 타임라인을 전송하기 위해서는 app.tweets 리스트에서 해당 사용자 그리고 사용자가 팔로우하는 사용자들의 트윗들을 찾은 후에 전송하면 된다. 생각보다 로직이 어렵지 않다.

```
@app.route('/timeline/<int:user_id>', methods=['GET'])      ❶
def timeline(user_id):                                       ❷
    if user_id not in app.users:
        return '사용자가 존재하지 않습니다', 400

    follow_list = app.users[user_id].get('follow', set())   ❸
    follow_list.add(user_id)                                 ❹
    timeline = [tweet for tweet in app.tweets if tweet['user_id']
    in follow_list]                                          ❺

    return jsonify({                                         ❻
        'user_id'  : user_id,
        'timeline' : timeline
    })
```

- **❶** : 엔드포인트의 주소에서 <int:user_id> 부분을 볼 수 있다. 엔드포인트의 주소에 해당 사용자의 아이디를 지정할 수 있게 해준다. 예를 들어, "/timeline/1"이 경우 타임라인 엔드포인트에 user_id 인자에 int 값으로 1이 지정되어 엔드포인트를 구현한 함수인 ❷에 전달된다.
- **❷** : 타임라인 엔드포인트를 구현하는 함수에 user_id를 인자로 받는 것을 볼 수 있다. ❶에서 지정된 엔드포인트 주소를 통해서 받는 값이며 해당 사용자의 아이디다.

- **❸** : 먼저 해당 사용자가 팔로우하는 사용자들 리스트를 읽어 들인다. 만일 사용자가 다른 사용자를 팔로우한 적이 없는 경우 follow 필드가 존재하지 않을 수도 있다. 그런 경우에는 empty set을 리턴한다.
- **❹** : 팔로우하는 사용자 리스트에 해당 사용자의 아이디도 추가한다. 그러므로 팔로우하는 사용자들의 트윗뿐만 아니라 해당 사용자의 트윗도 볼 수 있도록 한다.
- **❺** : 전체 트윗 중에 해당 사용자 그리고 해당 사용자가 팔로우하는 사용자들의 트윗들만 읽어 들인다.
- **❻** : 사용자 아이디와 함께 타임라인을 JSON 형태로 리턴한다.

이제 API를 실행시킨 후 타임라인 엔드포인트를 호출해 보자.

주의할 점은 타임라인 엔드포인트를 호출하기 전에 사용자들을 생성해야 하며, 각 사용자마다 트윗을 생성하고, 또한 사용자 팔로우를 해놓아야 한다는 것이다. 다음과 같은 결과가 나오면 성공적으로 타임라인 엔드포인트가 구현된 것이다.

```
http -v GET localhost:5000/timeline/1
GET /timeline/1 HTTP/1.1
Accept: */*
Accept-Encoding: gzip, deflate
Connection: keep-alive
Host: localhost:5000
User-Agent: HTTPie/0.9.9

HTTP/1.0 200 OK
Content-Length: 262
Content-Type: application/json
Date: Sun, 21 Oct 2018 11:41:52 GMT
Server: Werkzeug/0.14.1 Python/3.7.0

{
    "timeline": [
        {
```

```
            "tweet": "언젠가는 훌륭한 백엔드 개발자가 될 거야",
            "user_id": 2
      },
      {
            "tweet": "Hello World",
            "user_id": 1
      }
   ],
   "user_id": 1
}
```

전체 코드

다음은 이제까지 구현한 엔드포인트들을 합친 코드다. 이 책의 깃허브 리포지토리
(https://github.com/rampart81/python-backend-book/5)에서도 확인할 수
있다.

```python
from flask       import Flask, request, jsonify
from flask.json import JSONEncoder

## Default JSON encoder는 set를 JSON으로 변환할 수 없다.
## 그러므로 커스텀 엔코더를 작성해서 set을 list로 변환하여
## JSON으로 변환 가능하게 해주어야 한다.
class CustomJSONEncoder(JSONEncoder):
    def default(self, obj):
        if isinstance(obj, set):
            return list(obj)

        return JSONEncoder.default(self, obj)

app = Flask(__name__)

app.id_count     = 1
```

```python
app.users         = {}
app.tweets        = []
app.json_encoder  = CustomJSONEncoder

@app.route("/ping", methods=['GET'])
def ping():
    return "pong"

@app.route("/sign-up", methods=['POST'])
def sign_up():
    new_user                  = request.json
    new_user["id"]            = app.id_count
    app.users[app.id_count] = new_user
    app.id_count              = app.id_count + 1

    return jsonify(new_user)

@app.route('/tweet', methods=['POST'])
def tweet():
    payload = request.json
    user_id = int(payload['id'])
    tweet   = payload['tweet']

    if user_id not in app.users:
        return '사용자가 존재하지 않습니다', 400

    if len(tweet) > 300:
        return '300자를 초과했습니다', 400

    user_id = int(payload['id'])

    app.tweets.append({
        'user_id' : user_id,
        'tweet'   : tweet
    })

    return '', 200

@app.route('/follow', methods=['POST'])
def follow():
```

```python
    payload            = request.json
    user_id            = int(payload['id'])
    user_id_to_follow = int(payload['follow'])

    if user_id not in app.users or user_id_to_follow not in app.users:
        return '사용자가 존재하지 않습니다', 400

    user = app.users[user_id]
    user.setdefault('follow', set()).add(user_id_to_follow)

    return jsonify(user)

@app.route('/unfollow', methods=['POST'])
def unfollow():
    payload            = request.json
    user_id            = int(payload['id'])
    user_id_to_follow = int(payload['unfollow'])

    if user_id not in app.users or user_id_to_follow not in app.users:
        return '사용자가 존재하지 않습니다', 400

    user = app.users[user_id]
    user.setdefault('follow', set()).discard(user_id_to_follow)

    return jsonify(user)

@app.route('/timeline/<int:user_id>', methods=['GET'])
def timeline(user_id):
    if user_id not in app.users:
        return '사용자가 존재하지 않습니다', 400

    follow_list = app.users[user_id].get('follow', set())
    follow_list.add(user_id)
    timeline = [tweet for tweet in app.tweets if tweet['user_id'] in
    follow_list]

    return jsonify({
        'user_id'  : user_id,
        'timeline' : timeline
    })
```

5장 정리

5장에서는 트위터의 축소된 버전인 "미니터" API를 구현하였다. 회원가입부터 타임라인 엔드포인트까지 기본적인 트위터의 기능을 구현해 보았다. 새로운 데이터를 생성하거나 수정하는 POST 엔드포인트를 구현해 보았으며, 데이터를 전송해 주는 GET 엔드포인트도 구현해 보았다. 또한 JSON 형태로 데이터를 응답으로 보내 보았으며, 엔드포인트 주소에서 인자(parameter) 값을 읽어 들여서 엔드포인트를 구현해 보았다. 그러므로 API의 전체적인 구조와 핵심 요소들을 배워 보았다.

- 데이터를 수정하는 기능의 엔드포인트는 POST를 사용한다.
- 데이터를 읽어 들이는 기능의 엔드포인트는 GET을 사용한다.
- POST 엔드포인트에 데이터를 전송할 때는 body에 JSON 형식으로 데이터를 전송한다.
- URL에 인자(parameter)를 전송하고 싶을 때는 <type:value> 형식으로 URL을 구성한다. 예를 들어, int 값의 사용자 아이디를 URL에 포함시켜 받고 싶을 때는 다음과 같이 주소를 구성하면 된다: /timeline/<int:user_id>
- 중복된 값이 없어야 하는 데이터라면 set을 사용하고 순서나 순차가 중요하다면 list를 사용하자. 키와 값을 표현해야 하는 데이터의 경우는 딕셔너리를 사용하도록 하자.

다음 장에서는 데이터베이스의 기본 개념을 알아보고, API 시스템에 실제로 데이터베이스를 연결시켜 보도록 하자.

데이터베이스

앞 장에서 우리는 트위터의 미니 버전인 "미니터" API를 만들어 보았다. 미니 버전의 트위터 API이긴 하지만, 그래도 트윗 글 생성하기, 타임라인 보기 등의 핵심 기능은 다 구현하였다. 다만 굉장히 불편한 점은 API가 새로 재시작될 때마다 모든 데이터가 없어진다는 것이다. 데이터를 영구적으로 보존하기 위해서는 데이터베이스(database) 시스템을 사용해서 저장해야 한다. 이번 장에서는 데이터베이스의 핵심 개념에 대해서 알아보도록 할 것이다. 그 후 미니터 API를 데이터베이스 시스템과 연결시켜서 데이터들이 보존될 수 있도록 하자.

- 데이터베이스 시스템에 대한 소개
- 데이터베이스 핵심 개념
- SQL(Structured Query Language)

- 데이터베이스와 API 연결시키기

이번 장에서는 데이터베이스 시스템에 대해서 핵심 개념만 소개하고 미니터 API 시스템 개발에 필요한 점들만 다룬다. 그러나 데이터베이스 시스템을 잘 이해하고 사용하는 것은 백엔드 개발에 굉장히 중요한 부분이므로 추후 더 자세히 공부할 것을 권장한다.

데이터베이스 시스템

데이터베이스 시스템(database system)은 이름 그대로 데이터를 저장 및 보존하는 시스템이다. 데이터베이스에 저장되어 있는 데이터를 읽어 들일 수 있으며, 또한 새로운 데이터를 저장할 수도 있고, 기존의 데이터를 업데이트할 수도 있다. 앞 장에서 구현한 API 또한 데이터베이스 시스템을 사용하지 않았으므로 데이터들이 보존되지 않았고, 그러므로 API 서버가 멈추거나 재실행될 때마다 데이터들이 전부 삭제되는 것을 보았다.

일반적으로 보았을 때 데이터베이스 시스템에는 크게 2가지 종류가 있다. 관계형 데이터베이스 시스템(RDBMS, Relational Database Management System)과 "NoSQL"로 명칭되는 비관계형(Non-relational) 데이터베이스가 있다. 물론 더 자세히 들어가면 그 외에 다른 종료의 데이터베이스 시스템이 있을 수 있지만, 일반적으로는 이렇게 2가지 종류를 고려하게 된다.

관계형 데이터베이스

관계형 데이터베이스 시스템(RDBMS, Relational Database Management System)은 이름 그대로, 관계형 데이터 모델에 기초를 둔 데이터베이스 시스템을 말한다. 관계형 데이터란 데이터들이 서로 상호관련성을 가진 형태로 표현한 데이터를 말한다. 대표적인 관계형 데이터베이스 시스템에는 MySQL과 PostgreSQL(줄여서 Postgres) 등이 있다.

관계형 데이터베이스에서 모든 데이터들은 2차원 테이블(table)들로 표현된다. 그리고 각각의 테이블은 칼럼(column)과 로우(row)로 구성된다. 칼럼은 테이블의 각 항목을 말한다. 행으로 생각하면 된다. 로우는 각 항목들의 실제 값들을 이야기한다. 즉, 열로 생각하면 된다.

각 로우는 저만의 고유 키(primary key)가 있다. 주로 이 고유 키를 통해서 해당 로우를 찾거나 인용(reference)하게 된다. 물론 고유 키 이외에도 다른 값으로 로우를 찾을 수 있다.

앞 장에서 구현한 미니터 API의 데이터를 예로 들어 보자. 미니터의 사용자들은 각 사용자당 0개부터 여러 개의 트윗을 생성할 수 있다. 이 두 데이터(사용자와 사용자의 트윗들)를 관계형 데이터베이스에서 구현한다면 다음과 같을 것이다.

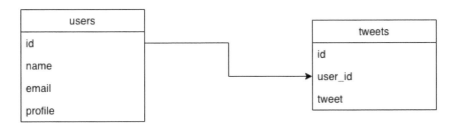

[그림 6-1] 관계형 데이터베이스 테이블 예제

users 테이블은 사용자 정보를 저장하는 테이블이다. 사용자의 아이디, 이름, 이메일, 프로파일 정보를 저장하는 테이블이다. 그리고 id, name, email, profile이 각 users 테이블의 칼럼(column)이 된다. 그리고 각 로우(row)는 실제 해당 값들이 된다. 여기서 id 칼럼이 users 테이블의 고유 키(primary key)가 된다.

tweets 테이블은 사용자들의 트윗들을 저장하는 테이블이다. 각 트윗의 고유 아이디, 트윗을 생성한 사용자의 아이디, 트윗 내용, 트윗이 생성된 시간을 저장하는 테이블이다. id, user_id, tweet, created_at(트윗이 생성된 시간)이 tweets 테이블의 칼럼이며, 각 로우는 실제 해당 트윗과 트윗의 고유 아이디, 그리고 트윗을 생성한 사용자 아이디들이 된다. 물론 id가 tweets 테이블의 고유 키다.

users 테이블과 tweets 테이블은 사용자의 id를 기준으로 연결되어 있다. 즉 users 테이블의 id와 tweets 테이블의 user_id가 연결되어 있으며, 두 값이 같은 로우들은 서로 연결되어 있다. 여기서 연결되어 있다는 뜻은, tweets테이블의 user_id 칼럼의 값과 동일한 id 값을 가지고 있는 users 테이블의 사용자가 해당 tweets들의 사용자라는 뜻이다.

이렇게 한 테이블에서 다른 테이블의 특정 칼럼의 값으로 연결시키는 과정을 외부 키(foreign key)를 통해 연결시키는 과정이다. 앞서 이야기한 users 테이블과 tweets 테이블의 경우 tweets 테이블의 user_id 칼럼이 users 테이블의 id 키에 걸려 있는 외부 키가 된다. 관계형 데이터베이스에서는 일반적으로 외부 키를 사용해서 테이블들을 연결시킨다.

▶ 테이블들의 상호 관련성 종류

앞서 언급했듯이 관계형 데이터베이스 시스템에서 테이블들은 서로 상호관련성을 가지고 연결될 수 있다. 그리고 테이블끼리의 연결에는 크게 다음과 같은 3가지 종류가 있다.

- one to one
- one to many
- many to many

| one to one 관계 |

테이블 A의 로우와 테이블 B의 로우가 정확히 일대일 매칭되는 관계를 one to one 관계라고 한다. 국가와 수도의 경우를 생각해 보자. 한 국가당 수도는 하나다. 그러므로 국가와 수도는 one to one 관계를 가지고 있다. 이를 관계형 데이터베이스에서 테이블로 표현하면 다음 그림과 같을 것이다.

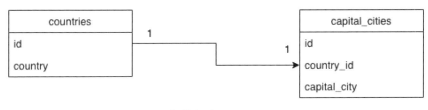

[그림 6-2] one to one

| one to many 관계 |

테이블 A의 로우가 테이블 B의 여러 로우와 연결되는 관계를 one to many 관계라고 한다. 미니터 API에서 사용자와 트윗이 one to many 관계다. 하나의 사용자가 여러 트윗을 가질 수 있으므로 one to many의 관계가 형성된다.

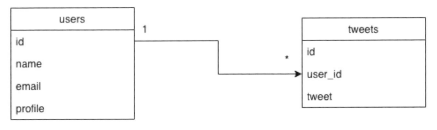

[그림 6-3] one to many

| many to many 관계 |

테이블 A의 여러 로우가 테이블 B의 여러 로우와 연결되는 관계를 many to many

라고 한다. 예를 들어, 미니터 API에서 사용자 사이에 팔로우하는 관계가 many to many 관계라고 할 수 있다. 한 사용자를 여러 사용자가 팔로우할 수 있고, 해당 사용자 또한 여러 사용자가 팔로우할 수 있기 때문이다.

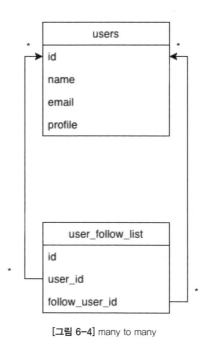

[그림 6-4] many to many

▶ **정규화**

그렇다면 왜 정보를 굳이 여러 테이블에 나누어서 저장하는가에 대한 질문이 생길 수도 있을 것이다. 굳이 여러 테이블에 정보를 나누어 저장하고 테이블끼리 관계를 설정하여 연결시키는 구조를 하지 않고, 단순하게 테이블에 필요한 정보를 전부 저장하면 되지 않는가? 예를 들어, 국가와 수도의 경우 굳이 country 테이블, 그리고 capital_city 테이블 이렇게 2개로 나누지 않고 하나의 테이블에 국가 정보와 수도 정보도 다 저장하여 관리하면 더 간단하고 쉽지 않은가 하고 생각할 수 있다. 하지만 그렇게 하면 몇 가지 문제가 생길 수 있다. 먼저, 하나의 테이블에 모든 정보를 다 넣으면 동일한 정보들이 불필요하게 중복되어 저장된다. 만일 수도 정보가 country 테이블 말고도 다른 테이블에서도 사용된다면 이 경우 동일한 데이터이지만 여러 테이블에서 중복되어 존재하는 것이다. 그렇다면 불필요하게 더 많은 디스크를 사용하게 된다. 반면에 만일 외부 키로 연결하여 사용한다면 단순 키 값만 저장하면 되므로 디스크 공간을 훨씬 효율적으로 사용할 수 있게 된다.

또한, 관계형식으로 데이터베이스 구조를 잡지 않고 필요한 데이터를 테이블에 저장하게 되면 잘못된 데이터가 저장될 가능성이 높아진다. 예를 들어, 브라질의 수도 "Brasília(브라질리아)"가 어느 테이블에서는 정확히 "Brasília"라고 저장될 수 있지만, 다른 테이블에서는 "Vrasília"라고 오류로 생겨 저장될 수 있는 가능성이 생긴다. 하지만 외부 키를 사용하면 이렇게 서로 같은 데이터이지만 부분적으로 오류가 생겨서 틀린 데이터가 생기는 문제가 없어지게 된다. 이렇게 중복을 최소화하게 데이터를 구조화하는 프로세스를 정규화 혹은 노멀리제이션(normalization)이라고 한다. 관계형 데이터베이스 에서는 정규화가 굉장히 중요한 부분이다.

▶ 트랜잭션

관계형 데이터베이스에서 중요한 기능 중 하나가 트랜잭션(transaction)이다. 트랜잭션은 일련의 작업들이 마치 하나의 작업처럼 취급되어서 모두 다 성공하거나 아니면 모두 다 실패하는 것을 말한다. 은행의 현금 출금을 예로 들어 보자. 고객이 은행 A에서 100만 원을 다른 계좌로 이체하고자 한다면 은행 시스템은 다음과 같은 과정을 처리할 것이다.

1. 해당 고객의 계좌를 확인하고, 충분한 잔금이 있는지 확인한다.
2. 충분한 잔금이 있다면 이체하고자 하는 금액을 계좌의 잔고에서 차감한다.
3. 이체 금액을 원하는 계좌에 전송한다.
4. 이체를 받는 계좌는 이체가 된 금액을 잔고에 더한다.

만일 은행 시스템에 오류가 생겨서 2번까지 처리된 후 3번 과정에서 오류가 난다면 고객은 자신의 잔고는 줄었으나 실제 돈은 이체하지 못하는 불상사를 겪게 된다. 그러므로 1번부터 4번까지 다 제대로 실행되었을 때만 실제 데이터베이스에 영구적으로 반영되고 만일 중간 과정에서 오류가 나거나 실패하는 경우 그 전 상태로 돌아가는 기능이 데이터베이스 트랜잭션이다.

관계형 데이터베이스 시스템은 트랜잭션 기능을 보장하기 위해 ACID라는 성질을 가지고 있다. ACID는 Atomicity, Consistency, Isolation, Durability를 줄인 단어로서 원자성, 일관성, 고립성, 지속성을 의미한다. 그리고 데이터베이스 시스템은 ACID 성질을 통해 트랜잭션 기능을 보장한다.

ACID를 제공함에 따라서 트랜잭션(일련의 작업들을 한 번에 하나의 unit으로 실행하는 것) 기능을 제공한다.

비관계형 데이터베이스

NoSQL 데이터베이스라고도 일반적으로 불리는 비관계형 데이터베이스 시스템은 이름 그대로 비관계형 타입의 데이터를 저장할 때 주로 사용되는 데이터베이스 시스템이다. 관계형 데이터베이스와 다르게 비관계형이므로 데이터들을 저장하기 전에 정의할 필요가 없다. 즉 관계형 데이터베이스처럼 테이블들의 스키마(schema)와 테이블들의 관계를 미리 구현해야 하는 필요가 없이 데이터가 들어오는 그대로 그냥 저장하면 된다. 가장 대표적인 NoSQL 데이터베이스 시스템에는 MongoDB, Redis, Cassandra 등이 있다.

관계형 데이터베이스 시스템 VS
비관계형 데이터베이스 시스템

그렇다면 어떠한 시스템에 관계형 데이터베이스 시스템을 사용하고, 어떠한 경우에 비관계형 데이터베이스 시스템을 사용하는 것이 좋을까? 먼저, 관계형 데이터베이스 시스템과 비관계형 데이터베이스 시스템 각각의 장점과 단점을 파악하고, 각 시스템의 필요에 적합한 데이터베이스를 사용하는 것이 좋다.

관계형 데이터베이스 시스템의 장점에는 다음과 같은 점들이 있다.

- 관계형 데이터베이스는 데이터를 더 효율적이고 체계적으로 저장하고 관리할 수 있다.
- 미리 저장하는 데이터들의 구조(테이블 스키마)를 정의함으로써 데이터의 완전성이 보장된다.
- 트랜잭션(transaction) 기능을 제공한다.

관계형 데이터베이스 시스템의 단점에는 다음과 같은 점들이 있다.

- 테이블을 미리 정의해야 하므로 테이블 구조 변화 등에 덜 유연하다.
- 확장이 쉽지 않다. 테이블 구조가 미리 정의되어야 하고 ACID를 보장해야 하다 보니 단순히 서버를 늘리는 것만으로 확장하기가 쉽지 않고 서버의 성능 자체도 높여야 한다.
- 서버를 늘려서 분산 저장하는 것도 쉽지 않다. 주로 스케일 아웃(scale out, 서버 수를 늘려서 확장하는 것)보다는 스케일 업(scale up, 서버의 성능을 높이는 것)으로 확장해야 한다.

비관계형 데이터베이스 시스템의 장점에는 다음과 같은 점들이 있다.

- 데이터 구조를 미리 정의하지 않아도 되므로 저장하는 데이터의 구조 변화에 유연하다.

- 데이터베이스 시스템 확장하기가 비교적 쉽다. 스케일 아웃, 즉 서버 수를 늘리는 방식으로 시스템 확장이 가능하다.
- 확장하기가 쉽고 데이터의 구조도 유연하다 보니 방대한 양의 데이터를 저장하는 데 유리하다.

비관계형 데이터베이스 시스템의 단점은 다음과 같다.

- 데이터의 완전성이 덜 보장된다.
- 트랜잭션이 안 되거나 되더라도 비교적 불안정하다.

관계형 데이터베이스 시스템은 주로 정형화된 데이터들 그리고 데이터의 완전성이 중요한 데이터들을 저장하는 데 유리하다. 예를 들어, 전자상거래 정보, 은행 계좌 정보, 거래 정보 등을 저장하고 관리하는 데 사용된다.

반면에 비관계형 데이터베이스 시스템은 주로 비정형화 데이터, 그리고 완전성이 상대적으로 덜 유리한 데이터를 저장하는 데 유리하다. 로그 데이터가 좋은 예가 될 것이다.

미니터 API 시스템은 관계형 데이터베이스를 사용하여 구현할 것이다. 그러므로 관계형 데이터베이스에서 사용되는 언어인 SQL의 핵심 요소들을 배워 보도록 하자.

SQL

SQL(Structured Query Language)은 MySQL 같은 관계형 데이터베이스에서 데이터를 읽거나 생성 및 수정하기 위해 사용하는 언어다. 기본적으로 CRUD라고 하여, 데이터를 Create(생성), Read(읽기), Update(수정), Delete(삭제)하는 기능을 제공하는 관계형 데이터베이스 시스템 전용 언어다. 즉 관계형 데이터베이스 시스템에서 데이터를 읽어 들이거나 새로운 데이터를 생성하거나 할 때 SQL을 사용하여 처리하게 된다. SQL에는 여러 구문이 있지만, 그중에서도 기본적으로 SELECT, INSERT, UPDATE, DELETE, 그리고 JOIN은 필수적으로 이해해야 한다.

SELECT

SELECT 구문은 관계형 데이터베이스 시스템에서 데이터를 읽어 들일 때 사용하는 SQL 구문이다. SELECT 구문의 기본적인 문법은 다음과 같다.

```
SELECT
    column1,
    column2,
    column3,
    column4
FROM table_name
```

예를 들어, users라는 테이블에서 id, name, age, gender라는 칼럼 값을 읽고 싶다면 다음과 같이 SELECT 구문을 사용하면 된다.

```
SELECT
    id,
    name,
    age,
    gender
FROM users
```

SELECT 구문은 WHERE 구문과 같이 사용하여 검색이나 필터의 기능 또한 구현할 수 있다. 예를 들어, users라는 테이블에서 이름이 송은우라는 사용자의 id, name, age, gender라는 칼럼 값을 읽고 싶다면 다음과 같이 구현하면 된다.

```
SELECT
    id,
    name,
    age,
    gender
FROM users
WHERE name = "송은우"
```

INSERT

관계형 데이터베이스 시스템에서 데이터를 생성할 때 사용하는 INSERT 구문을 사
용하게 된다. INSERT 구문의 기본적인 문법은 다음과 같다.

```
INSERT INTO table_name (
    column1,
    column2,
    column3
) VALUES (
    column1_value,
    column2_value,
    column3_value
)
```

만일 users 테이블에 아래의 값을 생성해야 한다고 가정해 보자.

```
{
    "id"     : 1,
    "name"   : "송은우",
    "age"    : 35,
    "gender" : "남자"
}
```

위의 데이터를 users 테이블에 생성하기 위해서는 다음과 같은 INSERT 구문을 사용할 수 있다.

```
INSERT INTO users (
    id,
    name,
    age,
    gender
) VALUES (
    1,
    "송은우",
    35,
    "남자"
)
```

만일 하나 이상의 데이터를 생성하고 싶다면 다음과 같이 INSERT 구문을 사용하면 된다.

```
INSERT INTO users (
    id,
    name,
    age,
    gender
) VALUES (
    1,
    "송은우",
    35,
    "남자"
), (
    2,
    "Robert Kelly",
    28,
    "남자"
), (
    3,
    "Cristiano Ronaldo",
```

```
    33,
    "남자"
)
```

UPDATE

UPDATE 구문은 기존의 데이터를 수정할 때 사용한다. UPDATE의 기본 문법은 다음과 같다.

```
UPDATE table_name SET column1 = value1 WHERE column2 = value2
```

앞서 보았듯이 UPDATE 구문은 주로 WHERE 구문과 같이 사용된다. WHERE 구문과 같이 사용하지 않으면 해당 테이블의 모든 로우 값이 수정되기 때문이다. 물론 모든 로우 값을 수정해야 할 필요가 있을 수도 있다. 그렇다면 WHERE 구문 없이 사용하면 된다.

예시를 들어 보자. 만일 users 테이블에 이름이 "Robert Kelly"라고 하는 사용자의 나이를 25로 수정해야 한다면 다음과 같이 UPDATE 구문을 사용하면 된다.

```
UPDATE users SET age = 25 WHERE name = "아이유"
```

DELETE

관계형 데이터베이스에서 데이터를 삭제할 때 DELETE 구문을 사용한다. DELETE 구문의 기본적인 문법은 다음과 같다.

```
DELETE FROM table_name WHERE column = value
```

UPDATE 구문과 마찬가지로 DELETE 구문도 주로 WHERE 구문과 같이 사용된다. WHERE 구문을 사용하지 않으면 해당 테이블의 모든 로우들을 지우게 된다. 테이블에서 모든 로우를 지워야 하는 경우는 자주 있지 않으므로 DELETE 구문은 대부분 WHERE 구문이 같이 사용된다.

예를 들어, users 테이블에서 나이가 20세 이하인 사용자들을 삭제해야 한다고 하면 다음과 같이 DELETE 구문을 사용할 수 있다.

```
DELETE FROM users WHERE age < 20
```

JOIN

JOIN 구문은 여러 테이블을 연결할 때 사용한다. 관계형 데이터베이스에서는 원하는 정보를 전부 얻기 위해서는 하나 이상의 테이블에서 값을 읽어 들여야 할 필요가 자주 있다. 그럴 때 JOIN 구문을 사용해서 테이블들을 연결하여 값들을 읽어 들인다. JOIN 구문의 기본적인 문법은 다음과 같다.

```
SELECT
    table1.column1,
    table2.column2
FROM table1
JOIN table2 ON table1.id = table2.table1_id
```

예를 들어, 사용자의 이름을 users 테이블에서 읽어 들이고, 해당 사용자의 주소를 user_address라는 테이블에서 읽어 들인다면 다음과 같이 JOIN 구문을 사용할 수 있다.

```
SELECT
    users.name,
    user_address.address
FROM users
JOIN user_address ON users.id = user_address.user_id
```

데이터베이스 설치하기 ━━━━━━━━

본격적으로 관계형 데이터베이스를 사용하기 위해서 먼저 데이터베이스 설치를 하
도록 하자. MySQL 데이터베이스를 설치해서 사용할 것이다. MySQL은 오픈소스
관계형 데이터베이스이며, 가장 잘 알려져 있고 널리 사용되는 관계형 데이터베이스
중 하나다. 오픈소스이므로 무료로 사용할 수 있다.

맥에서 MySQL 설치하기

MySQL 데이터베이스 또한 홈부르로 간단하게 설치할 수 있다.

```
brew install mysql
```

홈부르로 MySQL 설치가 완료되면 mysql_secure_installation 명령어를 터미널에
서 실행하여 root 사용자의 비밀번호를 설정해 주어야 한다. 관계형 데이터베이스에
서 root 사용자는 master 사용자를 뜻한다. 즉 데이터베이스 시스템의 관리자 사용
자다. 관리자 사용자이므로 해당 데이터베이스 시스템의 모든 권한을 가지고 있다.
리눅스 시스템의 root 사용자와 동일한 개념이라고 생각하면 된다. 다음 명령어를
터미널에서 실행하여 root 사용자의 비밀번호를 설정하자.

```
mysql_secure_installation
```

이제 MySQL을 설치하였고 root 사용자의 비밀번호도 설정하였으니 MySQL을 실행하도록 하자. MySQL은 다음 명령어를 터미널에서 실행시키면 된다.

```
mysql.server start
```

"Starting MySQL SUCCESS!"라는 메시지가 뜨면 성공적으로 MySQL 데이터베이스를 실행시킨 것이다.

MySQL 데이터베이스의 현재 실행 여부 상태를 보고 싶으면 다음 명령어를 터미널에서 실행하도록 하자.

```
mysql.server status
```

MySQL 데이터베이스를 실행 정지하려면 다음 명령어를 터미널에서 실행하면 된다.

```
mysql.server stop
```

우분투에서 MySQL 설치하기

우분투에서도 apt 혹은 apt-get 패키지 매니저를 사용해서 MySQL 데이터베이스를 비교적 간단하게 설치할 수 있다. 다음 명령어를 터미널에서 실행시켜서 MySQL 데이터베이스를 설치하자.

```
sudo apt update
sudo apt install mysql-server
```

MySQL 데이터베이스 설치 과정 중에 root 사용자의 비밀번호를 설정하라고 나오면 설정하도록 하자. 앞서 이미 언급했듯이 관계형 데이터베이스에서 root 사용자는 master 사용자를 뜻한다. 즉 데이터베이스 시스템의 관리자 사용자다. 관리자 사용자이므로 해당 데이터베이스 시스템의 모든 권한을 가지고 있다. 리눅스 시스템의 root 사용자와 동일한 개념이라고 생각하면 된다.

만일 MySQL 데이터베이스 설치가 완료되었는데 root 사용자의 비밀번호를 설정하라고 나오지 않았다면 mysql_secure_installation 명령어를 터미널에서 실행하여 root 사용자 비밀번호를 설정하도록 하자. 참고로, mysql_secure_installation 명령어를 실행시키면 root 사용자의 비밀번호 설정 이외에도 몇 가지 설정을 하는 질문이 나온다. 그중 한 가지 질문이 비밀번호를 강제로 강화시키는 규칙을 적용시키겠냐는 질문인데, 이 질문은 no를 하는 것을 추천한다. 어차피 개발용으로만 사용할 데이터베이스이므로 굳이 비밀번호를 강화시킬 이유가 없다. 만일 강화시키겠다고 하면 비밀번호 규칙이 너무 까다로워져서 비밀번호를 설정하는 것 자체가 너무 오래 걸릴 수도 있고 나중에 기억 못할 수도 있다.

```
mysql_secure_installation
```

이제 MySQL을 설치하였고 root 사용자의 비밀번호도 설정하였으니 MySQL을 실행하도록 하자. MySQL은 다음 명령어를 터미널에서 실행시키면 된다.

```
service mysql start
```

"Starting MySQL SUCCESS!"라는 메시지가 뜨면 성공적으로 MySQL 데이터베이스를 실행시킨 것이다.

MySQL 데이터베이스의 현재 실행 여부 상태를 보고 싶으면 다음 명령어를 터미널에서 실행하도록 하자.

```
service mysql status
```

MySQL 데이터베이스를 실행 정지하려면 다음 명령어를 터미널에서 실행하면 된다.

```
service mysql stop
```

MySQL 5.7 (혹은 그 이상의 버전) 설치 시 주의할 점

우분투에서 MySQL 5.7 혹은 그 이상의 버전을 설치하면 root 사용자의 비밀번호를 설정하는 것이 좀 더 까다로울 수 있다. 만일 MySQL을 설치할 때 root 비밀번호를 설정하는 옵션이 나오지 않았고 mysql_secure_installation 명령어를 실행했을 때도 root 비밀번호를 설정하는 옵션이 나오지 않았다면 다음의 과정을 통해 root 사용자의 비밀번호를 설정해야 한다.

1. 먼저, sudo mysql 명령어를 통해 MySQL 데이터베이스에 접속한다.
2. MySQL에 접속했으면 다음 SQL 구문을 실행하여 어떠한 인증 모드가 사용되고 있는지 확인해 보자.

```
SELECT user, plugin, host FROM mysql.user;
```

만일 다음과 같이 나온다면 root 사용자는 auth_socket 인증 모드를 사용하고 있는 것이다.

```
mysql> SELECT user, plugin, host FROM mysql.user;
+-----------+-----------------------+-----------+
| user      | plugin                | host      |
+-----------+-----------------------+-----------+
| root      | auth_socket           | localhost |
| mysql.sys | mysql_native_password | localhost |
| test      | mysql_native_password | localhost |
| test      | mysql_native_password | %         |
| test2     | mysql_native_password | %         |
| test3     | mysql_native_password | %         |
| justq     | mysql_native_password | %         |
+-----------+-----------------------+-----------+
7 rows in set (0.00 sec)
```

3. 다음 SQL 명령어를 사용하여 root 사용자의 인증 모드를 비밀번호를 사용해서 인증는 모드로 변경하도록 하자.

```
ALTER USER 'root'@'localhost' IDENTIFIED WITH
mysql_native_password BY 'password';
```

password 부분은 원하는 비밀번호로 변경하도록 하자. 그후 다음 SQL 구문을 실행하여 변경된 설정이 곧바로 반영되도록 하자.

```
FLUSH PRIVILEGES;
```

이제 다시 한번 root 사용자의 인증 모드를 확인하여 변경사항이 잘 반영되었는지 확인하자.

```
SELECT user,authentication_string,plugin,host FROM mysql.user;
```

다음과 같이 root 사용자의 plugin 칼럼 값이 mysql_native_password로

되어 있다면 이제 root 사용자의 비밀번호를 사용하여 MySQL 데이터베이스에 접속할 수 있을 것이다.

```
mysql> SELECT user, plugin, host FROM mysql.user;
+-----------+-----------------------+-----------+
| user      | plugin                | host      |
+-----------+-----------------------+-----------+
| root      | mysql_native_password | localhost |
| mysql.sys | mysql_native_password | localhost |
| test      | mysql_native_password | localhost |
| test      | mysql_native_password | %         |
| test2     | mysql_native_password | %         |
| test3     | mysql_native_password | %         |
| justq     | mysql_native_password | %         |
+-----------+-----------------------+-----------+
7 rows in set (0.00 sec)
```

API에 데이터베이스 연결하기

이제 본격적으로 API에 MySQL 데이터베이스 시스템을 연결하여 데이터를 저장하도록 하자. 앞서 이야기했듯이 관계형 데이터베이스 시스템은 데이터를 저장하기 전에 미리 테이블 구조와 관계를 구현해 놓아야 한다. 그러므로 먼저 미니터 API를 위한 테이블 구조와 관계, 즉 스키마(schema)를 구현하도록 하자. 미니터 API의 데이터베이스 스키마는 다음과 같을 것이다.

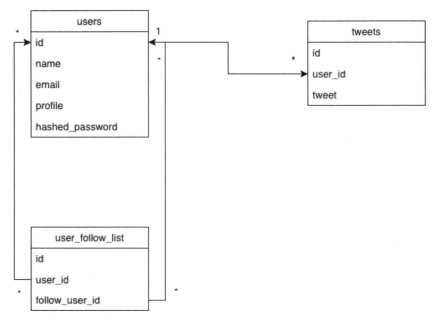

[그림 6-5] 미니터 API 데이터베이스 스키마

그림 6-5에서 볼 수 있듯이 users 테이블은 이름, 이메일, 암호화된 비밀번호, 사용자 프로파일 등의 사용자 정보를 저장한다. user_follow_list 테이블은 사용자들이 다른 사용자들을 팔로우하는 리스트를 저장한다. many to many 관계이며 users 테이블에 id를 통한 외부 키로 연결되어 있다. tweets 테이블은 사용자들의 트윗들을 저장한 테이블이며 users 테이블과 one to many 관계를 가지고 있다(한 사용자가 여러 트윗들을 할 수 있다). 역시 users 테이블에 id를 통한 외부 키로 연결되어 있다.

이제 그림 6-5의 테이블들을 MySQL 데이터베이스에 실제로 생성하도록 하자. 그러기 위해서는 먼저 다음 명령어를 터미널에서 실행시켜서 MySQL 데이터베이스에 접속하도록 하자.

```
mysql -u root -p
```

146

- −u 옵션(option)은 MySQL에 접속할 사용자의 아이디를 명시하는 옵션이다. 여기서는 root 사용자로 접속한다.
- −p 옵션은 비밀번호를 직접 입력하겠다고 명시하는 옵션이다.

비밀번호를 입력하라는 문구가 나오면 앞서 생성한 root 사용자의 비밀번호를 입력하면 된다. 다음과 같은 화면이 나오면 정상적으로 MySQL 데이터베이스에 접속이 된 것이다. 참고로, MySQL 데이터베이스 버전은 다를 수 있다.

```
$ mysql -u root -p
Enter password:
Welcome to the MySQL monitor.  Commands end with ; or \g.
Your MySQL connection id is 22
Server version: 5.7.12 Homebrew

Copyright (c) 2000, 2016, Oracle and/or its affiliates. All rights
reserved.

Oracle is a registered trademark of Oracle Corporation and/or its
affiliates. Other names may be trademarks of their respective
owners.

Type 'help;' or '\h' for help. Type '\c' to clear the current input
statement.

mysql>
```

MySQL 데이터베이스에 접속한 상태이므로 지금부터 입력하는 것들은 전부 MySQL 데이터베이스상에서 실행된다. 그러므로 앞서 소개한 SQL을 사용해야 한다. 먼저 데이터베이스를 생성하자. 데이터베이스는 CREATE DATABASE 구문을 사용해서 생성하면 된다.

```
CREATE DATABASE miniter;
```

데이터베이스의 이름은 miniter라고 지었다. 하지만 이름은 원하는 대로 지어도 상관없다.

> 💻 MySQL 데이터베이스에 또 데이터베이스를 생성해야 한다는 개념이 생소하고 혼란스러울 수도 있다. MySQL은 데이터베이스 시스템이다. 데이터베이스 시스템 안에는 여러 데이터베이스가 존재할 수 있다. 그리고 각 데이터베이스에는 여러 테이블이 존재하는 구조가 된다.

데이터베이스를 생성했으면 해당 데이터베이스를 사용하겠다고 use 명령어를 사용해서 MySQL 데이터베이스 시스템에 알려 줘야 한다. 알려 주지 않으면 MySQL은 어떠한 데이터베이스를 선택해야 할지 모르므로 오류가 난다.

```
USE miniter;
```

miniter 데이터베이스를 생성하고 선택하였으면 이제 miniter 데이터베이스에 테이블들을 생성하자. SQL에서 테이블 생성은 CREATE TABLE 구문을 사용해서 생성할 수 있다. CREATE TABLE 구문의 기본적인 문법은 다음과 같다.

```
CREATE TABLE table_name (
    column1 data_type,
    column2 data_type,
    ...
    PRIMARY KEY(column1),
    CONSTRAIT 1,
    CONSTRAIT 2
)
```

그림 6-5의 테이블들을 생성하려면 다음의 CREATE TABLE 구문들을 사용하면 된다.

```
CREATE TABLE users(
    id INT NOT NULL AUTO_INCREMENT,
    name VARCHAR(255) NOT NULL,                                             ❶
    email VARCHAR(255) NOT NULL,
    hashed_password VARCHAR(255) NOT NULL,
    profile VARCHAR(2000) NOT NULL,
    created_at TIMESTAMP NOT NULL DEFAULT CURRENT_TIMESTAMP,                ❷
    updated_at TIMESTAMP NULL DEFAULT NULL ON UPDATE CURRENT_TIMESTAMP,     ❸
    PRIMARY KEY (id),                                                       ❹
    UNIQUE KEY email (email)                                                ❺
);

CREATE TABLE users_follow_list(
    user_id INT NOT NULL,
    follow_user_id INT NOT NULL,
    created_at TIMESTAMP NOT NULL DEFAULT CURRENT_TIMESTAMP,
    PRIMARY KEY (user_id, follow_user_id),
    CONSTRAINT users_follow_list_user_id_fkey FOREIGN KEY (user_id)
    REFERENCES users(id),                                                   ❻
    CONSTRAINT users_follow_list_follow_user_id_fkey FOREIGN KEY (follow_
    user_id) REFERENCES users(id)
);

CREATE TABLE tweets(
    id INT NOT NULL AUTO_INCREMENT,
    user_id INT NOT NULL,
    tweet VARCHAR(300) NOT NULL,
    created_at TIMESTAMP NOT NULL DEFAULT CURRENT_TIMESTAMP,
    PRIMARY KEY (id),
    CONSTRAINT tweets_user_id_fkey FOREIGN KEY (user_id) REFERENCES
    users(id)
);
```

- ❶ : NOT NULL의 뜻은 해당 칼럼은 null 값이 될 수 없다는 뜻이다. 즉 해당 칼럼은 항상 값이 있어야 한다는 뜻이다.
- ❶ : AUTO_INCREMENT을 명시해 주면 해당 칼럼의 값이 자동으로 1씩 증가된다는 뜻이다. 주로 id 값을 자동 생성하기 위해서 사용된다.

- ❷ : DEFAULT CURRENT_TIMESTAMP의 뜻은 만일 해당 칼럼의 값이 없으면 디폴트 값으로 현재 시간(timestamp) 값을 사용하라는 뜻이다. 주로 created_at처럼 해당 값이 생성된 시점을 기록하는 칼럼에 주로 사용된다. 일일이 created_at 값을 지정해 주지 않아도 데이터베이스가 자동으로 생성해 주므로 편리하다.

- ❸ : ON UPDATE CURRENT TIMESTAMP의 뜻은 만일 해당 로우(row)의 값이 업데이트, 즉 수정이 되면 해당 칼럼의 값을 수정이 이루어진 시간의 값으로 자동 생성해 준다는 뜻이다. 로우가 언제 업데이트되었는지 자동으로 기록되므로 편리하다.

- ❹ : PRIMARY KEY 구문을 통해 고유 키로 사용될 칼럼을 정해 준다. 고유 키는 한 개의 칼럼으로 정할 수도 있지만 여러 칼럼을 정할 수도 있다. 여러 칼럼을 고유 키로 정해 주면 해당 칼럼 값들을 합한 값이 고유 키가 된다.

- ❺ : UNIQUE KEY의 뜻은 해당 칼럼의 값이 중복되는 로우가 없어야 한다는 뜻이다. 이메일의 경우 이미 등록된 이메일로 중복된 등록이 되면 안 되기 때문에 UNIQUE KEY 구문을 사용해 시스템적으로 방지해 둘 수 있어서 편리하고 안전하다.

- ❻ : CONSTRAINT … FOREIGN KEY .. REFERENCES … 구문을 통해서 외부 키를 걸 수 있다. users_follow_list 테이블과 tweets 테이블 둘 다 users 테이블에 외부 키를 통해 연결된다.

테이블들을 생성했으면 SHOW TABLES 명령어로 테이블들이 생성되었는지 확인해 보자. 테이블들의 칼럼과 칼럼 타입 등 더 자세한 내용은 EXPLAIN table_name 명령어로 볼 수 있다. 데이터베이스와 테이블 생성 과정을 종합해 보면 다음과 같다.

```
$ mysql -u root -p
Enter password:
Welcome to the MySQL monitor.  Commands end with ; or \g.
Your MySQL connection id is 26
```

Server version: 5.7.12 Homebrew

Type 'help;' or '\h' for help. Type '\c' to clear the current input
statement.

```
mysql> CREATE DATABASE miniter;
Query OK, 1 row affected (0.00 sec)

mysql> USE miniter;
Database changed
mysql> CREATE TABLE users(
    ->    id INT NOT NULL AUTO_INCREMENT,
    ->    name VARCHAR(255) NOT NULL,
    ->    email VARCHAR(255) NOT NULL,
    ->    hashed_password VARCHAR(255) NOT NULL,
    ->    profile VARCHAR(2000) NOT NULL,
    ->    created_at TIMESTAMP NOT NULL DEFAULT CURRENT_TIMESTAMP,
    ->    updated_at TIMESTAMP NULL DEFAULT NULL ON UPDATE CURRENT_
       TIMESTAMP,
    ->    PRIMARY KEY (id),
    ->    UNIQUE KEY email (email)
    -> );
Query OK, 0 rows affected (0.03 sec)

mysql> CREATE TABLE users_follow_list(
    ->    user_id INT NOT NULL,
    ->    follow_user_id INT NOT NULL,
    ->    created_at TIMESTAMP NOT NULL DEFAULT CURRENT_TIMESTAMP,
    ->    PRIMARY KEY (user_id, follow_user_id),
    ->    CONSTRAINT users_follow_list_user_id_fkey FOREIGN KEY (user_
       id) REFERENCES users(id),
    ->    CONSTRAINT users_follow_list_follow_user_id_fkey FOREIGN KEY
       (follow_user_id) REFERENCES users(id)
```

```
    -> );
Query OK, 0 rows affected (0.02 sec)

mysql> CREATE TABLE tweets(
    ->     id INT NOT NULL AUTO_INCREMENT,
    ->     user_id INT NOT NULL,
    ->     tweet VARCHAR(300) NOT NULL,
    ->     created_at TIMESTAMP NOT NULL DEFAULT CURRENT_TIMESTAMP,
    ->     PRIMARY KEY (id),
    ->     CONSTRAINT tweets_user_id_fkey FOREIGN KEY (user_id)
           REFERENCES users(id)
    -> );
Query OK, 0 rows affected (0.02 sec)



mysql> show tables;
+--------------------+
| Tables_in_miniter  |
+--------------------+
| tweets             |
| users              |
| users_follow_list  |
+--------------------+
3 rows in set (0.00 sec)

mysql> explain users;
+---------------+--------------+------+-----+------------------+----------------
----------------+
| Field         | Type         | Null | Key | Default          | Extra
|
+---------------+--------------+------+-----+------------------+----------------
----------------+
| id            | int(11)      | NO   | PRI | NULL             | auto_increment
               |
| name          | varchar(255) | NO   |     | NULL             |
               |
| email         | varchar(255) | NO   | UNI | NULL             |
               |
```

```
| hashed_password | varchar(255)  | NO  |     | NULL              |                 |
| profile         | varchar(2000) | NO  |     | NULL              |                 |
| created_at      | timestamp     | NO  |     | CURRENT_TIMESTAMP |                 |
| updated_at      | timestamp     | YES |     | NULL              | on update       |
CURRENT_TIMESTAMP |
+-----------------+---------------+-----+-----+-------------------+-----------------
-----------------+
7 rows in set (0.00 sec)

mysql> explain users_follow_list;
+----------------+-----------+------+-----+-------------------+-------+
| Field          | Type      | Null | Key | Default           | Extra |
+----------------+-----------+------+-----+-------------------+-------+
| user_id        | int(11)   | NO   | PRI | NULL              |       |
| follow_user_id | int(11)   | NO   | PRI | NULL              |       |
| created_at     | timestamp | NO   |     | CURRENT_TIMESTAMP |       |
+----------------+-----------+------+-----+-------------------+-------+
3 rows in set (0.00 sec)

mysql> explain tweets;
+------------+--------------+------+-----+-------------------+----------------+
| Field      | Type         | Null | Key | Default           | Extra          |
+------------+--------------+------+-----+-------------------+----------------+
| id         | int(11)      | NO   | PRI | NULL              | auto_increment |
| user_id    | int(11)      | NO   | MUL | NULL              |                |
| tweet      | varchar(300) | NO   |     | NULL              |                |
| created_at | timestamp    | NO   |     | CURRENT_TIMESTAMP |                |
+------------+--------------+------+-----+-------------------+----------------+
4 rows in set (0.01 sec)

mysql> exit
```

테이블들이 제대로 생성되었다면 exit 명령어를 입력하여 MySQL 데이터베이스 시스템 접속을 종료하도록 하자. 이제 미니터 API에 데이터베이스를 연결시킬 차례다.

SQLAlchemy

파이썬 코드에서 DB와 연결하기 위해서 사용할 수 있는 다양한 라이브러리가 있는데, 그중 SQLAlchemy라는 라이브러리가 파이썬에서 가장 널리 쓰이는 라이브러리 중 하나다. SQLAlchemy 라이브러리를 사용하여 파이썬 코드에서 데이터베이스에 연결하여 SQL을 실행시킬 수 있다.

> SQLAlchemy는 ORM(Object Relational Mapper)이다. ORM이란, 간략하게 설명하자면 관계형 데이터베이스의 테이블들을 프로그래밍 언어의(예를 들어 파이썬) 클래스로 표현할 수 있게 해주는 것을 말한다. 즉, 클래스(class)를 사용해서 테이블들을 표현하고 데이터를 저장, 읽기, 업데이트 등을 할 수 있게 해준다. 하지만 이 책에서는 ORM 부분은 사용하지 않고 CORE 부분(데이터베이스와의 연결)만을 사용할 것이며, 데이터베이스를 사용하는 것은 직접 SQL을 작성해서 할 것이다. 그렇게 하는 이유는 처음부터 ORM을 사용하면 SQL을 배울 수가 없어서다. ORM을 사용하는 것의 여부는 개인의 취향에 따라 결정하면 되지만, SQL에 먼저 익숙해지는 것이 중요하다.

SQLAlchemy 설치

SQLAlchemy는 다음 pip 명령어를 사용해서 설치하면 된다. 물론 파이썬 가상 환경을 활성화하는 것을 잊지 말자.

```
pip install sqlalchemy
```

SQLAlchemy에서 MySQL을 사용하기 위해서는 MySQL용 DBAPI 또한 설치해야 한다. DBAPI는 이름 그대로 DB(Database)를 사용하기 위한 API다. DBAPI를 설치해야 해당 데이터베이스를 사용할 수 있다. MySQL용 DBAPI는 여러 가지가 있는데, 그중 MySQL의 공식 파이썬 DBAPI인 MySQL-Connector를 사용하도록 하자.

```
pip install mysql-connector-python
```

앞서 언급했듯이 SQLAlchemy를 사용하여 데이터베이스에 연결하여 SQL을 실행시켜 데이터베이스로부터 데이터를 읽어 들이거나 생성하거나 할 수 있다. 예를 들어, users 테이블에서 사용자의 이름과 이메일을 다음과 같이 읽어 들일 수 있다.

```
from sqlalchemy import create_engine, text                    ❶

db  = {                                                       ❷
    'user'     : 'root',
    'password' : 'test1234',
    'host'     : 'localhost',
    'port'     : 3306,
    'database' : 'miniter'
}

db_url = f"mysql+mysqlconnector://{username}:{password}@{host}:{port}/
{database}?charset=utf8"                                       ❸
db     = create_engine(db_url, encoding = 'utf-8', max_overflow = 0)  ❹

params = {'name' : '송은우'}
rows   = db.execute(text("SELECT * FROM users WHERE name = :name"),
params).fetchall()                                             ❺

for row in rows:                                               ❻
    print(f"name  : {row['name']}")
    print(f"email : {row['email']}")
```

- ❶ : sqlalchemy 모듈에서 필요한 함수들을 임포트한다. 여기서는 create_

engine과 text를 임포트한다. create_engine을 사용하여 데이터베이스에 연결하고 text를 사용하여 실행할 SQL을 만든다.

- ❷ : 데이터베이스에 연결하기 위해서는 데이터베이스 접속 정보가 필요하다. 데이터베이스에 접속할 사용자 아이디, 비밀번호, 접속할 데이터베이스 시스템의 주소, 그리고 데이터베이스 이름 등이 필요하다.

- ❸ : ❷의 데이터베이스 접속 정보를 사용해 DB URL을 구성한다. DB URL을 사용해서 실제 데이터베이스에 접속할 수 있다. 마치 URL을 사용해 웹사이트에 접속하는 것과 같은 개념이라고 생각하면 된다.

- ❹ : sqlalchemy의 create_engine 함수를 통해서 db_url에 명시된 데이터베이스에 접속한다. create_engine 함수는 Engine 객체를 리턴한다. 연결된 데이터베이스와 SQL 실행을 Engine 객체를 사용해서 할 수 있다. 여기서는 Engine 객체를 db 변수에 저장했다.

- ❺ : Engine의 execute 메소드를 통해 SQL을 데이터베이스에 전송해 실행한다. 여기서는 users 테이블에서 이름이 "송은우"인 사용자의 데이터를 읽어 들이는 SQL 구문을 실행한다. execute 메소드는 크게 2가지 parameter를 받는다. 실행할 SQL 구문과 SQL 구문에 필요한 인자들의 값이다. SQL 구문에 필요한 인자들은 딕셔너리 형태로 보내야 한다. text 함수에 넘겨진 SQL에 만일 :이 포함되어 있으면 : 다음에 오는 단어와 동일한 키를 사용해 딕셔너리에서 읽어 들여 치환한다. 즉, 여기서

SELECT * FROM users WHERE name = :name은

SELECT * FROM users WHERE name = "송은우"

로 변경된다.

- ❺ : execute 메소드는 ResultProxy 객체를 리턴하는데 ResultProxy의 fetchall 메소드를 사용해 실제 데이터들을 리스트의 형태로 리턴한다.

- ❻ : ❺에서 읽어 들인 데이터들을 for loop을 사용해 각 로우를 읽어 들여 원하는 칼럼의 값을 출력한다. 각 로우는 딕셔너리처럼 사용할 수 있으며(그

러나 실제 딕셔너리는 아니다), 칼럼 이름이 키 값으로 사용된다.

SQLAlchemy를 사용하여 API와 데이터베이스 연결하기 ▬

이제 실제로 우리의 미니터 API를 MySQL 데이터베이스에 연결하도록 하자. 먼저, 데이터베이스의 연결 정보를 저장할 파일을 만들어야 한다. config.py라는 이름으로 새로운 파일을 만들도록 하자. 그리고 다음처럼 데이터베이스 연결 정보를 저장하도록 하자.

```
db = {
    'user'     : 'root',      ❶
    'password' : 'test1234',  ❷
    'host'     : 'localhost', ❸
    'port'     : 3306,        ❹
    'database' : 'miniter'    ❺
}
DB_URL = f"mysql+mysqlconnector://{db['user']}:{db['password']}@
{db['host']}:{db['port']}/{db['database']}?charset=utf8"
```

- ❶ : 데이터베이스에 접속할 사용자 아이디
- ❷ : 사용자의 비밀번호
- ❸ : 접속할 데이터베이스의 주소다. 지금은 같은 컴퓨터에 설치되어 있는 데이터베이스에 접속하므로 localhost로 지정해 두었다. 만일 외부 서버에 설치되어 있는 데이터베이스에 접속한다면 해당 서버의 주소를 지정해 주어야 한다.
- ❹ : 접속할 데이터베이스의 포트 넘버다. 관계형 데이터베이스는 주로 3306 포트를 통해 연결된다. API나 사이트와 마찬가지로 데이터베이스도 네트워크를 통해 연결되는 시스템이므로 당연히 포트 정보가 필요하다.

- **❺** : 실제 사용할 데이터베이스 이름.

이렇게 설정 파일을 따로 만드는 이유는 2가지다. 첫 번째는, 설정 정보를 따로 관리함으로써 민감한 개인 접속 정보를 노출하지 않아도 된다. 두 번째는, 각 환경과 설정에 맞는 설정 파일을 적용할 수 있게 된다. .gitignore 파일에 config.py 파일을 지정해 놓음으로써 config.py 파일이 git 리포지토리(repository)에 포함되지 않게 하므로 개인정보 노출을 막고, 각 개발 호스트 혹은 서버에 맞는 config.py을 생성하도록 함으로써 각 환경에 적합한 설정을 적용하도록 하는 것이다.

이제 app.py 파일을 수정하여 config.py 파일에서 데이터베이스 설정 정보를 읽어들여 데이터베이스와 연결하도록 할 것이다. 이미 본 대로 sqlalchemy의 create_engine을 사용하여 데이터베이스 연결한다.

```
from flask        import Flask, jsonify
from sqlalchemy import create_engine, text

def create_app(test_config = None):                 ❶
    app = Flask(__name__)

    if test_config is None:                          ❷
        app.config.from_pyfile("config.py")
    else:
        app.config.update(test_config)

    database = create_engine(app.config['DB_URL'], encoding = 'utf-8',
    max_overflow = 0)                                ❸
    app.database = database                          ❹

    return app                                       ❺
```

- **❶** : create_app이라는 함수를 정의한다. Flask가 create_app이라는 이름의 함수를 자동으로 팩토리(factory) 함수로 인식해서 해당 함수를 통해

서 Flask를 실행시킨다. 또 한 가지 중요한 것은 create_app 함수가 test_config라는 인자를 받는다는 것이다. 단위 테스트(unit test)를 실행시킬 때 테스트용 데이터베이스 등의 테스트 설정 정보를 적용하기 위함이다. 이 부분에 대해서는 단위 테스트를 다루는 장에서 더 자세히 이야기할 것이다.

- ❷ : 만일 test_config 인자가 None이면 config.py 파일에서 설정을 읽어들인다. 만일 test_config 인자가 None이 아니라면, 즉 test_config 값이 설정되어 들어왔다면 test_config의 설정을 적용시킨다.
- ❸ : sqlalchemy의 create_engine 함수를 사용해 데이터베이스와 연결을 한다.
- ❹ : ❸에서 생성한 Engine 객체를 Flask 객체에 저장함으로써 create_app 함수 외부에서도 데이터베이스를 사용할 수 있게 한다.
- ❺ : Flask 객체를 리턴한다. 앞서 언급했듯이 create_app이라는 함수는 Flask가 자동 인지하여서 Flask 객체를 찾아서 실행될 수 있게 한다.

create_app 함수 안에 엔드포인트들을 구현할 것이다. 그리고 엔드포인트들을 구현할 때 앞서 본 대로 sqlalchemy를 사용하여 MySQL 데이터베이스에 연결하여 데이터를 데이터베이스에 저장 및 읽어 들이도록 할 것이다.

회원가입 엔드포인트

먼저 회원가입 엔드포인트를 데이터베이스를 사용해서 구현해 보도록 하자. 기본적인 구조는 5장에서 구현했던 것과 동일하다. 다만 데이터를 하드코드(hard-code)하거나 메모리상에 저장하지 않고 데이터베이스에 저장한다.

```
@app.route("/sign-up", methods=['POST'])
def sign_up():
    new_user    = request.json
    new_user_id = app.database.execute(text("""          ❶
```

```
        INSERT INTO users (
            name,
            email,
            profile,
            hashed_password
        ) VALUES (
            :name,
            :email,
            :profile,
            :password
        )
    """), new_user). lastrowid                          ❷

    row = current_app.database.execute(text("""          ❸
        SELECT
            id,
            name,
            email,
            profile
        FROM users
        WHERE id = :user_id
    """), {
        'user_id' : new_user_id
    }).fetchone()

    created_user = {                                     ❹
        'id'      : row['id'],
        'name'    : row['name'],
        'email'   : row['email'],
        'profile' : row['profile']
    } if row else None

    return jsonify(created_user)
```

- ❶ : HTTP 요청을 통해 전달받은 회원 가입 정보를 데이터베이스에 저장
  한다. app.database는 SQLAlchemy를 통해 MySQL 데이터베이스에 연
  결된 Engine 객체다. app.database를 통해 원하는 SQL 구문을 해당 데이

터베이스에 실행하게 된다. 이 경우에는 새로운 사용자 정보를 저장하는 것이므로 INSERT 구문을 통해 새로운 사용자 정보를 users 테이블에 저장을 하도록 한다.

- **❷** : **❶**의 SQL 구문에 사용될 실제 데이터들은 HTTP 요청(request)에서 읽어 들인 데이터를 그대로 사용한다. HTTP 요청을 통해 전송된 JSON 데이터의 구조가 **❶**의 SQL에서 필요한 필드를 모두 포함하고 있기 때문이다 (예를 들어, name, email 등). 만일 필드 이름이 틀리거나 필드가 부재인 경우 오류가 나게 된다. 새로 사용자가 생성되면, 새로 생성된 사용자의 id를 lastrowid를 통해 읽어 들인다.
- **❸** : **❷**에서 새로 생성한 사용자의 정보를 데이터베이스에서 읽어 들인다.
- **❹** : **❸**에서 읽어 들인 새 사용자의 정보를 딕셔너리로 변환한다. 그래서 JSON으로 HTTP 응답(response)으로 보낼 수 있도록 한다.

sign-up 엔드포인트는 다음의 명령어를 터미널에서 실행함으로써 테스트할 수 있다.

```
$ http -v POST "http://localhost:5000/sign-up"  \
    name=송은우  \
    email=songe@gmail.com  \
    password=test1234 \
    profile="Christian. Software Engineer. Serial Entrepreneur. Book
    Author"

POST /sign-up HTTP/1.1
Accept: application/json, */*
Accept-Encoding: gzip, deflate
Connection: keep-alive
Content-Length: 159
Content-Type: application/json
Host: localhost:5000
User-Agent: HTTPie/0.9.9
```

```
{
    "email": "songe@gmail.com",
    "name": "송은우",
    "password": "test1234",
    "profile": "Christian. Software Engineer. Serial Entrepreneur. Book
    Author"
}

HTTP/1.0 200 OK
Content-Length: 158
Content-Type: application/json
Date: Tue, 20 Nov 2018 08:27:56 GMT
Server: Werkzeug/0.14.1 Python/3.6.6

{
    "email": "songe@gmail.com",
    "id": 1,
    "name": "송은우",
    "profile": "Christian. Software Engineer. Serial Entrepreneur. Book
    Author"
}
```

tweet 엔드포인트

트윗 보내기 엔드포인트도 회원 가입 엔드포인트와 비슷하다. 저장해야 하는 데이터
를 HTTP 요청(request)을 통해서 받아서 데이터베이스에 저장하면 된다.

```
@app.route('/tweet', methods=['POST'])
def tweet():
    user_tweet = request.json
    tweet     = user_tweet['tweet']

    if len(tweet) > 300:
        return '300자를 초과했습니다', 400
```

```
app.database.execute(text("""          ❶
    INSERT INTO tweets (
        user_id,
        tweet
    ) VALUES (
        :id,
        :tweet
    )
"""), user_tweet)          ❷

return '', 200
```

- ❶ : HTTP 요청(request)을 통해 전달받은 트윗 데이터를 데이터베이스에 저장한다. INSERT 구문을 통해 트윗 데이터를 tweets 테이블에 저장하도록 한다.
- ❷ : ❶의 SQL 구문을 통해 insert될 트윗 데이터는 HTTP 요청을 통해 전송된 JSON 데이터를 그대로 사용한다.

tweet 엔드포인트는 터미널에서 다음과 같이 테스트해 볼 수 있다.

```
$ http -v POST localhost:5000/tweet id=1 tweet="Hello World"

POST /tweet HTTP/1.1
Accept: application/json, */*
Accept-Encoding: gzip, deflate
Connection: keep-alive
Content-Length: 35
Content-Type: application/json
Host: localhost:5000
User-Agent: HTTPie/0.9.9

{
    "id": "1",
    "tweet": "Hello World"
}
```

```
HTTP/1.0 200 OK
Content-Length: 0
Content-Type: text/html; charset=utf-8
Date: Tue, 20 Nov 2018 08:32:02 GMT
Server: Werkzeug/0.14.1 Python/3.6.6
```

timeline 엔드포인트

이제 INSERT 구문 말고 SELECT 구문을 사용하는 엔드포인트를 구현해 보자.
timeline 엔드포인트를 구현하려면 SELECT 구문을 사용해야 한다. 기본적인 구조
는 앞서 본 엔드포인트들을 구현하는 방법과 비슷하다. 하지만 데이터를 저장이 아
니라 데이터베이스에 있는 데이터들을 읽어 들여서 JSON 형태로 변환하여 HTTP
응답으로 보내야 한다.

```
@app.route('/timeline/<int:user_id>', methods=['GET'])
def timeline(user_id):
    rows = app.database.execute(text("""           ❶
        SELECT
            t.user_id,
            t.tweet
        FROM tweets t
        LEFT JOIN users_follow_list ufl ON ufl.user_id = :user_id
        WHERE t.user_id = :user_id
        OR t.user_id = ufl.follow_user_id
    """), {
        'user_id' : user_id
    }).fetchall()

    timeline =  [{                                  ❷
        'user_id' : row['user_id'],
        'tweet'   : row['tweet']
    } for row in rows]
```

164

```
return jsonify({                                    ❸
    'user_id'  : user_id,
    'timeline' : timeline
})
```

- ❶ : SELECT 구문과 JOIN 구문을 사용하여 해당 사용자의 트윗들과 해당 사용자가 팔로우하는 사용자들의 트윗들을 데이터베이스에서 읽어 들인다. 여기서는 LEFT JOIN을 사용하여 혹시나 해당 사용자가 팔로우하는 사용자가 없더라도 해당 사용자의 트윗만을 읽어 들일 수 있게 한다. 읽어 들이는 로우(row)의 수가 여럿일 것이므로 fetchall 메소드를 사용해서 전부 다 읽어 들인다.
- ❷ : ❶에서 읽어 들인 트윗 리스트를 딕셔너리 리스트(list) 형태로 변환한다. 즉 하나 하나의 로우를 딕셔너리로 변환하여 전체를 리스트에 담는 것이다.
- ❸ : ❷에서 변환한 딕셔너리 리스트를 JSON 형태로 HTTP 응답으로 보낸다.

timeline 엔드포인트를 테스트하려면 터미널에서 다음 명령어를 사용하여 테스트해 볼 수 있다.

```
$ http -v GET localhost:5000/timeline/1

GET /timeline/1 HTTP/1.1
Accept: */*
Accept-Encoding: gzip, deflate
Connection: keep-alive
Host: localhost:5000
User-Agent: HTTPie/0.9.9



HTTP/1.0 200 OK
```

```
Content-Length: 284
Content-Type: application/json
Date: Tue, 20 Nov 2018 08:33:29 GMT
Server: Werkzeug/0.14.1 Python/3.6.6

[
    {
        "tweet": "Hello World",
        "user_id": 1
    },
    {
        "tweet": "Hello World",
        "user_id": 7
    },
    {
        "tweet": "Hello World2",
        "user_id": 1
    }
]
```

나머지 엔드포인트들은 직접 구현해 보도록 하자. 기본적으로 앞서 본 엔드포인트들을 구현하는 방법과 비슷하다. 다만 언팔로우 엔드포인트의 경우 DELETE 구문을 사용해야 한다. 다음에 코드를 구현해 놓았으니 참고하여 직접 구현해 보도록 하자. 설정 파일들을 포함한 전체 코드는 이 책의 깃허브(https://github.com/rampart81/python-backend-book/6)에서 확인할 수 있다.

참고로, 데이터베이스에 SQL을 실행하는 로직들은 따로 함수로 만들어 놓았다. 그리고 각 엔드포인트에서 필요한 함수들을 호출하는 형태로 구현해 놓았으니 참고하도록 하자. SQL을 실행하는 함수들에서 current_app이 사용되는 것을 볼 수 있을 것이다. current_app은 create_app 함수에서 생성한 app 변수를 create_app 함수 외부에서도 사용할 수 있게 해준다. 여기서는 create_app 함수에서 생성된 app 변수에 저장된 database 변수를 사용해서 해당 데이터베이스에 SQL 구문을 실행할 수 있게 하는 데 사용된다.

다음 코드에서는 오류 처리(error handling) 로직이 구현되지 않았다. 오류 처리 로직을 구현하면 코드가 더 복잡해지기 때문이다. 코드가 복잡해지면 이번 장의 목적인 백엔드 API 개발을 이해시키는 데 불필요하게 방해가 되므로 일부러 구현하지 않았다. 그러므로 오류가 나면 HTTP 응답(response)에 그대로 오류가 노출될 것이다(예를 들어, 이미 존재하는 이메일을 사용해서 새로운 사용자를 생성하려고 하는 경우). 지금은 교육의 목적으로 API를 개발하는 것이므로 문제가 되지는 않지만, 상업용 시스템을 구현할 때는 적절한 오류 처리는 해줘야 한다.

```python
from flask      import Flask, request, jsonify, current_app
from flask.json import JSONEncoder
from sqlalchemy import create_engine, text


## Default JSON encoder는 set를 JSON으로 변환할 수 없다.
## 그러므로 커스텀 엔코더를 작성해서 set을 list로 변환하여
## JSON으로 변환 가능하게 해주어야 한다.
class CustomJSONEncoder(JSONEncoder):
    def default(self, obj):
        if isinstance(obj, set):
            return list(obj)

        return JSONEncoder.default(self, obj)


def get_user(user_id):
    user = current_app.database.execute(text("""
        SELECT
            id,
            name,
            email,
            profile
        FROM users
        WHERE id = :user_id
    """), {
        'user_id' : user_id
    }).fetchone()
```

```python
    return {
        'id'      : user['id'],
        'name'    : user['name'],
        'email'   : user['email'],
        'profile' : user['profile']
    } if user else None

def insert_user(user):
    return current_app.database.execute(text("""
        INSERT INTO users (
            name,
            email,
            profile,
            hashed_password
        ) VALUES (
            :name,
            :email,
            :profile,
            :password
        )
    """), user).lastrowid

def insert_tweet(user_tweet):
    return current_app.database.execute(text("""
        INSERT INTO tweets (
            user_id,
            tweet
        ) VALUES (
            :id,
            :tweet
        )
    """), user_tweet).rowcount

def insert_follow(user_follow):
    return current_app.database.execute(text("""
        INSERT INTO users_follow_list (
            user_id,
            follow_user_id
        ) VALUES (
            :id,
```

```
            :follow
        )
    """), user_follow).rowcount

def insert_unfollow(user_unfollow):
    return current_app.database.execute(text("""
        DELETE FROM users_follow_list
        WHERE user_id = :id
        AND follow_user_id = :unfollow
    """), user_unfollow).rowcount

def get_timeline(user_id):
    timeline = current_app.database.execute(text("""
        SELECT
            t.user_id,
            t.tweet
        FROM tweets t
        LEFT JOIN users_follow_list ufl ON ufl.user_id = :user_id
        WHERE t.user_id = :user_id
        OR t.user_id = ufl.follow_user_id
    """), {
        'user_id' : user_id
    }).fetchall()

    return [{
        'user_id' : tweet['user_id'],
        'tweet'   : tweet['tweet']
    } for tweet in timeline]

def create_app(test_config = None):
    app = Flask(__name__)

    app.json_encoder = CustomJSONEncoder

    if test_config is None:
        app.config.from_pyfile("config.py")
    else:
        app.config.update(test_config)

    database     = create_engine(app.config['DB_URL'], encoding = 'utf-
```

```python
8', max_overflow = 0)
app.database = database

@app.route("/ping", methods=['GET'])
def ping():
    return "pong"

@app.route("/sign-up", methods=['POST'])
def sign_up():
    new_user    = request.json
    new_user_id = insert_user(new_user)
    new_user    = get_user(new_user_id)

    return jsonify(new_user)

@app.route('/tweet', methods=['POST'])
def tweet():
    user_tweet = request.json
    tweet      = user_tweet['tweet']

    if len(tweet) > 300:
        return '300자를 초과했습니다', 400

    insert_tweet(user_tweet)

    return '', 200

@app.route('/follow', methods=['POST'])
def follow():
    payload = request.json
    insert_follow(payload)

    return '', 200

@app.route('/unfollow', methods=['POST'])
def unfollow():
    payload = request.json
    insert_unfollow(payload)

    return '', 200
```

```
@app.route('/timeline/<int:user_id>', methods=['GET'])
def timeline(user_id):
    return jsonify({
        'user_id'  : user_id,
        'timeline' : get_timeline(user_id)
    })

return app
```

6장 정리

6장에서는 앞 장에서 구현한 미니터 API에 MySQL 데이터베이스를 연결했다. 그렇게 함으로써 API를 통해서 생성한 데이터들이 보존되도록 하였다. 먼저, 데이터베이스 시스템에 대해서 소개했고, 데이터베이스 시스템의 핵심 개념들을 알아보았다. 그리고 관계형 데이터베이스 시스템에서 꼭 필요한 SQL에 대해서 알아보았다. 마지막으로, sqlalchemy를 사용하여 실제로 미니터 API를 데이터베이스에 연결하여 데이터를 저장하도록 구현했다.

- 데이터베이스 시스템(database system)은 이름 그대로 데이터를 저장 및 보존하는 시스템이다. 데이터베이스에 저장되어 있는 데이터를 읽어 들일 수 있으며, 새로운 데이터를 저장할 수도 있고, 기존의 데이터를 업데이트할 수도 있다.
- 일반적으로 데이터베이스 시스템은 크게 2가지 종류로 분류된다. 관계형 데이터베이스 시스템(RDBMS, Relational Database Management System) 그리고 "NoSQL"로 명칭되는 비관계형(Non–relational) 데이터베이스다.
- 관계형 데이터베이스에서 테이블들의 상호 관련성 종류에는 다음의 3가지가 있다.

- one to one
- one to many
- many to many

- 관계형 데이터베이스에서 외부 키(foreign key)를 사용해서 테이블들을 연결하여 데이터 값의 중복을 최소화하게 데이터를 구조화하는 프로세스를 정규화(normalization)라 한다.

- 관계형 데이터베이스에서 트랜잭션은 일련의 작업들이 마치 하나의 작업처럼 취급되어서 모두 다 성공하거나 아니면 모두 다 실패하는 것을 말한다.

- SQL(Structured Query Language)은 MySQL 같은 관계형 데이터베이스에서 데이터를 읽거나 생성 및 수정하기 위해 사용하는 언어다.

  - SELECT 구문은 관계형 데이터베이스 시스템에서 데이터를 읽어 들일 때 사용하는 SQL 구문이다.

  - INSERT 구문은 데이터를 생성할 때 사용된다.

  - UPDATE 구문은 기존의 데이터를 수정할 때 사용한다.

  - 데이터를 삭제할 때는 DELETE 구문을 사용한다.

  - JOIN 구문은 여러 테이블을 연결할 때 사용한다.

  - 테이블 생성은 CREATE TABLE 구문으로 한다.

- sqlalchemy 라이브러리를 사용하여 파이썬 코드에서 데이터베이스에 연결하여 SQL을 실행시킬 수 있다.

- sqlalchemy의 create_engine 함수를 사용하여 데이터베이스에 연결하고 text 함수를 사용하여 실행할 SQL을 만든다.

- Flask가 create_app이라는 이름의 함수를 자동으로 팩토리(factory) 함수로 인식해서 해당 함수를 통해서 Flask를 실행시킨다.

다음 장에서는 대부분의 API에서 필요한 기능인 인증(authentication)과 인가(authorization)에 대해서 알아보고, 실제 구현해 보도록 하겠다.

CHAPTER

7

인증

많은 API에서 인증(authentication)은 공통적으로 구현되는 엔드포인트들 중 하나다. private한 API는 물론이고 public한 API도 기본적인 인증을 요구한다. private API는 사용할 수 있는 사용자 혹은 클라이언트를 제한해야 하므로 당연히 인증 엔드포인트를 구현해야 할 것이다. public API는 공용으로 오픈되어 있으므로 굳이 사용자 혹은 클라이언트를 제한해야 하지는 않지만, 그럼에도 사용 횟수 제한, 남용 방지, 그리고 사용자 통계 등의 이유로 인증 엔드포인트를 대부분 필요로 한다. 그러므로 인증 엔드포인트는 API를 개발할 때 일반적으로 꼭 구현해야 하는 엔드포인트다. 이번 장에서는 인증 절차의 구현 방법에 대해서 배워 본다. 특히 사용자의 비밀번호 암호화에 대해서 자세히 알아보도록 한다. 그리고 실제로 인증 엔드포인트를 구현하고, 미니터 API에 적용해 보도록 할 것이다.

- 인증(authentication)
- 사용자 비밀번호 암호화
- Bcrypt
- JWT(JSON Web Tokens)

인증

인증은 사용자(user)의 신원(identification)을 확인하는 절차다. 일반적으로 웹사이트에서 사용자가 로그인을 하여 아이디와 비번을 확인하는 절차를 이야기한다. 즉 로그인 기능을 구현해 주는 것이 인증 엔드포인트다.

시스템적으로(프론트엔드와 백엔드 API상에서의 절차) 로그인 기능은 다음과 같은 절차를 통해 구현될 수 있다.

1. 먼저, 사용자 가입 절차를 진행해서 사용자의 아이디와 비밀번호를 생성해야 한다. 미니터 API의 경우 sign-up 엔드포인트를 통해서 사용자 가입을 할 수 있다.

2. 가입한 사용자의 아이디와 비밀번호를 데이터베이스에 저장한다. 이때 사용자의 비밀번호는 암호화해서 저장한다. 암호화해서 저장하는 이유는 다음에 더 자세히 설명할 것이다.

3. 사용자가 로그인할 때 본인의 아이디와 비밀번호를 입력한다.

4. 사용자가 입력한 비밀번호를 암호화한 후, 그 값을 이미 암호화되어서 DB에 저장된 비밀번호와 비교한다.

5. 비밀번호가 일치하면 로그인 성공이다.

6. 로그인에 성공하면 백엔드 API 서버는 access token을 프론트엔드 혹은 클라이언트에게 전송한다. access token이 무엇인지는 곧 자세히 설명할 것이다.

7. 프론트엔드 서버는 로그인 성공 후 다음부터는 해당 사용자의 access token 을 첨부해서 request를 서버에 전송함으로써 매번 로그인하지 않아도 되도록 한다.

인증 절차가 지금 이해되지는 않을 것이다. 특히 사용자의 비밀번호 암호화에 관한 내용과 access token에 관한 내용은 사전 지식이 없다면 이해하기 어려울 수 있다. 그러므로 이제 하나 하나씩 자세히 알아보도록 하자.

사용자 비밀번호 암호화

먼저, 왜 사용자의 비밀번호를 데이터베이스에 저장할 때 암호화해서 저장해야 하는지에 대해서 이야기해 보자. 일반적으로 사용자의 비밀번호는 절대 본래의 비밀번호 값 그대로 데이터베이스에 저장하지 않는다. 그 이유는 크게 2가지가 있다. 첫 번째는 외부의 해킹(hacking) 공격에 의해 데이터베이스가 노출되었을 경우에 대비해서이고, 두 번째는 내부 인력에 의해 데이터베이스가 노출되었을 경우에 대비해서이다.

먼저, 외부의 해킹 공격에 의해 데이터베이스가 노출되었을 경우를 이야기해 보자. 만일 외부의 해킹 공격에 당해서 데이터베이스에 저장되어 있던 데이터들이 외부로 노출이 되었다면, 그 자체로도 이미 심각한 일이 될 것이다. 그러나 만일 사용자의 민감한 정보가 노출되었다면 더더욱 심각한 일이 될 것이다. 만일 사용자들의 이메일과 비밀번호가 노출된다면 해커는 해킹한 이메일과 비밀번호들을 사용해 해당 사용자의 다른 정보에도 접근할 수 있다. 예를 들어, 사용자의 이메일, 은행 계좌, SNS 계좌 등에 접속할 수도 있는 것이다. 그 이유는, 많은 사람들이 비밀번호를 각 사이트 혹은 서비스마다 다르게 설정하지 않고 동일하게 설정하기 때문이다. 그러므로 비밀번호는 암호화해서 데이터베이스에 저장해야 한다. 그래서 만일 데이터베이스가 해킹당해서 사용자의 데이터들이 외부로 노출되었다고 해도 해커가 해당 사용자들의 비밀번호를 알 수 없게 하기 위함이다. 사용자들의 비밀번호가 암호화가 되어 있으므로 해커에게 혹시나 노출되어도 실제 비밀번호 값을 알 수 없게 함으로써 피해를 최소화시킬 수 있다.

두 번째 이유는 내부 인력에 의해 데이터베이스가 노출되었을 경우에 대비하기 위함이다. 기본적인 보안 인프라스트럭처를 구현해 놓았고, 기본적인 보안 절차를 따른다면 사실 데이터베이스는 시스템 외부의 공격보다는 내부적인 위험에 더 크게 노출되어 있다. 실제 시스템을 개발하는 개발자들이나 관련자들은 언제든지 데이터베이스에 접속할 수 있기 때문이다. 예를 들어, 개발자 중 한 명이 자신에게 못되게 대했던 전 연인이 본인이 개발한 사이트에 가입했다는 것을 발견했다고 가정해 보자. 그 개발자는 언제든지 데이터베이스에서 자신의 전 연인의 이메일과 비밀번호를 유출하여 전 연인의 이메일이나 다른 SNS 계정에 접속할 수 있는 것이다. 이러한 내부적인 위험을 방지하기 위해서라도 비밀번호 같은 민감한 정보는 암호화해서 데이터베이스에 저장해야 한다.

사용자의 비밀번호를 암호화할 때는 단방향 해시 함수(one-way hash function)가 일반적으로 쓰인다. 이름에서 알 수 있듯이 단방향 해시 함수는 복호화를 할 수 없는 암호화 알고리즘이다. 즉, 사용자의 비밀번호를 데이터베이스에 저장할 때는 복호화할 목적으로 저장하지 않고, 온전히 본래의 비밀번호 값을 알지 못하도록 방지하는 데에 목적이 있는 것이다.

예를 들어, test password라는 비밀번호를 hash256이라는 단방향 해시 함수를 사용하면 0b47c69b1033498d5f33f5f7d97bb6a3126134751629f4d0185c115db 44c094e 값이 나온다. 그리고 이 해시 값(암호화된 값)은 원본 비밀번호 값인 test password로 복호화될 수 없다. 그러므로 원본 메시지를 알면 암호화된 메시지를 구하기는 쉽지만, 암호화된 메시지로는 원본 메시지를 구할 수 없어서 단방향성(one-way)이라고 한다.

여기서 재미있는 실험을 하나 해보자. test password와 비슷한 값인 test password2를 hash256 해시 함수를 사용해서 암호화하면 어떠한 값이 나올까? d3 4b32af5c7bc7f54153e2fdddf251550e7011e846b465e64207e8ccda4c1aeb라는 값이 나온다. 실제로 test password와 test password2는 원본 값은 굉장히 비슷하지만, 암호화된 해시 함수 값은 완전히 다른 것을 볼 수 있다. 이러한 효과를 애벌런시 효과(avalanche effect)라고 한다. 원본 값과 해시 값 사이에 직접적인 연관성이나 패턴이 없도록 하여 원본 값을 추론하는 것을 어렵게 만들도록 한다.

파이썬에서는 단방향 해시 함수를 구하는 모듈이 포함되어 있다. 다음과 같이 파이썬의 hashlib 모듈을 사용하면 단방향 해시 함수를 사용해서 값들을 암호화할 수 있다.

```
>>> import hashlib               ❶
>>> m = hashlib.sha256()         ❷
>>> m.update(b"test password")   ❸
>>> m.hexdigest()                ❹
'0b47c69b1033498d5f33f5f7d97bb6a3126134751629f4d0185c115db44c094e'
```

- ❶ : hashlib 모듈을 임포트한다. hashlib 모듈을 사용해서 단방향 해시 암호화를 실행할 것이다.
- ❷ : sha256 암호 알고리즘을 선택한다.
- ❸ : 암호화하고자 하는 값을 인자로 설정해서 update 메소드를 호출한다. update 메소드는 바이트(byte) 값을 받으므로 b prefix를 스트링 앞에 붙여서 바이트로 변환해 준다.
- ❹ : 암호화된 값을 hex(16진수) 값으로 읽어 들인다.

bcrypt 암호 알고리즘

앞서 언급했듯이 단방향 해시 암호 알고리즘은 복호화를 할 수 있는 암호 알고리즘이 아니다. 그러므로 상식적으로 생각하기에는 일단 암호화가 되면 원본 값을 절대 복구할 수 없을 것으로 생각할 것이다. 하지만 단방향 해시 암호 알고리즘들도 취약점이 있고, 충분히 해킹이 가능하다.

가장 널리 사용되는 단방향 해시 암호 알고리즘 해킹 방법은 rainbow attack이라는 방법이다. rainbow attack은 미리 해시 값들을 계산해 놓은 테이블인 rainbow table이라는 테이블을 먼저 생성해 놓은 후 해시 함수 값을 역추척해서 본래 값을 찾아내는 해킹 방법이다. 즉, 해시 값을 복호화하는 것이 아니라, 사전에 가능한 영문과 숫자 그리고 기호 조합들로 구성된 다양한 스트링값들을 연산한 후 그 값들을 미리 해시 암호화해 놓은 후, 해시 값끼리 매칭하는 방식으로 본래 암호 값을 찾는 방식이다. 물론 영문과 숫자 그리고 기호 조합들은 굉장히 많을 것이다. 그러나 아무리 조합들의 양이 방대해도 해시 함수의 실행 속도가 굉장히 빠르므로 충분히 구현 가능한 방법이다. 해시 함수 실행 속도가 빠른 이유는, 해시 함수는 원래 패스워드를 저장하기 위해서 설계된 것이 아니라 짧은 시간에 데이터를 검색하기 위해 설계된 것이기 때문이다(딕셔너리나 세트(set) 자료구조에 해시가 쓰인다). 그렇기 때문에 해시 함수는 본래 처리 속도가 최대한 빠르도록 설계되었다. 이러한 속성 때문에 공격자는 매우 빠른 속도로 임의의 문자열의 값을 해시화해서 해킹할 대상의 해시 값과 비교할 수 있다(MD5 단방향 해시 알고리즘을 사용한 경우 일반적인 장비를 이용하여 1초당 56억 개의 해시 값을 대입할 수 있다). 이런 방식으로 패스워드를 추측하면 패스워드가 충분히 길거나 복잡하지 않은 경우에는 그리 긴 시간이 걸리지 않는다. 그리고 대부분 사용자의 패스워드는 길거나 복잡하지 않다.

이러한 단방향 해시 함수의 취약점들을 보안하기 위해 일반적으로 2가지 보완점들이 사용된다. 첫 번째는 salting이라는 방법이고, 두 번째는 키 스트레칭(key stretching)이라는 방법이다.

▶ salting

요리에서 음식에 간을 맞추기 위해서 소금을 더하듯이 실제 비밀번호 이외에 추가적으로 랜덤 데이터를 더해서 해시 값을 계산하는 방법을 salting이라고 한다. 본래 비밀번호에 랜덤 값을 더해서 해시화를 하기 때문에 혹시나 해킹을 당한 경우에도 해커가 실제 어느 부분이 실제 비밀번호 값이고 어느 부분이 랜덤 값인지 알 수 가 없게 된다. 그러므로 rainbow attack처럼 미리 해시 값들을 계산하여 해킹하는 공격들을 무효화시킬 수 있다.

▶ 키 스트레칭

기존 단방향 해시 알고리즘들의 실행 속도가 너무 빠르다는 취약점을 보완하기 위해서, 단방향 해시 값을 계산한 후 그 해시 값을 또 해시하고, 이를 여러 번 반복하는 방법이 키 스트레칭(key stretching)이다. 즉 여러 번 해시 함수를 적용시켜서 해시 값을 계산하는 것이다. 앞서 언급한 대로 최근에는 일반적인 장비로 1초에 50억 개 이상의 해시 함수를 실행시킬 수 있지만, 키 스트레칭을 적용하여 동일한 장비에서 1초에 5번 정도만 가능한다. GPU(Graphics Processing Unit)를 사용하더라도 수백에서 수천 번 정도만 실행 가능하다. 50억 번과는 비교할 수도 없을 정도로 적은 횟수다. 앞으로 컴퓨터 성능이 더 향상되더라도 키 스트레칭에서 해시 실행을 반복하는 횟수를 추가하여 계속해서 보완할 수 있다는 장점이 있다.

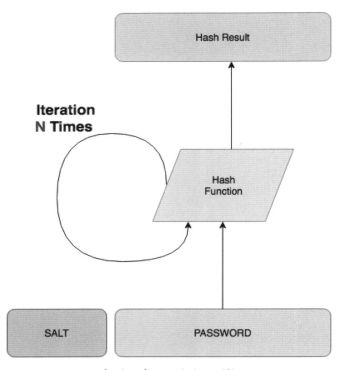

[그림 7-1] salting과 키 스트레칭

salting과 키 스트레칭을 구현한 해시 함수 중 가장 널리 사용되는 것이 bcrypt이다. bcrypt는 처음부터 비밀번호를 단방향 암호화하기 위해 만들어진 해시 함수다. 그러므로 인증 엔드포인트를 구현할 때 bcrypt 알고리즘을 사용할 것이다. bcrypt 알고리즘을 사용하기 위해서는 외부 라이브러리를 설치해야 한다. 다음 명령어를 실행해서 설치할 수 있다.

```
pip install bcrypt
```

파이썬에서 bcrypt를 사용해서 다음과 같이 암호화할 수 있다.

```
>>> import bcrypt                                                        ❶
>>> bcrypt.hashpw(b"secrete password", bcrypt.gensalt()).              ❷
b'$2b$12$.XIJKgAepSrI5ghrJUaJa.oglHJHLyY8ikIC.7gDoUMkaMfzNhGo6'
>>> bcrypt.hashpw(b"secrete password", bcrypt.gensalt()).hex().        ❸
'243262243132242e6b426f39757a69666e344f563852694a43666b516544546939744
8446c4d36663561354239684736605132446d62744b70357353'
```

- ❶ : bcrypt 라이브러리를 임포트한다.
- ❷ : bcrypt 라이브러리의 hashpw 메소드를 호출하여 해시화한다. hashpw 메소드는 2개의 인자를 받는데, 하나는 해시화하고자 하는 값 (byte 타입)이며, 나머지 하나는 salt 값이다. gensalt 메소드를 사용하여 salt 값을 생성한다. 그럼으로써 개발자조차 어떠한 salt 값이 쓰였는지 알지 못하도록 한다.
- ❸ : ❷와 동일하다. 다만 결괏값을 바이트(byte)가 아니라 hex(16진수) 값 으로 생성한다.

access token

이제 access token에 대해서 알아보자. 앞서 로그인 절차에서 언급했듯이 사용자가 로그인에 성공한 후에는 백엔드 API 서버는 access token이라고 하는 데이터를 프론트엔드에게 전송한다. 그리고 프론트엔드에서는 해당 사용자의 access token을 HTTP 요청(request)에 첨부해서 서버에 전송한다. 이 access token이란 정확히 무엇이며, 왜 사용하는지에 대해 이야기하도록 하자.

2장에서 이야기했듯이 HTTP는 stateless다. 각각의 HTTP 통신은 독립적이며 그러므로 이전에 어떠한 HTTP 통신들이 실행됐는지 알지 못한다. 이러한 HTTP의 성질 때문에 생기는 이슈 중 하나가 바로 인증 절차다. 현재의 HTTP 통신에서 이전에 이미 인증이 진행됐는지 알지 못하기 때문이다. 그러므로 HTTP 통신을 할 때는 해당

HTTP 요청(request)을 처리하기 위해서 필요한 모든 데이터를 첨부해서 요청을 보내야 한다. 로그인 정보 또한 HTTP 요청에 첨부해서 보내야 API 서버에서 해당 사용자가 이미 로그인된 상태인 것을 알 수 있다. access token이 바로 로그인 정보를 담고 있는 것이다. API 서버에서 사용자의 로그인 정보를 access token의 형태로 생성하여 프론트엔드 서버에 전송하면 프론트엔드 서버는 백엔드 서버로부터 전송받은 access token을 그대로 다시 백엔드 서버에 HTTP 요청을 보낼 때 첨부해서 보내는 것이다. 그러면 백엔드 API 서버에서는 프론트엔드가 보내 준 access token을 통해 해당 사용자의 로그인 여부를 알 수 있는 것이다.

JWT

access token을 생성하는 방법은 여러 가지가 있는데, 가장 널리 사용되는 기술 중 하나가 바로 JWT(JSON Web Tokens)다. JSON Web Token은 이름 그대로 JSON 데이터를 token으로 변환하는 방식이다. 실제 예제를 보면 훨씬 더 쉽게 이해가 될 것이다.

예를 들어, 어떠한 사용자가 로그인하기 위해 다음과 같은 HTTP 요청을 백엔드 API 서버에 전송한다고 하자.

```
POST /auth HTTP/1.1
Host: localhost:5000
Content-Type: application/json

{
    "username": "joe",
    "password": "password"
}
```

- 사용자 아이디는 "joe"이고 비밀번호는 "password"다.

- HTTP Post 요청을 /auth 엔드포인트에 전송한다.

백엔드 API 서버에서는 전송받은 사용자 아이디와 비밀번호를 확인하는 절차를 거친 후 인증이 되면 해당 사용자의 아이디를 다음과 같은 JSON 형태로 생성한다.

```
{
    user_id = 1
}
```

로그인한 사용자 아이디를 JSON 형태로 저장함으로써 어느 사용자가 이미 로그인한 상태인지 알 수 있도록 하는 것이다. 하지만 이 정보를 HTTP로 네트워크상에서 주고받아야 하므로 JSON 데이터를 token 데이터로 변환시켜서 HTTP 응답을 다음과 같이 보낸다.

```
access token:
HTTP/1.1 200 OK
Content-Type: application/json

{
    "access_token": "eyJhbGciOiJIUzI1NiIsInR5cCI6IkpXVCJ9.eyJpZGVudGl0e
SI6MSwiaWF0IjoxNDQ0OTE3NjQwLCJuYmYiOjE0NDQ5MTc2NDAsImV4cCI6MTQ0NDkxNzk
0MH0.KPmI6WSjRjlpzecPvs3q_T3cJQvAgJvaQAPtk1abC_E"
}
```

access token을 받은 프론트엔드는 쿠키 등에 access token을 저장하고 있다가 해당 사용자를 위한 HTTP 요청을 백엔드 서버 API에 보낼 때 access token을 첨부해서 보낸다. 그러면 백엔드 API 서버는 프론트엔드 사용자로부터 받은 access token을 복호화해서 JSON 데이터를 얻으므로 이미 로그인한 사용자 아이디를 읽어 들임으로써 해당 사용자가 이미 로그인한 상태임을 확인하는 것이다.

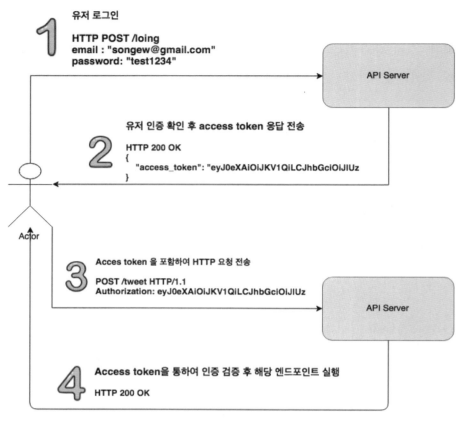

[그림 7-2] 인증 과정

이쯤 되면 왜 굳이 JSON 데이터를 토큰화시켜서 사용해야 하는가 하는 의문이 생길 수도 있을 것이다. 단순 JSON 데이터를 사용하면 해킹 가능성의 문제가 생긴다. 누구나 JSON 데이터를 HTTP 요청(request)에 첨부해서 전송할 수 있으므로 실제 해당 사용자가 아님에도 해당 사용자라고 인식될 수 있기 때문이다. JWT에는 단순 데이터 전송 기능 이외에 검증의 기능도 가지고 있다. 만일 누군가가 해킹의 목적으로 가짜 JWT를 전송한다고 해도 백엔드 API 서버에서 자신이 생성한 JWT인지 아닌지 확인할 수 있는 기능도 제공한다. 다음에 나오는 JWT 구조를 이해하면 더 명확해질 것이다.

JWT 구조

JWT는 다음 세 부분으로 구성되어 있다.

- header
- payload
- signature

그러므로 JWT는 일반적으로 다음과 같은 형태다.

```
xxxxx.yyyyy.zzzzz
```

x 부분은 헤더이고 y 부분은 payload이며 z 부분은 signature다. 그리고 각 부분을
"." 으로 분리해 놓았다.

| header |

헤더(header)는 두 부분으로 되어 있으며, 토큰 타입(JWT) 그리고 사용되는 해시
알고리즘(hashing algorithm)을 지정한다.

```
{
  "alg": "HS256",
  "typ": "JWT"
}
```

헤더를 Base64URL 방식으로 코드화해서 JWT의 첫 부분을 구성한다.

▶ payload

payload는 JWT를 통해 실제로 서버 간에 전송하고자 하는 데이터 부분이다. HTTP
메시지의 body 부분과 비슷한다.

```
{
  "user_id" : 2,
  "exp"     : 1539517391
}
```

payload도 Base64URL 코드화되어서 JWT의 두 번째 부분을 구성한다. 여기서 조심해야 할 부분은 Base64URL은 코드화(encoding)시키는 것이지 암호화가 아니다. 누구나 복원이 가능하다. 그러므로 민감한 정보는 넣지 않는 것이 좋다. 예를 들어, 실제 사용자의 개인정보 등은 절대로 넣지 않도록 한다.

▶ **signature**

JWT가 원본 그대로라는 것을 확인할 때 사용되는 부분이다. signature는 Base64URL 코드화된 header와 payload, 그리고 JWT secret를 헤더에 지정된 암호 알고리즘으로 암호화하여 전송한다(복호화가 가능한 암호). 프론트엔드가 JWT를 백엔드 API 서버로 전송하면 서버에서는 전송받은 JWT의 signature 부분을 복호화하여, 서버에서 생성한 JWT가 맞는지 확인한다. 계약서로 예를 들면, 계약서에서 본 계약서가 서로 동의한 내용이라는 것을 확인하기 위해 사인하는 목적과 비슷하다고 생각하면 된다. 이 signature 부분이 잘못되어 있으면 JWT를 누군가 임의적으로 바꾼 것이거나 해킹의 목적 등으로 임의로 생성한 것이라고 간주하면 된다.

JWT를 사용할 때 조심해야 할 점은 바로 signature 부분 외에 다른 부분들은 암호화가 아닌 Base64URL 코드화되어 있다는 것이다. 즉 누구나 원본 데이터를 볼 수 있는 부분이므로 민감한 데이터는 저장하지 않도록 해야 한다.

PyJWT

파이썬에서 JWT를 구현할 때 사용할 수 있는 라이브러리 중 하나가 PyJWT이다. 즉 파이썬에서 JWT를 생성하고 복호화할 수 있게 해주는 라이브러리다. 아래와 같이 인스톨하면 된다.

```
pip install PyJWT
```

기본 사용법은 다음과 같다.

```
>>> import jwt                                                          ❶
>>> data_to_encode = {'some': 'payload'}                               ❷
>>> encryption_secret = 'secrete'                                      ❸
>>> algorithm = 'HS256'                                                ❹
>>> encoded = jwt.encode(data_to_encode, encryption_secret,
algorithm=algorithm)                                                   ❺
'eyJhbGciOiJIUzI1NiIsInR5cCI6IkpXVCJ9.eyJzb21lIjoicGF5bG9hZCJ9.4twFt5N
iznN84AWoo1d7KO1T_yoc0Z6XOpOVswacPZg'
>>> jwt.decode(encoded, encryption_secret, algorithms=[algorithm])     ❻
{'some': 'payload'}
```

- ❶ : PyJWT 라이브러리의 jwt 모듈을 임포트한다.
- ❷ : JWT의 payload 부분에 들어갈 JSON 데이터다.
- ❸ : JWT의 signature 부분을 암호화할 때 사용할 비밀 키(secret key)를 지정한다. 여기서는 아주 간단한 키를 사용하였지만, 실제 시스템에서는 훨씬 복잡한 값을 사용할 것을 권장한다.
- ❹ : JWT의 signature 부분을 암호화할 때 사용할 암호 알고리즘을 지정한다.
- ❺ : JWT를 생성한다.
- ❻ : ❺에서 만들었던 JWT를 복호화하여 원본 payload 데이터를 읽어 들인다.

인증 엔드포인트 구현하기 ━━━━━━━━

인증 절차와 구현 방법에 대해서 자세히 알아보았으니 이제 실제로 인증 엔드포인트를 구현해 보도록 하자.

인증 엔드포인트를 구현하기 전에 먼저 sing-up 엔드포인트를 수정해야 한다. 현재까지 우리가 구현한 sign-up 엔드포인트는 사용자의 비밀번호를 암호화하지 않고 그대로 저장한다. 이제 사용자의 비밀번호를 앞서 본 bcrypt 알고리즘을 사용하여 암호화해서 저장하도록 하자.

```
import bcrypt                                    ❶

@app.route("/sign-up", methods=['POST'])
def sign_up():
    new_user               = request.json
    new_user['password'] = bcrypt.hashpw(        ❷
        new_user['password'].encode('UTF-8'),
        bcrypt.gensalt()
    )
    new_user_id = app.database.execute(text("""
        INSERT INTO users (
            name,
            email,
            profile,
            hashed_password
        ) VALUES (
            :name,
            :email,
            :profile,
            :password
        )
    """), new_user).lastrowid
    new_user_info = get_user(new_user_id)

    return jsonify(new_user_info)
```

- ❶ : bcrypt 모듈을 임포트한다.
- ❷ : bcrypt 모듈을 사용하여 사용자의 비밀번호를 암호화한다. 앞서 본 대로 사용자의 비밀번호에 salting을 추가하여 암호화한다. bcrypt 모듈의 hashpw 함수는 스트링 값이 아닌 byte 값을 받으므로 사용자의 비밀번호를 UTF-8 엔코딩으로 byte로 변환해서 hashpw 함수에 넘겨주어 호출한다.

sign-up 엔드포인트를 수정했으면 이제 인증 엔드포인트를 수정하자. 인증 엔드포인트는 단순하다. HTTP POST request에 JSON 데이터로 해당 사용자의 아이디 (Miniter의 경우 사용자의 이메일)와 비밀번호를 전송받아서 데이터베이스에 저장되어 있는 해당 사용자의 비밀번호와 동일한지 확인하면 된다. 동일하면 앞서 본 대로 JWT access token을 생성해서 보내면 된다.

```
import bcrypt
import jwt                                                              ❶

@app.route('/login', methods=['POST'])
def login():
    credential = request.json
    email      = credential['email']                                   ❷
    password   = credential['password']                                ❸

    row = database.execute(text(""".                                   ❹
        SELECT
            id,
            hashed_password
        FROM users
        WHERE email = :email
    """), {'email' : email}).fetchone()

    if row and bcrypt.checkpw(password.encode('UTF-8'), row['hashed_
    password'].encode('UTF-8')):                                       ❺
        user_id = row['id']
        payload = {                                                    ❻
```

```
        'user_id' : user_id,
        'exp'     : datetime.utcnow() + timedelta(seconds = 60 * 60 *
        24)
    }
    token = jwt.encode(payload, app.config['JWT_SECRET_KEY'],
    'HS256')                                                          ❼

    return jsonify({                                                  ❽
        'access_token' : token.decode('UTF-8')
    })
else:
    return '', 401                                                   ❾
```

- ● ❶ : jwt 모듈을 임포트한다.
- ● ❷ : HTTP 요청(request)으로 전송된 JSON body에서 사용자의 이메일을 읽어 들인다.
- ● ❸ : HTTP 요청으로 전송된 JSON body에서 사용자의 비밀번호를 읽어 들인다.
- ● ❹ : ❷에서 읽어 들인 사용자의 이메일을 사용하여 데이터베이스에서 해당 사용자의 암호화된 비밀번호를 읽어 들인다.
- ● ❺ : ❹에서 읽어 들인 사용자의 암호화된 이메일과 ❷에서 읽어 들인 사용자의 비밀번호가 일치하는지 확인하는 부분이다. 먼저, row가 None이면 해당 사용자가 존재하지도 않는다는 뜻이므로 인증 허가를 안 해주면 된다. 만일 사용자가 존재한다면 해당 사용자의 암호화된 비밀번호와 사용자가 전송한 비밀번호를 bcrypt 모듈의 checkpw 함수를 사용해서 동일한지 확인한다. checkpw 함수가 사용자의 비밀번호를 동일하게 암호화해서 이미 암호화되어 있는 비밀번호와 동일한지를 확인해 준다.
- ● ❻ : 사용자의 비밀번호가 확인이 되었으면 이제 JWT를 생성할 차례다. 해당 사용자의 데이터베이스상의 아이디에 해당하는 user_id, 그리고 해당 JWT의 유효기간 부분인 exp를 설정해 준다. 여기서는 JWT의 유효기간을

하루로 설정하였다. JWT의 유효기간이 지나면 해당 JWT는 무효화가 되므로 새로 인증을 받아야 한다.

- ❼ : ❻에서 생성한 payload JSON 데이터를 JWT로 생성한다.
- ❽ : ❼에서 생성한 JWT를 HTTP 응답으로 전송한다.
- ❾ : 만일 ❺에서 사용자가 존재하지 않거나 사용자의 비밀번호가 틀리면 Unauthorized 401 status의 HTTP 응답을 보낸다.

인증 절차를 다른 엔드포인트에 적용하기

앞서 인증 엔드포인트를 구현해 보았다. 이제 인증 엔드포인트를 통해 인증을 하고 생성된 access token을 통하여 인증된 사용자만 사용 가능하도록 다른 엔드포인트들을 만들어 볼 것이다.

미니터 API의 경우 인증 절차가 필요한 엔드포인트들은 tweet과 follow 그리고 unfollow 엔드포인트들일 것이다. 미니터 API의 경우처럼, 인증 절차는 여러 엔드포인트에서 공통적으로 필요한 경우가 대부분이다. 이렇게 여러 함수(엔드포인트도 함수로 구현되므로)에서 공통적인 기능을 필요로 하는 경우에 자주 사용되는 구현 방법은 바로 파이썬의 decorator를 사용하는 것이다.

decorator는 어떠한 함수를 다른 함수가 실행되기 전에 자동으로 먼저 실행될 수 있도록 해주는 문법이다. 이름 그대로, 함수를 다른 함수에 장식처럼 첨부하는 것이다. 주로 공통적으로 항상 먼저 실행되어야 하는 코드가 있을 때 사용하게 된다. decorator로 사용되는 함수는 함수의 이름 앞에 @를 붙여서 적용하고자 하는 함수의 정의 부분 위에 지정해 준다.

```
@run_this_first              ❶
def and_then_run_this():     ❷
```

```
    print("Running the second method")
```

- ❶ : @ + 함수 이름의 형태로 decorator를 적용시켜 준다.
- ❷ : 이 함수가 실행하면 해당 함수가 실행되기 전에 ❶의 run_this_first 함수가 먼저 실행된다.

사실 우리는 이미 decorator 함수를 사용해 왔다. 엔드포인트를 만들기 위해 @ app.route(...) decorator 함수를 사용해 왔던 것이다.

decorator 함수

decorator 함수를 만드는 방법도 어렵지 않다. decorator 함수는 함수를 리턴하는 함수다. 파이썬에서는 functools 모듈의 wraps decorator 함수를 사용해서 다음과 같이 decorator 함수를 만들 수 있다.

```
from functools import wraps                          ❶

def test_decorator(f):                               ❷
    @wraps(f)                                        ❸
    def decorated_function(*args, **kwargs):         ❹
        print("Decorated Function")
        return f(*args, **kwargs)                    ❺

    return decorated_function                        ❻


@test_decorator                                      ❼
def func():                                          ❽
    print("Calling func function")
```

- ❶ : functools 모듈의 wraps decorator 함수를 임포트한다.

- ❷ : decorator 함수를 정의한다. decorator 함수는 함수를 인자로 받아서 함수를 리턴하는 함수다. 여기서는 f라고 이름 지어진 함수를 인자로 받는다. 이 f 함수는 바로 해당 decorator 함수가 적용되는 함수가 된다.
- ❸ : wraps decorator 함수를 적용한다. wraps decorator 함수는 꼭 적용해야만 decorator 함수를 만들 수 있는 것은 아니다. 하지만 wraps decorator 함수를 적용하면 부차적으로 생기는 이슈들을 해결해 준다. 자세한 사항은 파이썬 공식 문서를 참조하도록 하자.
- ❹ : decorator 함수다. decorator 함수를 리턴해 줘야 하므로 nested 함수로 지정해 준다. 함수의 인자가 *args와 **kwargs로 되어 있는 것을 볼 수 있다. 이 부분은 굉장히 중요하다. decorator 함수는 여러 다양한 함수에 적용될 수 있으므로 모든 형태의 인자들을 받을 수 있어야 한다. 그러므로 *args와 **kwargs를 인자로 지정해 줘서 모든 형태의 인자를 받을 수 있도록 한다.
- ❺ : f 함수를 실행시켜 리턴해 준다. 즉 해당 decorator 함수가 실행되고 난 후에 decorator가 적용된 함수를 호출해 주는 것이다.
- ❻ : decorator 함수를 리턴해 준다.
- ❼ : ❷에서 만든 decorator 함수를 ❽의 함수에 적용해 준다.
- ❽ : ❷에서 만든 decorator 함수가 적용되는 함수다.

위에서 만든 func 함수를 호출하면 다음과 같은 결과를 볼 수 있다. decorator 함수의 출력물이 먼저 출력되고, 그다음에 func 함수의 print 문이 실행되는 것을 볼 수 있다.

```
>>> func()
Decorated Function
Calling func function
```

인증 decorator 함수

이제 인증 절차를 위한 decorator 함수를 만들어 보자. 인증 엔드포인트를 통해 생성된 JWT access token을 프론트엔드는 HTTP 요청에서 헤더에 포함시켜 보내게 된다. "Authorization" 헤더에 포함시켜 보내게 되는데, 인증 decorator 함수는 전송된 HTTP 요청에서 "Authorization" 헤더 값을 읽어 들여서 JWT access token을 읽어 들인 후 복호화해서 사용자 아이디를 읽어 들임으로써 해당 사용자의 로그인 여부를 결정하게 된다.

```python
import jwt

from functools import wraps
from flask     import request, Response

def login_required(f):                                          ❶
    @wraps(f)                                                   ❷
    def decorated_function(*args, **kwargs):
        access_token = request.headers.get('Authorization')     ❸
        if access_token is not None:                            ❹
            try:
                payload = jwt.decode(access_token, current_app.
                config['JWT_SECRET_KEY'], 'HS256')              ❺
            except jwt.InvalidTokenError:
                payload = None                                  ❻

            if payload is None: return Response(status=401)     ❼

            user_id  = payload['user_id']                       ❽
            g.user_id = user_id
            g.user    = get_user_info(user_id) if user_id else None
        else:
            return Response(status = 401)                       ❾


        return f(*args, **kwargs)
    return decorated_function
```

194

- ❶ : login_required decorator 함수를 지정한다. login_required decorator 함수가 적용된 함수는 해당 사용자가 로그인을 이미 한 상태에만 실행될 수 있다.
- ❷ : functools 라이브러리의 wraps decorator 함수를 적용해서 decorator 함수를 구현한다.
- ❸ : 전송된 HTTP 요청에서 "Authorization" 헤더 값을 읽어 들여 access token을 얻는다.
- ❹ : authorization 헤더가 전송되었다면 access token을 복호화하여 payload JSON을 읽어 들이도록 한다. 만일 access_token이 None이라면 authorization 헤더가 전송되지 않았다는 뜻이므로 인증 허가를 하지 않도록 한다.
- ❺ : access token을 복호화하여 payload JSON을 읽어 들인다. jwt 모듈의 decode 함수는 JWT access token을 복호화할 뿐만 아니라 토큰이 해당 백엔드 API 서버에서 생성된 토큰이 맞는지 확인하는 절차도 실행한다. 이러한 절차를 실행하기 위해서는 해당 JWT의 signature 부분을 암호화할 때 사용한 secret key가 필요하다. 여기서는 config에서 JWT_SECRET_KEY 필드 값을 읽어 들여 secret key를 읽어 들인다. 앞서 본 login 엔드포인트에서 JWT 토큰을 생성할 때 사용한 동일한 secret key다.
- ❻ : 만일 exception이 일어나면 JWT를 복호화하는 데 문제가 있었다는 뜻이다.
- ❼ : payload가 none이라는 것은 문제가 있다는 뜻이므로 Unauthorized 401 응답을 보낸다.
- ❽ : JWT에서 복호화한 payload JSON에서 user_id를 읽어 들인다. 그리고 해당 사용자 아이디를 사용해서 데이터베이스에서 사용자 정보도 읽어 들이도록 한다. get_user_info 함수는 주어진 사용자 아이디를 바탕으로 데이터베이스에서 사용자 정보를 읽어 들이는 함수다.

- **❾** : **❹**에서 authorization 함수가 전송되지 않은 경우 Unauthorized 401 응답을 보낸다.

인증 decorator 적용하기

인증 decorator 함수를 만들었으니 이제 실제로 적용해 보도록 하자. 앞서 언급했듯이 미니터 API에서 로그인을 해야만 사용할 수 있는 엔드포인트는 tweet, follow, 그리고 unfollow 엔드포인트들이다. 인증 decorator를 적용하는 법은 간단하다. 다음과 같이 적용하기 원하는 함수의 signature 부분 위에 명시해 주면 된다.

```
@app.route('/tweet', methods=['POST'])
@login_required
def tweet():
    user_tweet       = request.json
    user_tweet['id'] = g.user_id
    tweet            = user_tweet['tweet']

    if len(tweet) > 300:
        return '300자를 초과했습니다', 400

    insert_tweet(user_tweet)

    return '', 200

@app.route('/follow', methods=['POST'])
@login_required
def follow():
    payload = request.json
    insert_follow(payload)

    return '', 200

@app.route('/unfollow', methods=['POST'])
@login_required
```

```
def unfollow():
    payload = request.json
    insert_unfollow(payload)

    return '', 200
```

- ❶ : route decorator를 먼저 적용시킨다. 앞서 언급했듯이 route는 적용된 함수를 Flask 엔드포인트로 변경시켜 주는 decorator 함수다. 그러므로 이 경우 route decorator 함수와 login_required decorator 함수까지 2개의 decorator를 적용시켜야 한다. 이렇게 하나 이상의 decorator를 적용시킬 때 순서가 중요하다. 먼저 적용하는 decorator가 먼저 실행되기 때문이다. 그러므로 이 경우 route decorator를 먼저 적용해서 해당 함수가 엔드포인트로 지정되도록 해주는 게 중요하다.
- ❷ : route decorator를 먼저 적용시킨 후 login_required decorator를 적용시켜 준다.

이제 tweet, follow, 그리고 unfollow 엔드포인트에 login_required decorator를 적용시켰으니 해당 엔드포인트들을 실행시키기 위해서는 먼저 로그인을 해야 한다. 그렇지 않으면 다음과 같이 401 응답이 리턴된다.

```
$ http -v POST localhost:5000/tweet tweet="hello world"
POST /tweet HTTP/1.1
Accept: application/json, */*
Accept-Encoding: gzip, deflate
Connection: keep-alive
Content-Length: 24
Content-Type: application/json
Host: localhost:5000
User-Agent: HTTPie/1.0.0

{
    "tweet": "hello world"
```

```
}
HTTP/1.0 401 UNAUTHORIZED
Content-Length: 0
Content-Type: text/html; charset=utf-8
Date: Sat, 24 Nov 2018 11:48:34 GMT
Server: Werkzeug/0.14.1 Python/3.7.1
```

그러므로 먼저 로그인 엔드포인트를 호출해서 인증 절차를 거친 후 access token을
생성해야 한다.

```
$ http -v POST localhost:5000/login email=songew@gmail.com
password=test1234
POST /login HTTP/1.1
Accept: application/json, */*
Accept-Encoding: gzip, deflate
Connection: keep-alive
Content-Length: 50
Content-Type: application/json
Host: localhost:5000
User-Agent: HTTPie/1.0.0

{
    "email": "songew@gmail.com",
    "password": "test1234"
}

HTTP/1.0 200 OK
Content-Length: 146
Content-Type: application/json
Date: Sat, 24 Nov 2018 11:36:10 GMT
Server: Werkzeug/0.14.1 Python/3.7.1

{
    "access_token": "eyJ0eXAiOiJKV1QiLCJhbGciOiJIUzI1NiJ9.eyJ1c2VyX2lk
    IjoyLCJleHAiOjE1NDMxNDU3NzB9.NX4e9MWC9de2AA8aFd2jQNZgq0AtBCFRJsLHTn
    GVce4"
}
```

로그인 엔드포인트를 사용하여 인가 절차를 거친 후 생성된 access token을 HTTP 요청의 authorization 헤더 값으로 지정해서 HTTP 요청을 전송해야 엔드포인트가 실행된다.

```
$ http -v POST localhost:5000/tweet tweet="hello world" "Authorization:
eyJ0eXAiOiJKV1QiLCJhbGciOiJIUzI1NiJ9.eyJ1c2VyX2lkIjoyLCJleHAiOjE1NDMxN
DY2NDN9.LjLfsl-twSUlVC0K6pLw0PkQoUfmfgeNbr-eH1TO000"

POST /tweet HTTP/1.1
Accept: application/json, */*
Accept-Encoding: gzip, deflate
Authorization: eyJ0eXAiOiJKV1QiLCJhbGciOiJIUzI1NiJ9.eyJ1c2VyX2lkIjoyLC
JleHAiOjE1NDMxNDY2NDN9.LjLfsl-twSUlVC0K6pLw0PkQoUfmfgeNbr-eH1TO000
Connection: keep-alive
Content-Length: 24
Content-Type: application/json
Host: localhost:5000
User-Agent: HTTPie/1.0.0

{
    "tweet": "hello world"
}

HTTP/1.0 200 OK
Content-Length: 0
Content-Type: text/html; charset=utf-8
Date: Sat, 24 Nov 2018 11:54:13 GMT
Server: Werkzeug/0.14.1 Python/3.7.1
```

여기서 한 가지 더 이야기할 것은 /tweet 엔드포인트를 호출할 때 사용자 아이디를 더 이상 지정해 주지 않아도 된다는 것이다. login_required decorator에서 이미 해당 사용자의 인증 절차를 거치면서 사용자 아이디를 읽어 들였기 때문이다. 당연히 이렇게 인증 절차를 통해서 해당 사용자의 정보를 얻는 것이 보안적으로 훨씬 더 안전하다. 5장에서 구현한 /tweet 엔드포인트는 누구나 사용자 아이디 부분을 임의로 정해서 트윗을 보낼 수 있었다면, 이제는 인증된 사용자만 본인의 계정으로 트윗을 보낼 수 있다.

```
@app.route('/tweet', methods=['POST'])
@login_required
def tweet():
    user_tweet       = request.json
    user_tweet['id'] = g.user_id              ❶
    tweet            = user_tweet['tweet']

    if len(tweet) > 300:
      return '300자를 초과했습니다', 400

    insert_tweet(user_tweet)

    return '', 200
```

- ❶ : login_required decorator 함수에서 인증 절차에서 읽어 들인 user_id를 사용한다.

인증 decorator 함수를 적용한 api 코드는 다음과 같다. 전체 코드는 이 책의 깃허브 리포지토리(https://github.com/rampart81/python-backend-book/7)에서 확인할 수 있다.

```
import jwt
import bcrypt

from flask      import Flask, request, jsonify, current_app, Response, g
from flask.json import JSONEncoder
from sqlalchemy import create_engine, text
from datetime   import datetime, timedelta
from functools  import wraps

## Default JSON encoder는 set를 JSON으로 변환할 수 없다.
```

```python
## 그러므로 커스텀 엔코더를 작성해서 set을 list로 변환하여
## JSON으로 변환 가능하게 해주어야 한다.
class CustomJSONEncoder(JSONEncoder):
    def default(self, obj):
        if isinstance(obj, set):
            return list(obj)

        return JSONEncoder.default(self, obj)

def get_user(user_id):
    user = current_app.database.execute(text("""
        SELECT
            id,
            name,
            email,
            profile
        FROM users
        WHERE id = :user_id
    """), {
        'user_id' : user_id
    }).fetchone()

    return {
        'id'      : user['id'],
        'name'    : user['name'],
        'email'   : user['email'],
        'profile' : user['profile']
    } if user else None

def insert_user(user):
    return current_app.database.execute(text("""
        INSERT INTO users (
            name,
            email,
            profile,
            hashed_password
        ) VALUES (
            :name,
            :email,
            :profile,
```

```python
            :password
        )
    """), user).lastrowid

def insert_tweet(user_tweet):
    return current_app.database.execute(text("""
        INSERT INTO tweets (
            user_id,
            tweet
        ) VALUES (
            :id,
            :tweet
        )
    """), user_tweet).rowcount

def insert_follow(user_follow):
    return current_app.database.execute(text("""
        INSERT INTO users_follow_list (
            user_id,
            follow_user_id
        ) VALUES (
            :id,
            :follow
        )
    """), user_follow).rowcount

def insert_unfollow(user_unfollow):
    return current_app.database.execute(text("""
        DELETE FROM users_follow_list
        WHERE user_id = :id
        AND follow_user_id = :unfollow
    """), user_unfollow).rowcount

def get_timeline(user_id):
    timeline = current_app.database.execute(text("""
        SELECT
            t.user_id,
            t.tweet
        FROM tweets t
        LEFT JOIN users_follow_list ufl ON ufl.user_id = :user_id
```

```
            WHERE t.user_id = :user_id
            OR t.user_id = ufl.follow_user_id
    """), {
            'user_id' : user_id
    }).fetchall()

    return [{
        'user_id' : tweet['user_id'],
        'tweet'   : tweet['tweet']
    } for tweet in timeline]

def get_user_id_and_password(email):
    row = current_app.database.execute(text("""
        SELECT
            id,
            hashed_password
        FROM users
        WHERE email = :email
    """), {'email' : email}).fetchone()

    return {
        'id'              : row['id'],
        'hashed_password' : row['hashed_password']
    } if row else None


#########################################################
#       Decorators
#########################################################
def login_required(f):
    @wraps(f)
    def decorated_function(*args, **kwargs):
        access_token = request.headers.get('Authorization')
        if access_token is not None:
            try:
                payload = jwt.decode(access_token, current_app.
                config['JWT_SECRET_KEY'], 'HS256')
            except jwt.InvalidTokenError:
                payload = None

            if payload is None: return Response(status=401)
```

```
            user_id   = payload['user_id']
            g.user_id = user_id
            g.user    = get_user(user_id) if user_id else None
        else:
            return Response(status = 401)

        return f(*args, **kwargs)
    return decorated_function

def create_app(test_config = None):
    app = Flask(__name__)

    app.json_encoder = CustomJSONEncoder

    if test_config is None:
        app.config.from_pyfile("config.py")
    else:
        app.config.update(test_config)

    database     = create_engine(app.config['DB_URL'], encoding = 'utf-
8', max_overflow = 0)
    app.database = database

    @app.route("/ping", methods=['GET'])
    def ping():
        return "pong"

    @app.route("/sign-up", methods=['POST'])
    def sign_up():
        new_user     = request.json
        new_user['password'] = bcrypt.hashpw(
            new_user['password'].encode('UTF-8'),
            bcrypt.gensalt()
        )

        new_user_id = insert_user(new_user)
        new_user    = get_user(new_user_id)

        return jsonify(new_user)
```

```python
@app.route('/login', methods=['POST'])
def login():
    credential      = request.json
    email           = credential['email']
    password        = credential['password']
    user_credential = get_user_id_and_password(email)

    if user_credential and bcrypt.checkpw(password.encode('UTF-8'),
    user_credential['hashed_password'].encode('UTF-8')):
        user_id = user_credential['id']
        payload = {
            'user_id' : user_id,
            'exp'     : datetime.utcnow() + timedelta(seconds = 60 *
            60 * 24)
        }
        token = jwt.encode(payload, app.config['JWT_SECRET_KEY'],
        'HS256')

        return jsonify({
            'access_token' : token.decode('UTF-8')
        })
    else:
        return '', 401

@app.route('/tweet', methods=['POST'])
@login_required
def tweet():
    user_tweet       = request.json
    user_tweet['id'] = g.user_id
    tweet            = user_tweet['tweet']

    if len(tweet) > 300:
        return '300자를 초과했습니다', 400

    insert_tweet(user_tweet)

    return '', 200

@app.route('/follow', methods=['POST'])
```

```
@login_required
def follow():
    payload        = request.json
    payload['id'] = g.user_id

    insert_follow(payload)

    return '', 200

@app.route('/unfollow', methods=['POST'])
@login_required
def unfollow():
    payload        = request.json
    payload['id'] = g.user_id

    insert_unfollow(payload)

    return '', 200

@app.route('/timeline/<int:user_id>', methods=['GET'])
def timeline(user_id):
    return jsonify({
        'user_id'  : user_id,
        'timeline' : get_timeline(user_id)
    })

return app
```

샘플 프론트엔드 시스템

이제 미니터 API가 어느 정도 온전한 모습을 갖추었다. 데이터베이스와 연결도 되었고, 인증 엔드포인트도 구현되었다. 그러나 아직 이러한 API 시스템이 실제로 프론트엔드와 어떻게 연결되어 사용되는지 감이 확실히 오지 않는 독자들도 있을 것이다. 그래서 미니터 API가 프론트엔드 시스템과 어떻게 연결되어 실행될 수 있는지 보여 주기 위해 샘플(sample) 프론트엔드 시스템을 다음 깃허브 리포지토리에 올려 놓았다.

```
https://github.com/Yeri-Kim/python-tutorial-frontend
```

먼저, 클론(clone)을 해서 샘플 프론트엔드 시스템 코드를 내려받도록 하자. 그 후 샘플 프론트엔드 코드가 있는 디렉터리로 변경한 후 다음 파이썬 명령어를 터미널 상에서 실행하여서 샘플 프론트엔드를 실행하자. 샘플 프론트엔드가 로컬 호스트의 8000번 포트에서 실행될 것이다.

```
$ python -m http.server
```

- 파이썬 3 환경에서만 실행된다. 그러므로 파이썬 가상 환경을 활성화한 후 실행하도록 하자.

샘플 프론트엔드 시스템은 미니터 API가 로컬 호스트의 5000번 포트에서 실행되고 있다고 가정한다. 지금까지 API를 실행한 방식으로 동일하게 실행하면 로컬 호스트 5000번에서 실행된다. 그러므로 혹시 API가 실행이 안 되어 있다면 새로운 터미널 창에서 API를 실행하도록 하자.

참고로, 샘플 프론트엔드와 연결시키기 위해 API에 몇 가지 추가적인 수정 사항이 필요하다. 먼저, API URL 도메인 주소와 프론트엔드 URL 도메인 주소가 달라서 생기는 문제인 CORS 문제를 해결해 주어야 한다. 다음 라이브러리를 설치하도록 하자.

```
pip install flask-cors
```

그 후 create_app 함수 안에 다음과 같이 CORS를 적용시켜 주자.

```
CORS(app)
```

CORS를 적용시킨 후 create_app 함수의 도입 부분은 다음과 같을 것이다.

```python
def create_app(test_config = None):
    app = Flask(__name__)

    CORS(app)

    # More code below
    ...
```

그리고 다음의 엔드포인트를 추가로 더해 주도록 하자.

```python
@app.route('/timeline', methods=['GET'])
@login_required
def user_timeline():
    user_id = g.user_id

    return jsonify({
        'user_id' : user_id,
        'timeline' : get_timeline(user_id)
    })
```

https://github.com/rampart81/python-backend-book/8/app.py 파일을 참고하여 API를 수정해 주도록 하자.

그 후 웹 브라우저로 http://localhost:8000/sign-up.html 주소로 접속하자. 다음과 같은 화면이 렌더링될 것이다.

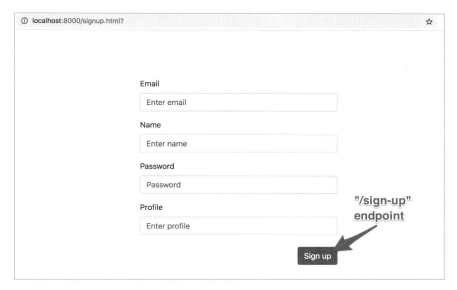

[그림 7-3] 샘플 프론트엔드 회원가입 화면

필요한 정보를 입력하고 "Sign up" 버튼을 클릭하면 방금 입력한 회원 정보가 미니
터 API의 /sign-up 엔드포인트로 전송된다. 미니터 API에서는 전송된 데이터를 데
이터베이스에 저장함으로써 새로운 사용자를 생성한 후 200 OK를 응답으로 프론트
엔드에 전송한다. 그러면 프론트엔드 시스템에서는 로그인(http://localhost:8000/
login.html) 화면으로 넘어간다.

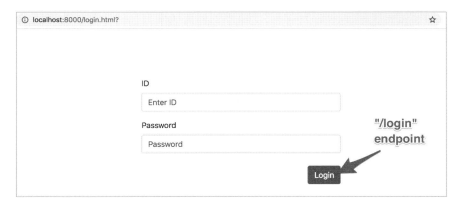

[그림 7-4] 샘플 프론트엔드 로그인 화면

로그인 페이지에서 방금 가입한 사용자의 이메일과 비밀번호를 입력한 후 "Login" 버튼을 클릭하자. 그러면 방금 입력한 사용자의 이메일과 비밀번호가 미니터 API의 /login 엔드포인트로 전송된다. 미니터 API에서는 전송된 사용자의 이메일과 비밀번호로 인증 과정을 진행하고, 인증이 되면 access code를 프론트엔드에 200 OK 응답과 함께 전송한다. 프론트엔드는 인증 과정에 오류 없이 진행되면 API 서버에서 전송해 준 access code를 저장한 후 타임라인 페이지로 넘어간다. 타임라인 페이지에서 왼쪽 상단에 있는 "follow"와 "unfollow" 버튼들은 각각 /follow와 /unfollow 엔드포인트와 연결되어 있다. 상단에 있는 "tweet" 기능은 /tweet 엔드포인트와 연결되어 있고, 하단에 있는 트윗 리스트들은 timeline 엔드포인트와 연결되어 있는 것이다.

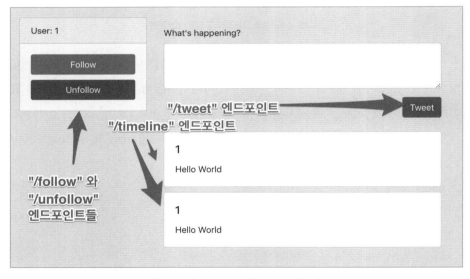

[그림 7-5] 샘플 프론트엔드 타임라인 화면

이렇게 프론트엔드 시스템은 사용자가 해당 시스템을 사용할 수 있도록 UIUX를 제공한다. 그리고 UIUX를 통하여 사용자의 인풋을 받아서 백엔드 API에 전송하면 백엔드 API에서는 필요한 비즈니스 로직을 구현하여 데이터 연산을 실행하고, 데이터

210

베이스에 데이터를 저장하거나 필요한 데이터를 데이터베이스에서 읽어 들여서 프론트엔드에 전송하면 프론트엔드에서는 UIUX를 통해 데이터들을 사용자에게 보여준다.

7장 정리

7장에서는 인증에 대해서 자세히 알아보았다. 또한, 사용자 비밀번호를 암호화하는 방식에 대해서 알아보았고, 사용자가 이미 로그인했는지에 대한 정보를 전달해 주는 access token에 대해서도 알아보았다. access token을 구현하는 방법인 JWT에 대해서 자세히 알아보았다. 마지막으로, 인증된 사용자만 사용할 수 있는 엔드포인트들을 설정하기 위해 decorator를 통해 엔드포인트들을 사용하기 전에 인증 절차를 거치게 하는 방법을 구현해 보았다.

- 인증 절차는 대부분의 API들이 필요로 하는 기능이다.
- 사용자 비밀번호는 꼭 단방향 해시 암호화해서 저장해야 한다. 그리고 bcrypt와 같이 rainbow attack을 막아 주는 단방향 암호 알고리즘을 사용하는 것이 더욱 안전하다.
- HTTP 통신은 stateless이므로 해당 통신 전에 인증 절차를 거치는 통신이 있었는지에 대해서 알 수 없다. 그러므로 모든 HTTP 통신에 인증 여부 정보를 첨부해야 한다. 이러한 것을 가능케 해주는 것이 access token이다.
- access token은 JWT(JSON Web Token)을 사용해서 생성될 수 있다. JWT를 생성할 때 조심해야 할 점은 민감한 사용자의 개인정보는 포함시키지 말아야 한다는 것이다.
- 인증 절차를 엔드포인트들에 적용시키기 위해서 decorator를 사용할 수 있다.

unit test

이번 장에서는 개발한 시스템이 정상적으로 작동하는지 확인하는 과정인 테스트 (test)에 대해서 알아보도록 하겠다. 먼저, 다양한 테스트 전략 및 방법에 대해서 알아볼 것이다. 그중에서도 특히 단위 테스트라고도 하는 unit test에 대해서 자세히 알아볼 것이며, 실제로 구현해 볼 것이다. 또한, 미니터 API를 테스트하는 unit test를 구현하여 미니터 API가 제대로 구현되었는지 확인해 볼 것이다.

- test 자동화의 중요성
- UI test / End-To-End test
- integration test
- unit test
- test pyramid
- unit test 구현하기

테스트 자동화의 중요성

시스템을 테스트하는 주제에서 가장 먼저 이야기해야 할 점은, 시스템 테스트에서 가장 중요한 것은 테스트의 자동화다. 많은 시스템들이 매뉴얼 테스트(manual test), 즉 사람이 직접 실행하는 테스트만을 거친다. 사람이 직접 테스트하는 매뉴얼 테스트도 나름 장점이 있기도 하다. 매뉴얼 테스트의 장점은 누구나 직관적으로, 큰 계획 없이 테스트를 실행할 수 있다는 것이다. 하지만 매뉴얼 테스트의 단점은, 사람이 직접 실행하다 보니 테스트 실행 속도도 느리고 시간도 오래 걸려서 자주 실행하기가 힘들고, 또한 부정확할 확률이 높다는 것이다.

특히 인력과 시간이 부족할 수밖에 없는 스타트업이나 소규모 기업에서 테스트를 주먹구구식으로 실행할 때가 많다. 아무래도 최우선 순위가 시스템 개발을 최대한 빨리 완료하여 서비스를 출시하는 것이므로 테스트는 상대적으로 신경 쓰지 못한다. 그러다가 첫 출시 혹은 큰 출시가 있을 때 팀원들 모두가 다같이 매뉴얼 테스트를 실행하여 시스템 검증을 하는 경우가 많다. 처음 몇 번은 이렇게 할 수 있다. 그리고 가끔 큰 출시가 있을 때 이렇게 모든 팀원들이 힘을 합쳐 매뉴얼 테스트를 실행할 수 있다. 하지만 이렇게 매번 하기는 힘들 것이다. 다들 본래의 업무로 바쁘고 또한 지치기 때문에 매번 신경 써서 매뉴얼 테스트를 하기 힘들다. 그러므로 큰 출시가 아닌 이상 신경 써서 테스트하지 않고 대충하기 십상이다. 하지만 이럴 때 큰 시스템 버그가 생길 확률이 높다.

그래서 시스템을 테스트할 때 중요한 것 중 하나가 테스트 자동화다. 테스트를 최대한 자동화해서 테스트가 반복적으로, 그리고 자주 실행될 수 있도록 해야 하며, 또한 항상 정확하게, 그리고 빠지는 부분이 없도록 테스트가 실행되도록 하는 것이 굉장히 중요하다.

시스템을 테스트하는 방법은 크게 다음 3가지로 나눌 수 있다(다음 3가지 외에도 performance test, load test 등 속도나 확장성 관련한 테스트들도 있지만, 기능만 고려했을 때는 다음 3가지 테스트 방법으로 나눌 수 있다).

- UI test / End-To-End test
- integration test
- unit test

이 중 우리가 가장 자세히 이야기 나눌 부분은 단위 테스트라고도 하는 unit test다. 하지만 다른 테스트 방법들에 대해서도 간략하게 알아보도록 하자.

UI test / End-To-End test

먼저, End-To-End test라고도 불리는 UI test에 대해서 알아보자. UI test는 이름 그대로 시스템의 UI(User Interface)를 통해서 테스트하는 것이다. 웹사이트를 예를 들어 보자. 웹 브라우저를 통해서 웹사이트를 실제로 접속하고 UI에 직접 입력하고 클릭하는 등을 통해서 기능이 정상적으로 작동하고 화면이 정상적으로 작동하는지 테스트해 보는 방식이 UI test다.

UI test의 장점은 사용자가 실제로 시스템을 사용하는 방식과 가장 동일하게 테스트 하게 된다는 점이다. 그러므로 가장 확실하게 테스트할 수 있게 된다.

단점은, UI test / End-To-End test는 시간이 가장 많이 소요되는 테스트라는 것 이다. 프론트엔드부터 백엔드까지 모든 시스템을 실행시키고 연결해야 할 수 있는 테스트이므로 설정하는 시간도 걸리며, 실제 실행 속도도 느릴 수밖에 없다. 또 다른 단점은 다른 테스트 방법들에 비해 자동화하기가 가장 까다롭다는 것이다. 셀레니엄 (Selenium) 같은 UI test 프레임워크를 사용하여 어느 정도 자동화가 가능하다. 다 만 아직 100% 자동화하기에는 까다로운 부분이 있을 수 있다. 특히 디자인에 대한 부분, 즉 화면 렌더링(rendering)이 웹 디자이너가 디자인한 대로 제대로 렌더링되

느지의 여부는, 사람의 눈으로 보면 금방 알 수 있지만 자동화시키기에는 아직 많이 까다로운 부분이다.

UI test는 사용자가 사용하는 것과 동일한 방식으로 테스트를 한다는 장점 때문에 꼭 필요한 테스트지만 앞서 언급한 단점들 때문에 다른 테스트 방식에 비해 비중을 가장 적게 두어야 하는 테스트 방식이다. 전체 테스트 중 대략 10% 정도만 UI test 방식을 통해 실행하는 것을 추천한다.

integration test

우리가 이제까지 미니터 API를 개발하면서 해왔던 방식이 integration test다. 앞 장들에서 미니터 API를 개발한 후 어떻게 테스트했는지 기억해 보자. 먼저, API 서버를 로컬에서 실행시킨 후 터미널에서 테스트용 HTTP 요청(request)을 로컬에서 실행되고 있는 API 서버에 전송하여 올바른 HTTP 응답(response)이 리턴되는지 확인하는 방식으로 테스트를 해왔다. 이러한 방식이 integration test다. 즉, 테스트하고자 하는 서버를 실제로 실행시키고, 테스트 HTTP 요청(혹은 HTTP가 아니더라도 해당 서버를 작동시킬 수 있는 요청이나 명령어)을 실행하여 테스트해 보는 방식이다.

실제 시스템을 실행시켜서 진행하는 테스트라는 점에서 앞서 보았던 UI test / End-To-End test와 비슷한 점이 있으나, UI test는 서비스를 구성하는 모든 시스템을 실행하고 연결한 후 테스트를 진행해야 하나 integration test는 테스트하고자 하는 해당 시스템만 실행시켜 테스트한다는 점에서 다르다.

예를 들어, 미니터(Miniter) 서비스를 구성하는 시스템은 총 3개가 있다고 가정해 보자. 미니터의 웹사이트를 구현하는 프론트엔드 시스템, 미니터의 백엔드 API 시스템, 그리고 미니터의 태그 검색 시스템, 이렇게 3개의 시스템이 있다고 가정할 때,

시스템 3개 모두 실행시키고 연결한 후 웹사이트를 실제로 이용해서 테스트하는 것이 UI test다. 그리고 미니터 백엔드 API 시스템만을 실행한 후 테스트 HTTP 요청들을 전송하여 테스트하는 방식이 integration test다.

하나의 시스템만 실행해서 테스트하므로 UI test에 비해 테스트 설정이나 실행 시간이 더 짧고 간단하다. 그리고 대부분의 integration test는 백엔드 API 시스템처럼 UI적인 요소가 없는 백엔드 시스템에 실행하기 때문에 자동화하기에도 UI test보다 더 용이하다. 하지만 그럼에도 불구하고 실제로 시스템을 실행해서 테스트를 진행해야 하므로 여전히 까다로운 부분이 존재하며 unit test에 비해 자동화에 걸리는 공수가 더 크고 실행 속도도 더 느릴 수밖에 없다. 그러므로 integarton test는 전체 테스트 중 대략 20% 정도만 할당하는 것을 추천한다.

unit test

unit test는 앞서 보았던 UI test나 integration test처럼 시스템을 실제로 실행하여 테스트를 진행하는 방식과는 많이 다르다. unit test는 시스템을 테스트한다는 개념보다는 코드를 직접 테스트하는 개념이다. 코드를 테스트하는 코드를 작성해서 테스트를 한다. 즉, 코드로 코드를 테스트한다고 생각하면 된다.

말로만 설명하면 선뜻 이해가 어려울 수 있으니 간단한 예제를 통해 설명해 보겠다. 다음에서 볼 수 있는 multiply_by_two 함수는 인자로 주어진 값에 단순히 2를 곱한 후 리턴해 주는 아주 단순한 함수다.

```
def multiply_by_two(x):
    return x * 2
```

multiply_by_two 함수를 테스트하기 위해서는 어떻게 해야 할까? 간단하다.

multiply_by_two 함수를 호출한 후 결괏값이 예상하는 값과 동일한지 확인하는 코드를 구현해서 실행하면 된다.

```
assert multiply_by_two(2) == 4    ❶
```

- ❶ : assert는 그다음에 오는 표현이 False일 경우 AssertionError 익셉션(exception)을 던진다. 그러므로 만일 multiply_by_two(2)의 결괏값이 4가 아닐 경우 AssertionError가 발생할 것이다(다행히 multiply_by_two(2)은 4를 리턴한다).

방금 구현한 코드가 바로 unit test다. 코드로 코드를 테스트하므로 자동화는 100% 가능하며, 언제든지 반복적으로 실행시킬 수 있다. 또한, 당연하게 실행 속도도 굉장히 빠르다.

이러한 방식으로 모든 함수 혹은 메소드를 테스트하는 것이다. unit test라는 이름에서 unit라는 단어가 들어가 있는 이유는 테스트가 가능한 코드의 unit(단위)들을 테스트한다는 의미이다. 그리고 테스트 가능한 코드 unit들은 일반적으로 함수(그리고 메소드)다. 그러므로 함수나 메소드를 호출한 후 결괏값을 확인하는 코드를 실행함으로써 unit test를 실행하는 것이다.

unit test의 장점은 여러 가지가 있다. 먼저, 실행하기가 쉬우며 실행 속도도 빠르다. 또한 무엇보다 큰 장점은, 디버깅이 비교적 쉽다는 것이다. 함수 단위로 테스트를 함으로써 문제가 있을 경우 파악이 비교적 쉬울 수밖에 없다.

단점은, 아무래도 함수 단위로 테스트를 하다 보니 전체적인 부분을 테스트하기에는 제한적일 수밖에 없다. 모든 함수가 제대로 작동하는 것을 테스트했다고 하더라도 전체적인 하나의 서비스로 연결되어 실행되었을 때도 정상적으로 작동하는지에 대해서는 확신하기 힘들다. 이러한 단점을 integration test와 UI test를 통해 보완하는 것이다. 그러므로 전체적인 테스트의 10%는 UI test, 20%는 integration test, 그리고 나머지 70%를 unit test로 구성하는 것이다.

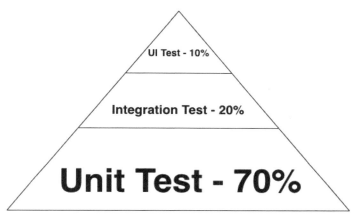

이제 본격적으로 unit test를 구현해 보도록 하자.

pytest

파이썬 3에서는 unittest라는, unit test 코드를 구현하는 데 사용하는 모듈이 이미 포함되어 있다. 하지만 이 책에서는 외부 라이브러리인 pytest를 사용하여 unit test를 구현할 것이다. 굳이 외부 라이브러리를 사용하는 이유는 pytest가 파이썬 3의 unittest보다 사용하기가 훨씬 직관적이기 때문이다. 또한, unit test 코드도 unittest를 사용해서 구현했을 때보다 더 간결하게 만들기 쉽다.

pytest는 pip을 사용해서 간단하게 설치할 수 있다.

```
pip install pytest
```

pytest를 사용해서 unit test를 구현하고 실행하기 위해서는 몇 가지 알아야 할 점들이 있다. 먼저, pytest는 파일 이름의 앞부분에 test_라고 되어 있는 파일들만 테스트 파일로 인식하고 실행한다. 예를 들어, test_example.py 파일 그리고 example.py 이렇게 2개의 파일이 있다고 할 때 pytest는 test_example.py 파일만 실행한다.

함수도 마찬가지다. 함수 이름 앞부분에 test_라고 되어 있는 함수들만 실제 unit test 함수로 인식하고 실행시킨다.

앞서 본 multiply_by_two 함수를 다시 예를 들어 보자. multiply_by_two 함수를 테스트하는 unit test 파일은 다음과 같을 것이다.

```
# test_multiply_by_two.py

def multiply_by_two(x):
    return x * 2

def test_multiply_by_two():          ❶
    assert multiply_by_two(4) == 7   ❷
```

- ❶ : multiply_by_two 함수를 테스트하는 unit test 함수다. 함수 이름 앞부분이 test_ 로 시작되어야 pytest가 unit test로 인식하고 실행한다.
- ❷ : multiply_by_two(4) 가 7을 리턴하는지 테스트한다. 물론 8을 리턴해야 정상이므로 이 부분은 실행하게 되면 AssertionError가 발생할 것이다.

앞의 unit test 코드를 test_multiply_by_two.py라는 이름의 파일로 저장한 후 다음과 같이 pytest 명령어를 사용하여 실행해 보자.

```
$ pytest
========================= test session starts =========================
platform darwin -- Python 3.6.3, pytest-3.2.1, py-1.4.34, pluggy-0.4.0
rootdir: /Users/song-eun-u/Projects/personal-notes/book-python-backend-
```

```
for-beginner/codes/7, inifile:
collected 1 item


test_multiply_by_two.py F


=============================== FAILURES ================================
_____ test_multiply_by_two _____
    def test_multiply_by_two():
>       assert multiply_by_two(4) == 7
E    assert 8 == 7
E     + where 8 = multiply_by_two(4)


test_multiply_by_two.py:5: AssertionError
====================== 1 failed in 0.03 seconds ========================
```

test_multiply_by_two unit test 함수가 실패(failure)한 것을 볼 수 있다. 어느 부분이 문제인지 자세한 내용도 같이 나오므로 디버깅하기가 수월하다.

문제가 되는 부분을 다음과 같이 수정하도록 하자.

```
# test_multiply_by_two.py

def multiply_by_two(x):
    return x * 2

def test_multiply_by_two():
    assert multiply_by_two(4) == 8        ❶
```

- ❶ : 4 * 2 = 8이므로 예상 값을 8로 수정하도록 하자.

test_multiply_by_two unit test 함수를 수정했으면 다시 한번 pytest 명령어를 실행하여 unit test를 실행하도록 하자. unit test가 전부 문제 없이 성공했다는 메시지를 볼 수 있을 것이다.

```
$ pytest
========================= test session starts =========================
platform darwin -- Python 3.6.3, pytest-3.2.1, py-1.4.34, pluggy-0.4.0
rootdir: /Users/song-eun-u/Projects/personal-notes/book-python-backend-
for-beginner/codes/7, inifile:
collected 1 item

test_multiply_by_two.py .

========================= 1 passed in 0.01 seconds =========================
```

미니터 API unit test

이제 미니터 API를 위한 unit test를 구현해 보도록 하자. 앞서 언급했듯이 unit test
는 일반적으로 함수를 테스트하는 코드다. 그리고 Flask에서는 엔드포인트들 또한
함수로 구현되어 있다. 그러므로 우리가 앞으로 구현할 unit test는 엔드포인트를 직
접 테스트할 수 있다는 장점이 있다. unit test이지만 어느 정도 integration test의
역할도 할 수 있는 것이다. 멋지지 않은가?

자, 그럼 먼저 test_endpoints.py라는 이름의 파일을 만들자. test_endpoints.py
파일에 우리의 unit test 코드를 구현할 것이다.

그다음으로 해야 할 일은 테스트용 데이터베이스를 만드는 것이다. 미니터 API의 코
드들을 제대로 테스트하기 위해서는 실제로 테스트 사용자 가입도 해보고 tweet도
생성해야 할 것이다. 그러므로 이러한 test 데이터를 저장하고 읽어 들일 unit test용
데이터베이스를 만들어야 한다. 6장을 참조하여 테스트용 데이터베이스를 만들도록
하자. 테이블은 6장에서 만든 것과 동일한 테이블을 만들면 된다. 그리고 unit test
에서 테스트용 데이터베이스에 접속해서 사용할 수 있도록 다음과 같이 test 데이터
베이스 접속 설정을 config.py 파일에 추가해 주도록 하자.

```
# config.py
test_db = {            ❶
    'user'     : 'test',
    'password' : 'password',
    'host'     : 'localhost',
    'port'     : 3306,
    'database' : 'test_db'
}

test_config = {        ❷
    'DB_URL' : f"mysql+mysqlconnector://{test_db['user']}:{test_
    db['password']}@{test_db['host']}:{test_db['port']}/{test_
    db['database']}?charset=utf8"
}
```

- ❶ : test 데이터베이스 접속 설정을 지정해 준다.
- ❷ : ❶의 지정해 준 test 데이터베이스 접속 설정을 기반으로 test 데이터베이스 접속 URL을 test_config이라는 딕셔너리에 지정해 준다.

다음은 test_endpint.py 파일에서 앞서 지정한 테스트 설정들을 읽어 들여 test 데이터베이스에 접속하도록 하자.

```
import config              ❶

from sqlalchemy import create_engine, text

database = create_engine(config.test_config['DB_URL'], encoding= 'utf-
8', max_overflow = 0)  ❷
```

- ❶ : confing 파일을 임포트하여 테스트 설정들을 읽어 들이도록 한다.
- ❷ : 테스트 설정을 읽어 들여 test 데이터베이스에 접속한다.

test 데이터베이스 설정을 완료했으면 이제 실제 엔드포인트들 중 하나를 테스트해 보도록 하자. 먼저 가장 간단한 엔드포인트부터 테스트해 보도록 하자. ping 엔드포인트를 테스트할 test_ping 함수를 구현하도록 하자.

아마 처음부터 막히는 부분이 있을 것이다. 앞서 보았던 multiply_by_two 함수의 경우 단순히 multiply_by_two 함수를 호출한 후 리턴 값을 확인하면 되었다. 하지만 ping 함수의 경우 단순히 호출하는 것은 의미가 없다. ping 엔드포인트에 GET 요청을 보내야 의미 있는 실행이 된다. 하지만 unit test 코드를 실행시키는 것이므로 실제로 API 서버가 실행되지는 않기 때문에 어떻게 GET HTTP 요청을 보낼 수 있을지 난감할 것이다. 다행히도 Flask에서는 unit test에서 엔드포인트들을 테스트할 수 있는 기능을 제공한다. Flask에서 제공하는 test_client 함수를 사용하여 엔드포인트들을 그들의 URI를 통해 호출하고 또한 데이터도 전송할 수 있다. 마치 실제로 HTTP 전송을 하는 듯한 효과를 볼 수 있는 것이다(물론 실제로 네트워크를 통한 HTTP 전송을 하는 것은 아니며 코드상에서(즉, 메모리에서만) 실행되는 것이다).

백문이 불여일견, 실제로 코드를 보도록 하자. test_client 메소드를 사용하기 위해서 먼저 테스트할 flask application을 생성해야 한다. 이 부분은 쉽다. 우리가 이미 구현한 미니터 API 코드에서 create_app 함수를 임포트하면 된다.

```
from app import create_app                    ❶

@pytest.fixture                               ❷
def api():                                    ❸
    app = create_app(config.test_config)      ❹
    app.config['TEST'] = True                 ❺
    api = app.test_client()                   ❻

    return api                                ❼
```

- ❶ : 미니터 API 소스 코드 파일인 app.py 파일에서 create_app 함수를 임포트한다.
- ❷ : pytest.fixture decorator를 적용한다. 이 decorator를 적용하는 것

이 굉장히 중요하다. fixture decorator가 적용된 함수와 같은 이름의 인자 (parameter)가 다른 test 함수에 지정되어 있으면 pytest가 알아서 같은 이름의 함수의 리턴 값을 해당 인자에 넣어 준다. 곧 자세히 볼 것이다.

- ❸ : fixture 함수 이름. 함수 이름이 중요한데, ❷에서 설명했듯이 동일한 이름의 인자를 해당 함수의 리턴 값으로 적용시켜 주기 때문이다.

- ❹ : ❶에서 임포트한 create_app 함수를 사용해서 우리가 테스트할 미니터 API 애플리케이션을 생성한다. 이때 설정을 test_config을 create_app 함수에 인자로 넘겨줌으로써 데이터베이스 등의 설정이 모두 테스트 설정이 적용되도록 한다.

- ❺ : TEST 옵션을 True로 설정해 줌으로써 Flask가 에러가 났을 경우 HTTP 요청 오류 부분은 핸들링하지 않음으로써 불필요한 오류 메시지는 출력되지 않게 한다.

- ❻ : test_client 함수를 호출해서 테스트용 클라이언트를 생성한다. 테스트용 클라이언트를 사용해서 URI 기반으로 원하는 엔드포인트들을 호출할 수 있게 된다.

- ❼ : ❻에서 호출한 test client를 리턴해 준다.

test client를 생성했으니 이제 test client를 사용해서 /ping 엔드포인트를 테스트하는 코드를 구현해 보자. 테스트 방식은 아주 간단하다. test client를 통해서 /ping URI에 GET 요청을 보내면 된다.

```
def test_ping(api):                ❶
    resp = api.get('/ping')        ❷
    assert b'pong' in resp.data    ❸
```

- ❶ : ping 엔드포인트를 테스트하는 함수다. 앞서 언급한 대로 함수 앞부분이 test_ 로 시작하여 test 함수로 인식된다. 또한, 여기서 중요한 것이 바로

api 인자다. pytest 커맨드를 실행해서 테스트들을 실행하므로 test 함수들에 인자를 넘겨주어 실행할 수 없다. 그런데도 인자가 지정되어 있는 이유는 pytest가 자동으로 지정된 인자와 동일한 이름을 가지고 있고, 또한 pytest.fixture decorator가 적용되어 있는 함수를 찾아서 해당 함수의 리턴 값을 인자에 적용시켜 주기 때문이다. 그러므로 여기서는 바로 앞서 구현한 api 함수의 리턴 값, 즉 test client가 자동으로 적용된다.

- ❷ : test client의 get 메소드를 통해서 가상의 GET 요청을 /ping URI와 연결되어 있는 엔드포인트에 보낸다.

- ❸ : ❷를 실행 후 리턴받은 응답(response)의 body에 "pong"이라는 텍스트가 포함되어 있는지 확인한다. 포함되어 있으면 정상적으로 작동한 것이므로 테스트가 성공한 것이며, 그렇지 않다면 실패한 것으로 간주된다. 여기서 "pong"이라는 스트링 앞에 붙은 b는 해당 스트링을 byte로 변환시켜 주는 역할을 한다. resp.data가 스트링이 아니라 byte이므로 byte로 변환해서 비교하는 것이다.

터미널에서 pytest 명령어를 실행해서 unit test를 실행하여 테스트가 성공하는지 확인해 보자.

```
$ pytest -p no:warnings -vv
========================= test session starts =========================
platform darwin -- Python 3.7.1, pytest-4.0.1, py-1.7.0, pluggy-0.8.0
-- /miniconda3/envs/book/bin/python
cachedir: .pytest_cache
rootdir: /Users/song-eun-u/Projects/book-python-backend-for-beginner/
codes/8, inifile:
collected 1 item

test_endpoints.py::test_ping PASSED
[100%]

======================= 1 passed in 0.17 seconds =======================
```

/ping 엔드포인트가 가장 간단한 엔드포인트이긴 하지만, 다른 엔드포인트들을 테스트하는 것도 방식은 동일하다. test client를 통해 가상의 HTTP 요청을 전송해 해당 엔드포인트를 호출한 후 결괏값을 테스트하는 것이다. 이번에는 좀 더 복잡하고 POST 요청을 보내야 하는 /tweet 엔드포인트를 테스트해 보도록 하자.

/tweet 엔드포인트를 통해 tweet을 생성하기 위해서는 먼저 사용자가 있어야 한다. 또한, 해당 사용자로 인증 절차를 거친 후 access token을 받은 후 tweet 엔드포인트를 호출해야 한다. 그러므로 확실히 /ping 엔드포인트보다는 복잡하긴 하다. 하지만 하나하나씩 필요한 요소들을 해결해 나가면 된다. 먼저, 스스로 생각해 보고, 다음 코드를 참고해서 구현해 보도록 하자.

```
def test_tweet(api):
    ## 테스트 사용자 생성                    ❶
    new_user = {
        'email'    : 'songew@gmail.com',
        'password' : 'test password',
        'name'     : '송은우',
        'profile'  : 'test profile'
    }
    resp = api.post(
        '/sign-up',
        data         = json.dumps(new_user),
        content_type = 'application/json'
    )
    assert resp.status_code == 200

    ## Get the id of the new user           ❷
    resp_json   = json.loads(resp.data.decode('utf-8'))
    new_user_id = resp_json['id']

    ## 로그인                               ❸
    resp = api.post(
        '/login',
        data         = json.dumps({'email' : 'songew@gmail.com',
        'password' : 'test password'}),
```

```
    content_type = 'application/json'
)
resp_json     = json.loads(resp.data.decode('utf-8'))
access_token = resp_json['access_token']

## tweet                        ❹
resp = api.post(
    '/tweet',
    data          = json.dumps({'tweet' : "Hello World!"}),
    content_type = 'application/json',
    headers       = {'Authorization' : access_token}
)
assert resp.status_code == 200


## tweet 확인                    ❺
resp   = api.get(f'/timeline/{new_user_id}')
tweets = json.loads(resp.data.decode('utf-8'))

assert resp.status_code == 200
assert tweets           == {
    'user_id' : 1,
    'timeline' : [
        {
            'user_id' : 1,
            'tweet'    : "Hello World!"
        }
    ]
}
```

- ❶ : tweet을 보낼 테스트 사용자를 먼저 생성한다. sign-up 엔드포인트를 호출하여 생성하며, 호출 후 응답(response)의 status code가 OK 200인지 확인한다.

- ❷ : ❶에서 새로 생성한 사용자의 아이디를 ❶에서 받은 JSON 응답(response)에서 읽어 들인다. 나중에 /timeline 엔드포인트를 호출할 때 사용자 아이디가 필요하다.

- ❸ : /tweet 엔드포인트에 HTTP 요청을 전송하려면 access token이 필요하므로 /login 엔드포인트를 먼저 호출해서 access token을 읽어 들인다.
- ❹ : /tweet 엔드포인트를 호출해 tweet를 생성한다. ❸에서 생성한 access code를 "Authorization" 헤더에 첨부해서 request를 보낸다.
- ❺ : ❹에서 생성한 tweet이 정상적으로 생성되었는지를 확인하기 위해 timeline 엔드포인트를 호출해서 응답(response)을 확인한다. timeline 엔드포인트를 호출할 때 ❷에서 읽어 들인 사용자 아이디를 사용한다.

pytest를 실행하여 unit test를 실행해 보고 모든 테스트들이 pass하는 것을 확인하도록 하자.

```
$ pytest -p no:warnings -vv -s
========================= test session starts =========================
platform darwin -- Python 3.7.1, pytest-4.0.1, py-1.7.0, pluggy-0.8.0
-- /miniconda3/envs/book/bin/python
cachedir: .pytest_cache
rootdir: /Users/song-eun-u/Projects/book-python-backend-for-beginner/
codes/8, inifile:
collected 2 items

test_endpoints.py::test_ping PASSED
test_endpoints.py::test_all_users PASSED

======================= 2 passed in 0.83 seconds =======================
```

/tweet 엔드포인트를 테스트하는 unit test 코드는 /ping 엔드포인트를 테스트하는 코드에 비해 훨씬 길었다. /tweet 엔드포인트를 사용하기 위해서는 사전에 여러 다른 엔드포인트들을 호출해야 하기 때문이다. 여기서 생각해 보면, 사용자를 생성하는 과정은 대부분의 엔드포인트를 테스트할 때 필요한 절차다. 그러므로 대부분의 unit test 코드에서 사용자를 생성하는 코드가 중복적으로 구현되어 있을 것이다.

또 한 가지 반복적으로 필요한 것은 각 테스트에서 생성된 데이터를 지우는 일이다. 각 테스트는 독립적이어야 하며 서로 영향을 주면 안 된다. 예를 들어, tweet 엔드포인트 테스트 코드에서 생성된 사용자를 지우지 않으면 그다음에 동일한 사용자를 생성할 때 이메일 주소가 같기 때문에 오류가 날 것이다. 그러므로 각각의 테스트마다 생성했던 데이터를 각 테스트가 종료된 후 삭제해 주어야 다른 테스트에 영향을 끼치지 않는다.

다행히도 pytest에서는 각 테스트 실행 전 바로 전, 그리고 바로 후에 실행할 코드를 지정해 놓아 자동으로 적용시킬 수 있게 해준다. setup_function과 teardown_function을 사용하면 된다. setup_function은 각 테스트가 실행되기 전에 실행이 되고, teardown_function은 각 테스트가 종료된 후 실행이 된다. 그러므로 사용자를 생성하는 코드는 setup_function 함수에서 구현하고, test 데이터를 삭제하는 코드는 teardown_function에서 구현하도록 하자.

```python
import bcrypt

def setup_function():                        ❶
    ## Create a test user
    hashed_password = bcrypt.hashpw(
        b"test password",
        bcrypt.gensalt()
    )
    new_user = {
        'id'               : 1,              ❷
        'name'             : '송은우',
        'email'            : 'songew@gmail.com',
        'profile'          : 'test profile',
        'hashed_password'  : hashed_password
    }
    database.execute(text("""
        INSERT INTO users (
            id,
            name,
```

```
            email,
            profile,
            hashed_password
        ) VALUES (
            :id,
            :name,
            :email,
            :profile,
            :hashed_password
        )
    """), new_user)

def teardown_function():                                        ❸
    database.execute(text("SET FOREIGN_KEY_CHECKS=0"))          ❹
    database.execute(text("TRUNCATE users"))
    database.execute(text("TRUNCATE tweets"))
    database.execute(text("TRUNCATE users_follow_list"))
    database.execute(text("SET FOREIGN_KEY_CHECKS=1"))          ❺

def test_tweet(api):
    ## 로그인
    resp = api.post(
        '/login',
        data         = json.dumps({'email' : 'songew@gmail.com',
        'password' : 'test password'}),
        content_type = 'application/json'
    )
    resp_json    = json.loads(resp.data.decode('utf-8'))
    access_token = resp_json['access_token']

    ## tweet
    resp = api.post(
        '/tweet',
        data         = json.dumps({'tweet' : "Hello World!"}),
        content_type = 'application/json',
        headers      = {'Authorization' : access_token}
    )
    assert resp.status_code == 200

    ## tweet 확인
```

```
resp    = api.get(f'/timeline/1')
tweets = json.loads(resp.data.decode('utf-8'))

assert resp.status_code == 200
assert tweets            == {
    'user_id' : 1,
    'timeline' : [
        {
            'user_id' : 1,
            'tweet'   : "Hello World!"
        }
    ]
}
```

- ❶ : setup_function을 통하여 각 test 함수가 실행되기 전에 필요한 사용 자를 생성하도록 한다. 데이터베이스에 직접 생성한다.

- ❷ : 여기서 중요한 것은 사용자 아이디를 자동으로 생성하게 하지 말고, 고 정 값을 정해 주는 것이다. 그래야 실제 unit test 함수에서 해당 사용자 아 이디를 알 수 있다.

- ❸ : teardown_function을 통해 test 데이터를 전부 삭제해 준다. TRUNCATE SQL 구문은 해당 테이블의 데이터를 모두 삭제해 준다.

- ❹ : TRUNCATE SQL 구문을 실행할 때 해당 테이블에 외부 키가 걸려 있 으면 테이블의 데이터들을 삭제할 수 없다. 그래서 임의로 SET FOREIGN_ KEY_CHECKS=0 SQL 구문을 실행하여 외부 키를 잠시 비활성화시킨다. 실제 서비스 중인 데이터베이스에서는 실행하면 안 되는 SQL 구문이다.

- ❺ : ❹에서 비활성화시켰던 외부 키를 다시 활성화시킨다.

이제 나머지 엔드포인트들을 테스트하는 unit test도 다음 코드를 참고하면서 구 현하자. 앞서 구현한 테스트들과 방식은 동일하므로 크게 어렵지 않을 것이다. 전 체 코드는 이 책의 깃허브 리포지토리(https://github.com/rampart81/python-backend-book/8)에서 확인할 수 있다.

```python
import pytest
import bcrypt
import json
import config

from app import create_app
from sqlalchemy import create_engine, text

database = create_engine(config.test_config['DB_URL'], encoding= 'utf-
8', max_overflow = 0)

@pytest.fixture
def api():
    app = create_app(config.test_config)
    app.config['TEST'] = True
    api = app.test_client()

    return api
def setup_function():
    ## Create a test user
    hashed_password = bcrypt.hashpw(
        b"test password",
        bcrypt.gensalt()
    )
    new_users = [
        {
            'id'              : 1,
            'name'            : '송은우',
            'email'           : 'songew@gmail.com',
            'profile'         : 'test profile',
            'hashed_password' : hashed_password
        }, {
            'id'              : 2,
            'name'            : '김철수',
            'email'           : 'tet@gmail.com',
            'profile'         : 'test profile',
            'hashed_password' : hashed_password
        }
    ]
    database.execute(text("""
```

```
        INSERT INTO users (
            id,
            name,
            email,
            profile,
            hashed_password
        ) VALUES (
            :id,
            :name,
            :email,
            :profile,
            :hashed_password
        )
    """), new_users)

    ## User 2의 트윗 미리 생성해 놓기
    database.execute(text("""
        INSERT INTO tweets (
            user_id,
            tweet
        ) VALUES (
            2,
            "Hello World!"
        )
    """))


def teardown_function():
    database.execute(text("SET FOREIGN_KEY_CHECKS=0"))
    database.execute(text("TRUNCATE users"))
    database.execute(text("TRUNCATE tweets"))
    database.execute(text("TRUNCATE users_follow_list"))
    database.execute(text("SET FOREIGN_KEY_CHECKS=1"))


def test_ping(api):
    resp = api.get('/ping')
    assert b'pong' in resp.data


def test_login(api):
    resp = api.post(
```

```python
        '/login',
        data         = json.dumps({'email' : 'songew@gmail.com',
        'password' : 'test password'}),
        content_type = 'application/json'
    )
    assert b"access_token" in resp.data

def test_unauthorized(api):
    # access token이 없이는 401 응답을 리턴하는지를 확인
    resp = api.post(
        '/tweet',
        data         = json.dumps({'tweet' : "Hello World!"}),
        content_type = 'application/json'
    )
    assert resp.status_code == 401

    resp  = api.post(
        '/follow',
        data         = json.dumps({'follow' : 2}),
        content_type = 'application/json'
    )
    assert resp.status_code == 401

    resp  = api.post(
        '/unfollow',
        data         = json.dumps({'unfollow' : 2}),
        content_type = 'application/json'
    )
    assert resp.status_code == 401

def test_tweet(api):
    ## 로그인
    resp = api.post(
        '/login',
        data         = json.dumps({'email' : 'songew@gmail.com',
        'password' : 'test password'}),
        content_type = 'application/json'
    )
    resp_json    = json.loads(resp.data.decode('utf-8'))
    access_token = resp_json['access_token']
```

```python
    ## tweet
    resp = api.post(
        '/tweet',
        data         = json.dumps({'tweet' : "Hello World!"}),
        content_type = 'application/json',
        headers      = {'Authorization' : access_token}
    )
    assert resp.status_code == 200

    ## tweet 확인
    resp   = api.get(f'/timeline/1')
    tweets = json.loads(resp.data.decode('utf-8'))

    assert resp.status_code == 200
    assert tweets             == {
        'user_id'  : 1,
        'timeline' : [
            {
                'user_id' : 1,
                'tweet'   : "Hello World!"
            }
        ]
    }

def test_follow(api):
    # 로그인
    resp = api.post(
        '/login',
        data         = json.dumps({'email' : 'songew@gmail.com',
        'password' : 'test password'}),
        content_type = 'application/json'
    )
    resp_json    = json.loads(resp.data.decode('utf-8'))
    access_token = resp_json['access_token']

    ## 먼저 사용자 1의 tweet 확인해서 tweet 리스트가 비어 있는 것을 확인
    resp   = api.get(f'/timeline/1')
    tweets = json.loads(resp.data.decode('utf-8'))
```

```python
    assert resp.status_code == 200
    assert tweets            == {
        'user_id'  : 1,
        'timeline' : [ ]
    }


    # follow 사용자 아이디 = 2
    resp  = api.post(
        '/follow',
        data         = json.dumps({'follow' : 2}),
        content_type = 'application/json',
        headers      = {'Authorization' : access_token}
    )
    assert resp.status_code == 200

    ## 이제 사용자 1의 tweet 확인해서 사용자 2의 tweet이 리턴되는 것을 확인
    resp   = api.get(f'/timeline/1')
    tweets = json.loads(resp.data.decode('utf-8'))

    assert resp.status_code == 200
    assert tweets            == {
        'user_id' : 1,
        'timeline' : [
            {
                'user_id' : 2,
                'tweet'   : "Hello World!"
            }
        ]
    }

def test_unfollow(api):
    # 로그인
    resp = api.post(
        '/login',
        data         = json.dumps({'email' : 'songew@gmail.com',
        'password' : 'test password'}),
        content_type = 'application/json'
    )
    resp_json    = json.loads(resp.data.decode('utf-8'))
    access_token = resp_json['access_token']
```

```python
# follow 사용자 아이디 = 2
resp  = api.post(
    '/follow',
    data          = json.dumps({'follow' : 2}),
    content_type = 'application/json',
    headers       = {'Authorization' : access_token}
)
assert resp.status_code == 200

## 이제 사용자 1의 tweet 확인해서 사용자 2의 tweet이 리턴되는 것을 확인
resp   = api.get(f'/timeline/1')
tweets = json.loads(resp.data.decode('utf-8'))

assert resp.status_code == 200
assert tweets           == {
    'user_id'  : 1,
    'timeline' : [
        {
            'user_id' : 2,
            'tweet'   : "Hello World!"
        }
    ]
}

# unfollow 사용자 아이디 = 2
resp  = api.post(
    '/unfollow',
    data          = json.dumps({'unfollow' : 2}),
    content_type = 'application/json',
    headers       = {'Authorization' : access_token}
)
assert resp.status_code == 200

 ## 이제 사용자 1의 tweet 확인해서 유저 2의 tweet이 더 이상 리턴되지 않는 것을 확인
resp   = api.get(f'/timeline/1')
tweets = json.loads(resp.data.decode('utf-8'))

assert resp.status_code == 200
assert tweets           == {
```

```
    'user_id' : 1,
    'timeline' : [ ]
}
```

unit test의 중요성

이번 장을 마무리하면서 마지막으로 강조하고 싶은 것은 unit test의 중요성이다. 간혹 unit test를 별로 중요하게 생각하지 않는 개발자들, 혹은 중요한 것은 알지만 실제로 unit test를 소홀히 하는 개발자들을 종종 만나게 된다. 그 이유는 아무래도 test 코드는 당장 가시적 결과를 내는 부분이 아니기 때문이다. 그리고 test 코드를 구현하는 것이 실제 코드를 구현하는 만큼 혹은 그 이상의 공수가 든다. 그러므로 개발자들이 시간상의 문제로 혹은 여러 가지 이유로, 공수는 많이 들지만 당장의 가시적 결과를 내지 않는 unit test는 소홀히 하거나 무시하게 되는 것이다.

가끔은 어쩔 수 없이 unit test에 큰 비중을 둘 수 없는 경우가 있을 수 있다는 것은 저자도 인정한다. 하지만 일반적으로는 unit test를 굉장히 중요히 생각해야 하며, 소홀히 하면 안 된다. 저자는 개인적으로 같이 일하는 개발자들에게 항상 실제 개발과 unit test 개발의 비중을 1:1로 생각하는 것을 권장한다. 어떠한 기능을 개발하는 데 총 10시간이 걸린다면 5시간은 실제 개발에 사용하고, 나머지 5시간은 unit test를 구현하는 데 사용하라는 뜻이다(물론 비중이 항상 정확히 1:1이 될 필요는 없지만, 그만큼 unit test를 중요히 생각하라는 뜻이다).

unit test는 개발자들의 방패라고 저자는 개인적으로 생각한다. 개발자들을 지켜 주는 방패이며 성벽이다. unit test가 잘 구현되어 있으면 개발자들이 더 쉽게 기존 코드를 업데이트하고 확장시킬 수 있다. 만일 개발자가 새로운 기능을 추가하는 과정에서, 혹은 기존 코드를 수정하는 과정에서 의도치 않게 새로운 버그가 생겼다 하더라도 unit test가 잘 구현되어 있으면 코드가 배포되거나 리포지토리에 푸시(push)되기 전에 금방 알아내고 고칠 수 있기 때문이다. 만일 unit test가 구현이 미미하면 개발자들이 새로 수정하거나 추가한 코드를 커밋하거나 배포할 때 확신을 가지고 하기 힘들 것이다.

unit test의 또 다른 큰 장점은 바로 버그를 고치는 비용이 현저히 낮다는 것이다. unit test에서 발견되는 버그는 분석 및 파악하고 고치기가 쉽다. 개발자가 새로 수정한 코드가 문제일 가능성이 높으므로 분석해야 하는 코드 범위가 확실하기 때문이며, 또한 개발자가 곧바로 버그를 고치면 되기 때문이다. 만일 버그가 unit test에서 발견되지 않고 그다음 과정들, 예를 들어 integration test와 UI test에서 발견되면 버그를 고치는 비용이 높아진다. 버그를 고치기 위해 분석해야 하는 범위도 넓어지고 무엇보다 개발, 커밋, 테스트 등의 과정들을 다시 거쳐야 한다. 그러므로 만일 실제 사용자가 사용 중에 버그를 찾아낸다면 그 버그를 고치는 비용은 두말할 것 없이 높을 것이다. 대부분의 버그는 기본적인 unit test만 구현해도 잡을 수 있는 버그들이 많다.

unit test를 하지 않는다고 해서 테스트의 의무가 없어지는 것도 아니고 버그가 사라지는 것도 아니다. 다만 버그가 발견되는 시기를 더 미룰 뿐이다. 그리고 버그가 발견되는 시기를 미루면 미룰 수록 버그를 고치는 비용도 높아지고, 해당 코드를 구현한 개발자가 받는 스트레스만 높아지고 일만 많아질 뿐이다. 그러니 꼭 unit test를 구현하도록 하자!

8장 정리

이번 장에서는 먼저 다양한 테스트 전략과 방법에 대해서 다뤘다. 그리고 그중 가장 중요한 unit test에 대해서 자세히 알아보았다. pytest 라이브러리를 사용하여 파이썬에서 unit test를 구현하는 방법을 알아보았다. 특히 Flask에서 test_client 함수를 통하여 엔드포인트들을 직접 테스트하는 방법에 대해 알아보았다.

- 시스템을 테스트하는 방법에는 크게 3가지가 있다.
  - UI test
  - integration test
  - unit test
- 전체 테스트 중 UI test는 10%, integration test는 20%, 그리고 나머지 70%는 unit test로 구성하는 것을 권장한다.
- 파이썬에서 unit test 구현을 도와주는 라이브러리 중 하나는 pytest다.
- test 파일의 이름은 test_로 시작해야 하며, 마찬가지로 test 함수도 test_로 시작되어야 한다.
- pytest.fixture decorator를 사용하여 test 함수에 필요한 인자들을 제공할 수 있다.
- setup_function과 teardown_function을 사용하여 각 test 함수들이 실행되기 전에 필요한 test 데이터들을 생성할 수 있고, 또한 각 test 함수들이 실행 종료된 후 test 데이터들을 삭제해 줄 수 있다.
  - 각 test 함수들은 서로에게 영향받지 않고 독립적으로 실행되어야 하기 때문에 test 데이터들을 삭제해 주는 것이 중요하다.
- Flask의 test_client 함수를 통해 엔드포인트 함수들에 가상의 HTTP 요청(request)을 보내고 응답(response)을 받을 수 있다. 그러므로 test_client 함수를 사용해 unit test를 구현하면 unit test이지만 어느 정도 integration test를 실행하는 효과도 볼 수 있다.

AWS에 배포하기

드디어 이제까지 열심히 구현한 우리의 미니터 API를 실제로 배포(deploy)할 차례다. 이번 장에서는 먼저 AWS에 대해 간략하게 설명한다. 그리고 AWS에 API를 배포하기 위해 사용할 AWS의 EC2, RDS 서비스, 그리고 load balance 서비스에 대해서 설명한다. 그 후 실제로 미니터 API 코드를 깃허브에 올리고, RDS 서비스의 MySQL을 데이터베이스로 사용하여 EC2 서버에 API를 배포한 후 load balancer 를 설정한다. 그리하여 실제로 API를 배포하여 외부에서도 API를 사용할 수 있도록 한다.

- AWS
- AWS EC2
- AWS RDS

- AWS ALB
- 배포(deploy)

AWS

AWS(Amazon Web Service)는 아마존(Amazon)에서 제공하는 클라우드 서비스(cloud service)다. 클라우드 서비스란, 시스템 배포 및 운영을 하기 위해 필요한 서버, 데이터베이스, 네트워크 등의 물리적 장치 설치를 걱정하지 않고, 클라우드 서비스 제공자의 사이트 혹은 인터페이스(interface)를 통해서 쉽게 설정 및 사용할 수 있도록 해주는 서비스다. 클라우드 서비스를 사용하면 실제 서버 하드웨어를 구입하고 설치하지 않아도 클릭 몇 번만으로 서버를 생성하고 실행할 수 있다. 클라우드 서비스는 이미 널리 사용되고 있다. 가장 보편적으로 사용되고 있는 클라우드 서비스에는 AWS와 Google Cloud가 있다. 이 책에서는 AWS를 사용하여 미니터 API를 배포할 것이다.

AWS는 여러 다양한 서비스들을 제공한다. 리눅스 기반의 서버부터 데이터베이스, 네트워크, 그리고 AI 서비스까지 아주 다양한 서비스들을 제공한다. 다양한 서비스들 중 이 책에서는 다음의 서비스들을 사용하여 미니터 API를 배포할 것이다.

- EC2(Elastic Compute Cloud)
- RDS(Relational Database Serivce)
- ALB(Application Load Balancer)

그리하여 다음 이미지에서처럼 AWS에서 MySQL 데이터베이스에 우분투 서버 2대에 미니터 API를 배포하고, 그 앞에 load balancer를 붙이는 구조로 배포할 것이다.

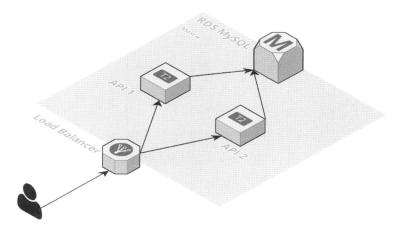

[그림 9-1] AWS

먼저, 아직 AWS 계정이 없다면 AWS의 계정을 생성해야 한다. AWS 사이트
(https://aws.amazon.com/)에 접속해서 계정을 새로 만들도록 하자.

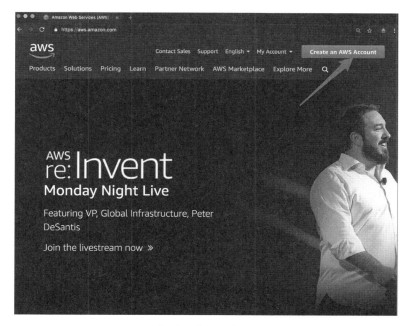

[그림 9-2] AWS 사이트

AWS에서는 새로 계정을 만들면 AWS free tier라고 해서 1년 동안 약간의 서비스는 무료로 사용할 수 있게 해준다(예를 들어, t2 small 서버 하나 사용 등은 1년 동안 무료). 그러므로 이번 장의 절차를 거치면서 어느 정도는 무료로 사용할 수 있을 것이다.

> AWS free tier는 아주 약간의 서비스만 무료로 사용하게 해주므로 이번 장의 절차를 거치다 보면 어느 정도 비용을 지불해야 할 수도 있다. 물론 큰 비용은 아닐 것이다. 하지만 그래도 비용을 지불해야 할 수 있다는 점을 인지하도록 하자. 그리고 더 중요한 것은, 이번 장의 내용을 진행하면서 생성한 서버와 데이터베이스 그리고 load balancer 등은 전부 삭제하지 않으면 계속 비용이 나간다는 점이다. 그러므로 사용을 하지 않으면 꼭 삭제하도록 하자.

AWS 계정을 생성했으면 이제 본격적으로 미니터 API를 AWS에 배포하도록 하자.

RDS

AWS RDS(Relational Database Service)는 AWS에서 제공하는 데이터베이스 서비스다. RDS를 사용하면 개발자가 직접 데이터베이스 서버를 설치하고 운용할 필요 없이 데이터베이스를 설정하고 사용할 수 있다. RDS를 통해 원하는 데이터베이스 시스템과 버전 그리고 설정을 정하고 난 후 곧바로 사용하면 된다. 게다가 대부분의 경우 개발자가 직접 데이터베이스 서버를 운영하는 것보다 더 저렴한 가격에 사용할 수 있다. 그러므로 일반적으로 보았을 때 RDS를 사용하지 않을 이유가 크게 없다. 우리도 RDS를 사용하자.

먼저, AWS 사이트에 접속하여 로그인하자. 그리고 위의 헤더 메뉴에서 "Service" 링크를 클릭한 후 검색 창에서 "RDS"를 입력하여 RDS 서비스 링크를 찾은 후 클릭하여 RDS 서비스 페이지로 넘어가도록 하자.

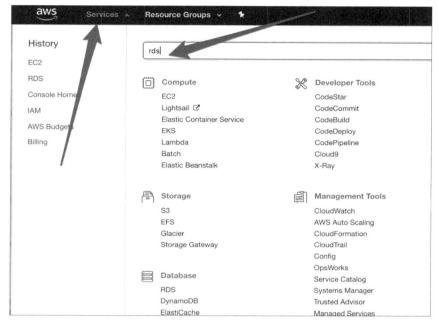

[그림 9-3] RDS

이때 중요한 것은 지역을 "Seoul"로 정해 주어야 한다는 점이다. 오른쪽 상단 메뉴
에 지역을 정해 주는 메뉴가 있으니 만일 서울로 되어 있지 않으면 서울로 정해 주도
록 하자.

[그림 9-4] AWS 지역 설정

그다음에는 이제 MySQL 설정 파일을 만들어야 한다. Default 설정 파일이 이미 있지만 미니터 API의 경우 한국말을 처리해야 하므로 인코딩을 "UTF-8"으로 바꾸어 설정해 줘야 한다. 그러므로 먼저 "Parameters groups" 페이지로 가자.

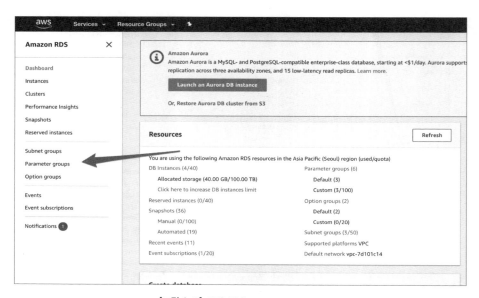

[그림 9-5] AWS RDS parameter groups

그리고 "Create parameter group" 옵션을 선택하자.

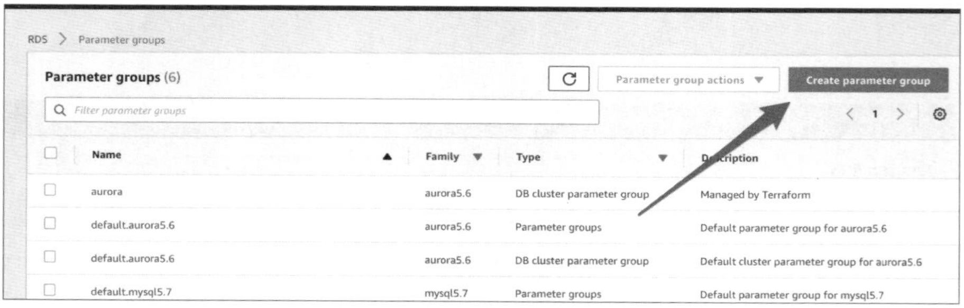

[그림 9-6] AWS RDS parameter groups

이제 "Parameter group" 설정 파일을 생성하자. Group name과 Description은 자유롭게 정하면 된다. "Parameter group family"는 생성하는 데이터베이스와 버전에 맞게 지정해야 한다. 우리의 경우 mysql5.7 데이터베이스를 생성할 예정이니 "mysql5.7"로 하자.

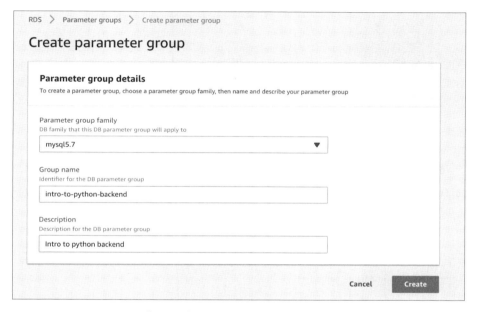

[그림 9-7] AWS RDS parameter groups 생성

이제 MySQL parameter 설정 파일이 생성되었다. 이제 방금 생성한 parameter 파일을 수정해서 우리가 원하는 encoding 설정을 해줘야 한다. 추후 실제 MySQL 데이터베이스를 생성할 때 이 parameter 파일을 적용하여 생성할 것이다. 방금 생성한 parameter를 선택해 수정하도록 하자.

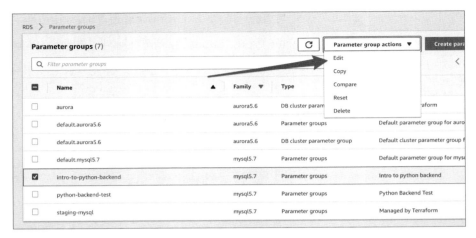

[그림 9-8] AWS RDS parameter groups 생성

이제 다음 parameter들의 설정 값을 바꿔 주어야 한다. parameter들이 많으므로 검색 창에서 수정하고자 하는 parameter를 검색하여 찾은 후 "value" 값을 원하는 값으로 수정하면 된다.

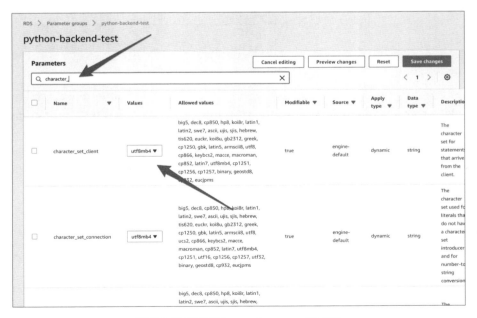

[그림 9-9] AWS RDS parameter groups 설정 변경

- chracter_set_client의 값을 utf8mb4로 변경
- chracter_set_connection의 값을 utf8mb4로 변경
- chracter_set_database의 값을 utf8mb4로 변경
- chracter_set_results의 값을 utf8mb4로 변경
- chracter_set_server의 값을 utf8mb4로 변경
- collation_connection의 값을 utf8mb4_general_ci로 변경
- collation_server의 값을 utf8mb4_unicode_ci로 변경

parameter들을 다 설정했으면 "Preview changes"를 눌러서 수정 사항 리뷰를 하자. 다음과 같이 나와야 한다.

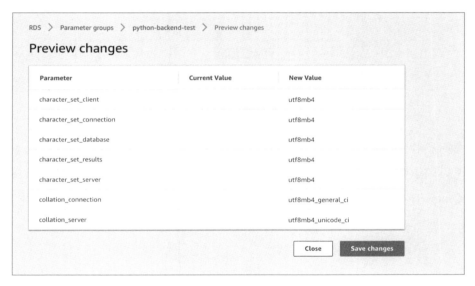

[그림 9-10] AWS RDS parameter groups preview changes

수정 사항들을 확인해 보고 모든 것이 정확하면 "Save Changes" 버튼을 클릭하자. 이제 필요한 수정 사항들이 반영되었다. 이제 실제로 MySQL 데이터베이스를 생성하도록 하자. RDS 메인 페이지의 왼쪽 메뉴에서 "Dashboard"를 클릭한 후 화면 중간에 "Create database" 버튼을 누르자.

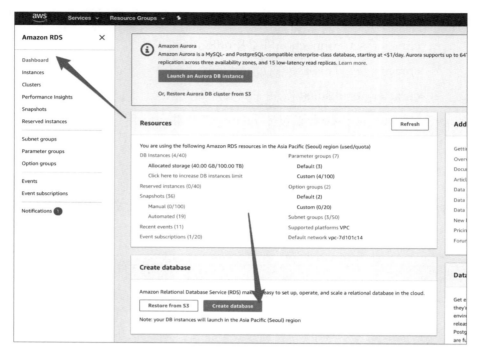

[그림 9-11] AWS RDS 생성

먼저, 어떠한 데이터베이스 시스템을 사용할 것인지 선택해야 한다. MySQL을 선택하도록 한다. 그리고 하단 부분의 "Only enable iptions eligible for RDS Free Usage Tier"를 체크해서 무료로 사용할 수 있는 사양이 자동으로 선택되도록 하자.

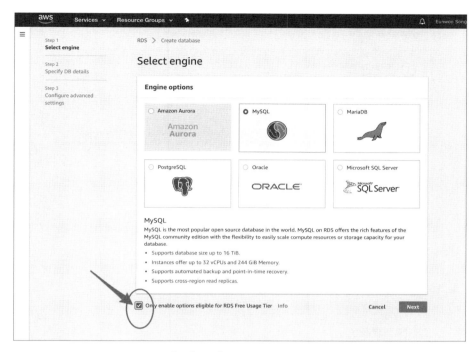

[그림 9-12] AWS RDS 엔진 선택

그다음은 데이터베이스의 세부 사항을 설정하는 페이지다. 이 페이지의 설정은 대
부분 디폴트 값 그대로 두어도 된다. 다만 DB engine version을 MySQL 5.7 버
전 중 하나로 선택해 주자(예를 들어 5.7.23). 그리고 맨 아래 Settings 섹션에서
Master username과 비밀번호, 데이터베이스 이름은 설정해 주어야 한다. Master
username은 데이터베이스의 경우 주로 "root"로 정하지만 원하는 다른 username
이 있다면 자유롭게 정해 주면 된다.

DB engine version   Info

MySQL 5.7.23   ▼

ⓘ **Known Issues/Limitations**
   Review the Known Issues/Limitations ☑ to learn about potential compatibility issues with specific
   database versions.

ⓘ **Free tier**
   The Amazon RDS Free Tier provides a single db.t2.micro instance as well as up to 20 GiB of storage,
   allowing new AWS customers to gain hands-on experience with Amazon RDS. Learn more about the
   RDS Free Tier and the instance restrictions here.

   ☑ Only enable options eligible for RDS Free Usage Tier   Info

DB instance class   Info

db.t2.micro — 1 vCPU, 1 GiB RAM   ▼

Multi-AZ deployment   Info

○ Create replica in different zone
  Creates a replica in a different Availability Zone (AZ) to provide data redundancy, eliminate I/O freezes, and minimize latency
  spikes during system backups.

◉ No

Storage type   Info

General Purpose (SSD)   ▼

Allocated storage

20   GiB

(Minimum: 20 GiB, Maximum: 20 GiB) Higher allocated storage **may improve** IOPS performance.

Settings

DB instance identifier   Info
Specify a name that is unique for all DB instances owned by your AWS account in the current region.

python-backend-test

DB instance identifier is case insensitive but stored as all lower-case, as in "mydbinstance". Must contain from 1 to 63 alphanumeric
characters or hyphens (1 to 15 for SQL Server). First character must be a letter. Cannot end with a hyphen or contain two
consecutive hyphens.

Master username   Info
Specify an alphanumeric string that defines the login ID for the master user.

root

Master Username must start with a letter. Must contain 1 to 16 alphanumeric characters.

Master password   Info   Confirm password   Info

••••••••   ••••••••

Master Password must be at least eight characters long, as in
"mypassword". Can be any printable ASCII character except "/",
'"', or "@".

                                        Cancel   Previous   Next

[그림 9-13] AWS RDS 세부 설정

254

이제 고급 설정 페이지로 넘어가자. 먼저, "Public accessibility" 옵션을 "yes"로 설정하자. "Public accessibility"를 "yes"로 정해 주어야 인터넷을 통해 데이터베이스에 접속이 가능하다. 사실 실제 서비스하는 시스템의 데이터베이스는 "Public accessibility"를 "No"로 해주는 것이 좋다. 정해진 서버나 관계자만 접속 가능하게 해야 보안적으로 안전하기 때문이다. 그러나 지금은 실제 운영하는 시스템의 배포가 아니라 교육용 목적의 시스템 배포 과정이므로 편리를 위해서 "Public accessibility"를 "yes"로 정해 주도록 한다.

그리고 "Database options" 섹션에 "DB parameter group"을 앞서 생성한 parameter 설정 파일로 변경해 주자. 나머지는 디폴트 값 그대로 하면 된다. 그리고 "Create database" 버튼을 누르면 마무리된다.

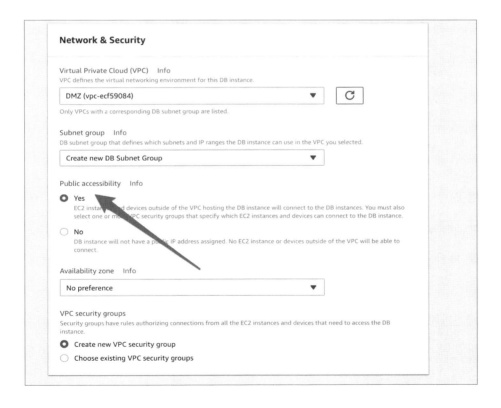

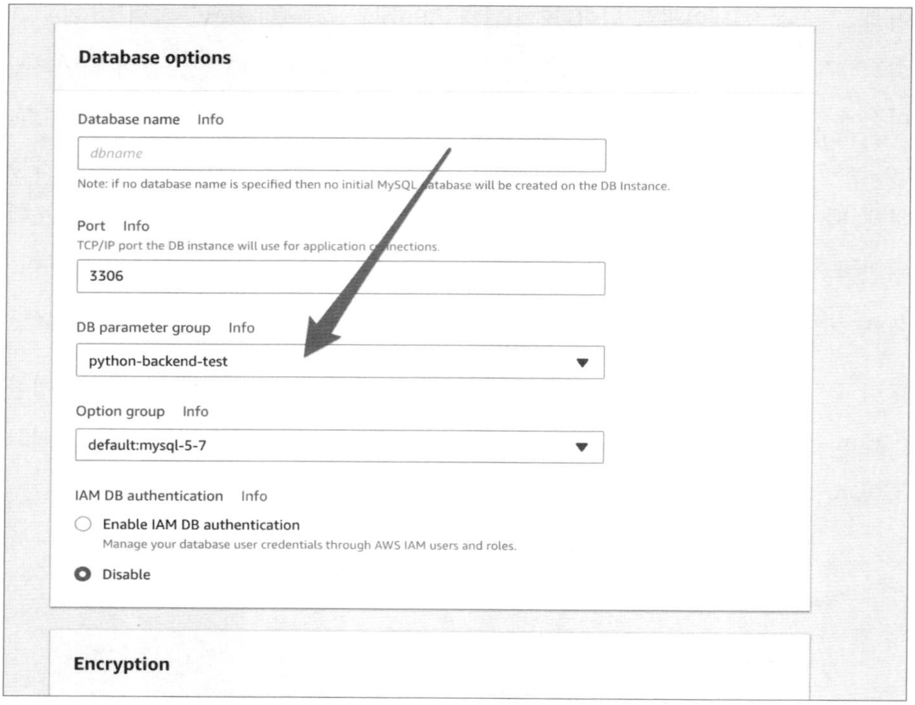

[그림 9-14] AWS RDS 고급 설정

이제 "Instances" 페이지에 가서 방금 생성한 데이터베이스 대시보드 페이지로 가자. 방금 생성한 데이터베이스가 나열되어 있을 것이다. 참고로, 데이터베이스가 사용 준비되기까지 몇 분 이상 소요될 수 있다.

데이터베이스가 생성이 완료되면 데이터베이스를 클릭하여 해당 데이터베이스의 정보 페이지로 넘어가자. 그리고 데이터베이스의 엔드포인트 주소를 확인하자. 이 주소로 데이터베이스에 접속할 것이다.

데이터베이스의 엔드포인트 주소를 확인한 후 페이지 하단 부분에서 "Security groups" 링크를 클릭하자.

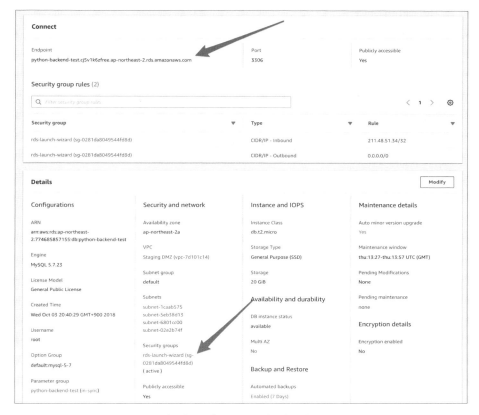

[그림 9-15] AWS RDS 인스턴스 정보

Security group은 네트워크 방화벽 설정이라고 생각하면 된다. AWS에서는 Security group 설정을 해당 리소스에 접속할 수 있는 네트워크를 제한할 수 있다. 데이터베이스의 Security group 설정을 다음과 같이 변경하여 어디서든 접속이 가능하게 하자.

- Protocol : TCP
- Port Range : 3306
- Source : Anywhere

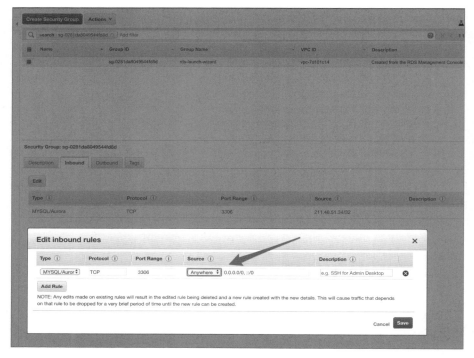

[그림 9-16] AWS RDS Security Group 설정

실제 운영되는 시스템에서 이렇게 어디서든 접속 가능하게 설정해 놓는 것은 보안상 권장하지 않는다. 외부의 해킹 공격에 노출될 확률이 훨씬 높아지기 때문이다. 하지만 지금은 교육 목적으로 배포 과정을 진행하므로 편의상 접속을 어디서든 할 수 있도록 열어 놓는 것이다.

이제 AWS RDS를 사용해 데이터베이스를 생성했고 설정도 완료했다. AWS의 클라우드에서 여러분의 데이터베이스가 운영되고 있는 것이다. 다음 명령어를 사용하여 데이터베이스에 접속한 후 6장을 참고하여 미니터 API의 데이터베이스와 table들을 만들도록 하자. 6장에서 만든 데이터베이스의 구조와 동일하게 만들면 된다.

```
mysql -h <endpoint> -u <master username> -p
```

- <endpoint> : 데이터베이스의 엔드포인트 주소를 넣으면 된다.
- <master user> : 데이터베이스를 생성할 때 설정했던 master username 을 넣으면 된다.

AWS EC2

EC2는 AWS에서 사용하는 서버다. 그러므로 EC2 instance(각각의 서버)에 미니 터 API를 배포하면 된다. EC2는 다양한 사양 옵션을 제공한다. t2.nano(CPU 1, 0.5 GB memory)부터 x1.32xlarge(CPI 128, 1952 GB)까지 다양하게 제공하므로 필요한 사양의 EC2 instance를 선택해서 사용하면 된다(물론 사양이 좋을수록 비 싸다). 운영체제 또한 우분투부터 CentOS 그리고 윈도우 서버까지 다양하게 제공하 므로 필요한 사항과 운영체제를 선택해서 사용하면 된다.

AWS 사이트 상단의 헤더 메뉴에서 "Service" 링크를 클릭한 후 검색창에서 "EC2" 를 입력하여 EC2 서비스 링크를 찾은 후 클릭하여 EC2 서비스 페이지로 넘어가도 록 하자.

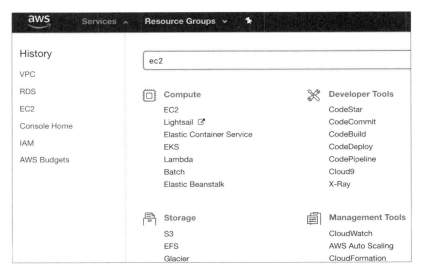

[그림 9-17] AWS EC2

그 후 화면 중간에 보이는 "Launch Instance" 버튼을 클릭한다.

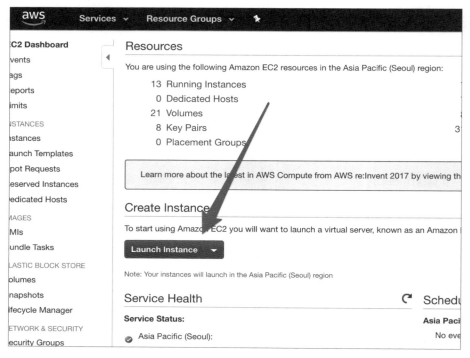

[그림 9-18] AWS EC2 Launch

먼저, 사용할 운영체제 시스템을 선택해야 한다. Ubuntu 18.04 버전을 선택하도록 하자.

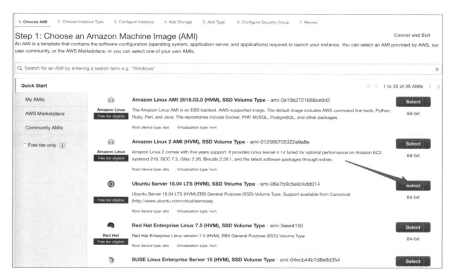

[그림 9-19] AWS EC2 운영체제 시스템 선택

그다음 서버 사양을 나타내는 instance type을 선택한다. t2_micro가 AWS free tier에 해당되므로 t2_micro를 선택한 후 "Next: Configure Instance Details"를 선택한다.

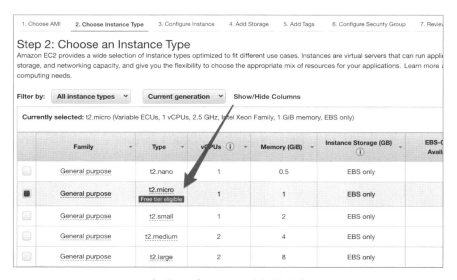

[그림 9-20] AWS EC2 서버 사양 선택

운영체제 시스템과 사양을 선택했으면 그다음은 세부 설정을 할 차례다. "Auto-assign Public IP" 설정을 "Enable"로 한다. EC2 instnace를 2개 생성할 것이므로 "Number of instances" 옵션은 2로 정해 준다. 나머지 옵션들은 디폴트 값을 그대로 두면 된다. 이제 "Review and Luanch" 버튼을 클릭하자.

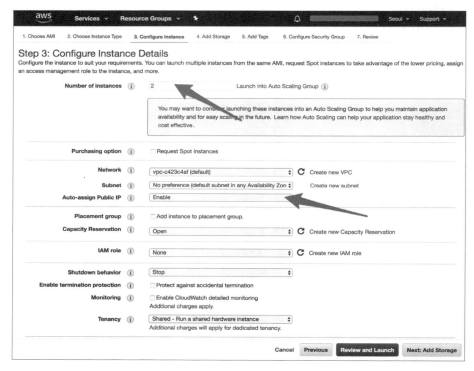

[그림 9-21] AWS EC2 설정

설정이 제대로 되었는지 확인한 뒤 "Launch" 버튼을 누르자.

[그림 9-22] AWS EC2 설정 리뷰

pem key 파일을 설정하라는 메시지가 나타날 것이다. pem key를 이용해 EC2 서버에 SSH 접속을 할 수 있게 된다. "Key pair name"에 적당한 이름을 입력한 후 "Create a new key pair"를 선택한 후 다운로드받자. 다운로드받은 pem key는 잘 보관하도록 하자. 그리고 "Launch Instance"를 클릭하자.

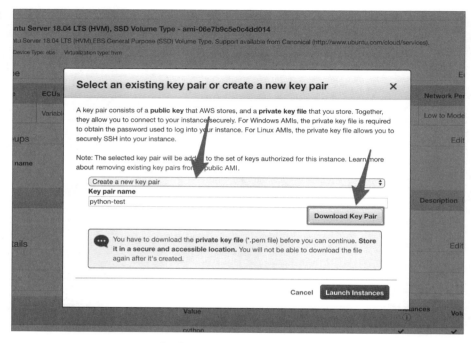

[그림 9-23] AWS EC2 Pem key 생성

이제 EC2 instance가 생성될 것이다. 준비되는 데 몇 분 이상 소요될 수 있다. 인스턴스(instance)가 생성되면 인스턴스를 클릭하여 Public DNS와 Public IP 주소를 확인하자. 그리고 EC2 instance의 security group도 설정한다. 다음의 SSH와 TCP의 5000 PORT를 열어 주도록 하자.

- SSH 설정:
  - Type : SSH
  - Protocol : TCP
  - Port Range : 22
  - Source : Anywhere
- HTTP 설정:
  - Type : Custom TCP Rule

- Protocol : TCP
- Port Range : 5000
- Source : Anywhere

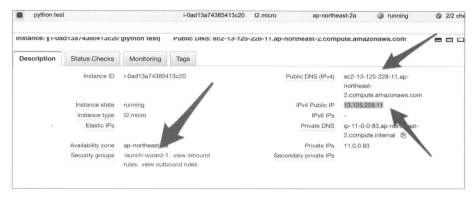

[그림 9-24] AWS EC2 Security Group 설정

EC2 instance가 준비되었으면 접속해 보자. EC2 instance의 public IP 주소를 통해 다음과 같이 접속하자.

```
ssh -i <pem key 경로> ubunut@<ec2 instance public ip 주소>
```

- <pem key 경로> : 앞서 다운로드받은 pem key 경로(경로와 해당 pem key 이름까지)까지 설정해 주면 된다.
- <ec2 instance public ip 주소>: 해당 EC2 instance의 public IP 주소를 입력하면 된다.

SSH 접속이 정상적으로 잘 되었다면 EC2 instance에 미니터 API를 배포할 준비가 되었다.

미니터 API 배포 ━━━━━━━━━━━━━━

미니터 API를 배포하기 위해서 먼저 몇 가지 코드 수정을 해서 배포에 준비를 시켜 주어야 한다. 웹 서버 설정을 해줘야 하는데, 이제까지 사용했던 웹 서버는 개발용 서버다. 프로덕션(production) 서버로는 적합하지 않다. 그러므로 프로덕션 서버에서 Flask가 실행되도록 설정을 해줘야 한다. 프로덕션 서버는 여러 가지 옵션이 있다. 그중 우리는 twisted라는 웹 서버 프레임워크를 사용할 것이다. 먼저, flask-twisted를 설치하도록 하자. flask-twisted는 Flask가 twisted 안에서 실행시키도록 해주는 라이브러리다.

```
pip install flask-twisted
```

twisted를 사용해서 Flask를 실행하기 위해서는 flask_script라는 flask 플러그인도 설치해야 한다.

```
pip install flask_script
```

설치가 완료되면 미니터 API 코드가 있는 디렉터리에 setup.py라고 하는 새로운 파일을 생성하도록 하자. setup.py 파일은 다음과 같이 생성하면 된다.

```python
import sys

from flask_script   import Manager
from app            import create_app
from flask_twisted  import Twisted
from twisted.python import log

if __name__ == "__main__":
    app = create_app()
```

266

```
    twisted = Twisted(app)
    log.startLogging(sys.stdout)

    app.logger.info(f"Running the app...")

    manager = Manager(app)
    manager.run()
```

setup.py 파일을 생성했으면 이제 requirements.txt 파일을 생성할 차례다. requirements.txt 파일은 해당 프로젝트에서 사용되는 외부 프레임워크와 라이브러리를 모두 나열한 파일이다. EC2 instance에 미니터 API를 배포할 때 requirements.txt 파일에 나열된 프레임워크와 라이브러리를 설치하게 된다. requirements.txt 파일은 다음 pip 명령어를 사용해서 쉽게 생성할 수 있다.

```
pip freeze > requirements.text
```

조심해야 할 점은 파이썬 가상 환경이 활성화된 상태에서 pip freeze 명령어를 실행해야 한다는 것이다. 그리고 이제까지 설치한 모든 파이썬 프레임워크와 라이브러리 또한 파이썬 가상 환경이 활성화된 상태에서 설치했어야 한다. 만일 파이썬 가상 환경이 활성화되지 않은 상황에서 프레임워크와 라이브러리를 설치했거나 혹은 pip freeze를 실행했다면 requirements.text 파일이 제대로 생성되지 않으니 유의하자.

마지막으로, config.py 파일을 변경하자. 현재 config.py 파일의 데이터베이스 설정은 로컬 호스트 데이터베이스 설정으로 되어 있을 것이다. 그것을 AWS에서 생성한 MySQL 데이터베이스 설정으로 변경해 주자. host, user, password, database 부분 모두 AWS에서 생성한 MySQL 데이터베이스 설정에 맞추어 변경해 주어야 한다.

이번 장에서는 불필요한 복잡성을 피하기 위해 config.py 파일을 깃허브 리포지토리에 다른 소스 코드 파일과 함께 추가할 것이다. 그러나 실제 개발을 할 때에는 설정 파일에 민감할 수 있는 정보가 들어가 있을 수 있으므로 리포지토리에 추가하지 않는 것이 좋다.

이제 EC2 instance들에 미니터 API를 배포하도록 하자. 미니터 API를 배포하기 위해서는 먼저 미니터 API 코드를 깃허브에 올려놓아야 한다.

먼저, 깃허브 사이트에 접속해서 새로운 리포지토리를 만들도록 하자. 원하는 "Repository name"을 지정해 주자. 그리고 "Add .gitignore" 옵션은 "Python"으로 설정해 주자. 만일 깃허브 유료 계정을 가지고 있다면 "Private" 리포지토리로 정해 주면 되고, 아니면 "Public"으로 설정해 주자. Public으로 설정하면 누구나 코드를 볼 수 있지만, 민감한 코드가 아니라 교육용 코드이니 상관없을 것이다(하지만 만일 다른 사람이 공유하기를 원하지 않거나 민감한 코드나 데이터가 들어가 있다면 유료 회원으로 전환하고 "Private" 리포지토리로 바꾸어 주자).

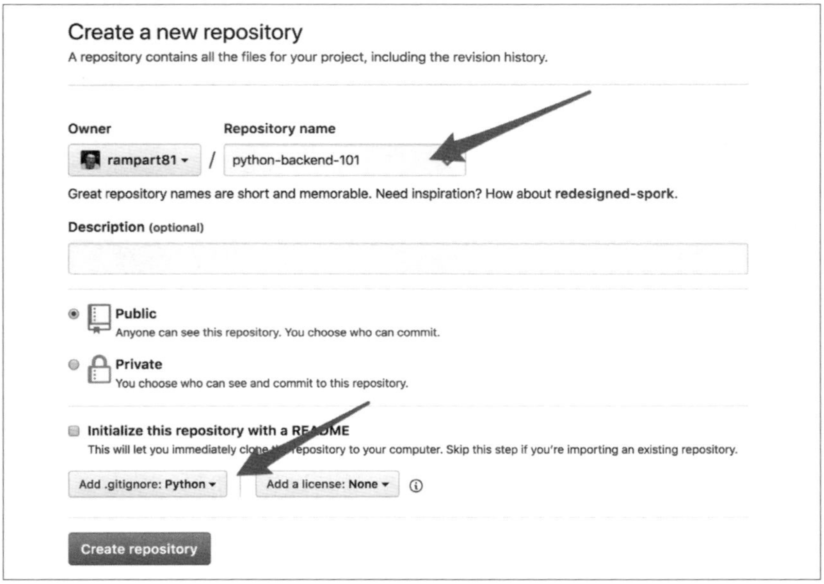

[그림 9-25] 깃허브 리포지토리 설정

268

그리고 이제 미니터 API 코드들이 있는 디렉터리로 가서 먼저 다음 명령어를 실행
하자.

```
$ git init
```

그 후 파일들을 git에 추가하도록 하자.

```
$ git add .
```

그 후 커밋을 한다.

```
$ git commit -m "미니터 API"
```

이제 방금 생성한 깃허브를 연결시키자.

```
$ git remote add origin <remote repository URL>
```

- <remote repository URL> : 깃허브 주소다. 예를 들어, git@github.
  com:rampart81/intro-to-python-backend.git

마지막으로, 미니터 API 코드들을 깃허브에 푸시하도록 하자.

```
$ git push -u origin master
```

코드가 모두 깃허브에 잘 올라갔으면 이제 EC2 instance에 배포하도록 하자. 먼저,
EC2 instance에 SSH 접속을 한다.

```
ssh -i <pem key 경로> ubuntu@<ec2 instance public ip 주소>
```

- <pem key 경로> : 앞서 다운로드받은 pem key 경로(경로와 해당 pem key 이름까지)까지 설정해 주면 된다.
- <ec2 instance public ip 주소> : 해당 EC2 instance의 public IP 주소를 입력하면 된다.

EC2 instance에 접속했으면 deploy key를 생성해야 한다. deploy key는 서버에서 깃허브 코드를 받아 오기 위해서 사용된다. 깃허브용 read-only SSH key라고 생각하면 쉽다. 배포하기 위해서 코드를 깃허브에서 먼저 받아 와야 하므로 deploy key라고 한다. deploy key를 생성하도록 하자.

```
ssh-keygen -t rsa -b 4096 -C "your_email@example.com"
```

- 이메일은 각자가 원하는 이메일로 설정하도록 하자.

생성된 deploy key를 복사해서 깃허브의 원하는 리포지토리에 deploy key로 등록을 해주어야 한다. 먼저, 방금 생성한 deploy key를 복사하자. 다음 명령어를 실행하면 deploy key의 public key가 화면에 출력될 것이다. 화면에 출력된 키 값을 복사하자.

```
cat ~/.ssh/id_rsa.pub
```

그 후 깃허브에서 원하는 리포지토리 페이지로 간 다음, 오른쪽에 "Settings" 탭을 선택한 후 왼쪽 메뉴의 "Deploy keys"를 선택해서 방금 복사한 deploy key 값을 복사해 넣도록 하자.

[그림 9-26] 깃허브 deploy key 설정

deploy key를 추가했으니 이제 EC2에 SSH 접속을 하도록 하자. 접속을 한 후 깃허브에서 미니터 API 코드를 받아 와야 한다.

```
$ git clone <깃허브 리포지토리 주소>
```

- <깃허브 리포지토리 주소> : 앞서 생성한 깃허브 리포지토리 주소를 입력하면 된다. 예를 들어, git@github.com:rampart81/intro-to-python-backend.git

미니터 API 코드를 깃허브에서 받아 왔으면 이제 EC2 instance에도 콘다(Conda)를 설치해 줘야 한다. 다음 명령어를 사용해서 콘다 설치 파일을 먼저 다운로드받자.

```
wget https://repo.continuum.io/miniconda/Miniconda3-latest-
Linux-x86_64.sh .
```

콘다 설치 스크립트 파일이 현재 디렉터리에 다운로드받아졌을 것이다. 다운로드받은 콘다 설치 스크립트 파일을 실행해서 콘다를 설치하도록 하자. 1장에서 콘다를 설치한 것과 동일한 과정이니 1장을 참고하면서 콘다를 설치하자.

```
sh Miniconda3-latest-Linux-x86_64.sh
```

설치가 완료되었으면 bash 설정을 다시 읽어 들임으로써 콘다가 PATH에 추가되도록 하자.

```
. ~/.bashrc
```

다음은 파이썬 가상 환경을 만들어 주도록 하자. 미니터 API를 개발하면서 만들었던 환경을 동일하게 EC2 instance에도 구성해 주는 것이다.

```
conda create --name api python=3.7
```

파이썬 가상 환경 이름은 자유롭게 정해 주도록 하자. 여기서는 api라고 가상 환경 이름을 정해 주었다. 가상 환경이 생성되었으면 곧바로 활성화한다.

```
source activate api
```

다음은 깃허브에서 받은 미니터 API 코드가 있는 디렉터리로 간 후 다음 명령어를 실행하여 미니터 API를 실행하기 위해 필요한 외부 프레임워크와 라이브러리들을 설치한다.

```
pip install -r requirements.txt
```

자, 이제 API를 실행시킬 준비가 되었다. 다음 명령어를 실행하면 미니터 API가 실행된다.

```
nohup python setup.py runserver --host=0.0.0.0 &
```

- nohup : 현재 SSH 세션이 종료되어도 해당 명령어는 계속해서 실행해 주는 명령어다. 즉 서버에서 exit해서 나와도 API는 계속해서 실행된다는 뜻이다.
- & : 해당 명령어를 background mode로 실행시켜 준다.
- --host=0.0.0.0 : host를 0.0.0.0으로 지정해 주어야 외부에서도 HTTP를 통해 접속할 수 있다.

다음 명령어를 실행했을 때 "pong" 응답이 리턴되면 API가 제대로 배포된 것이다!

```
curl localhost:5000/ping
```

동일한 환경과 설정을 2개 EC2 instance 모두에게 적용해 주어야 한다. 그러므로 나머지 EC2 instance에도 접속해서 동일하게 적용하자.

load balancer

이제 load balacer를 설정해 주는 것만 남았다. load balancer는 백엔드 서버들에게 전송되는 HTTP나 다른 종류의 네트워크 트래픽(traffic)을 여러 서버들에 동일하게 분배해 주는 역할을 한다. 앞서 우리는 2개의 EC2 instance를 생성한 후 미니터 API를 배포하였다. 하지만 2개의 EC2 instance들이 HTTP 요청을 직접 받지 않는다. load balancer가 HTTP 요청을 먼저 받고 그 후 2개의 EC2 instance들에게 균등히 분배해 준다. 그러므로 하나의 서버가 모든 트래픽을 감당하지 않아도 되며, 또한 만일 하나의 서버에 문제가 있어도 복구되는 동안 다른 서버가 트래픽을 감당해 줄 수 있다.

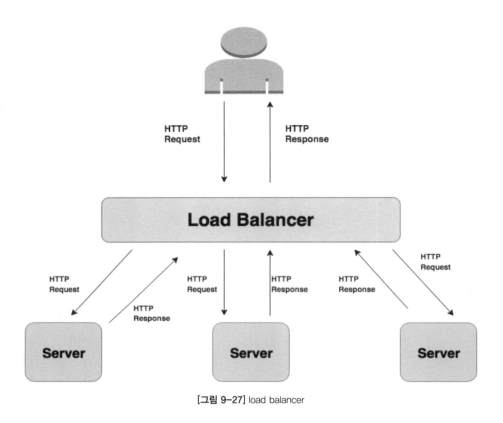

[그림 9-27] load balancer

load balancer를 생성하기 위해서 다시 EC2 페이지로 가자. 그리고 왼쪽에 있는 메뉴에서 "Load Balancer"를 클릭한 후 상단의 "Create Load Balancer"를 선택한다.

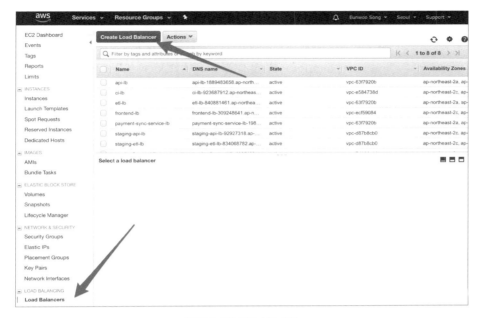

[그림 9-28] AWS ALB 생성

그다음은 load balancer의 타입을 선택해야 한다. "Application Load Balancer"
를 선택하면 된다.

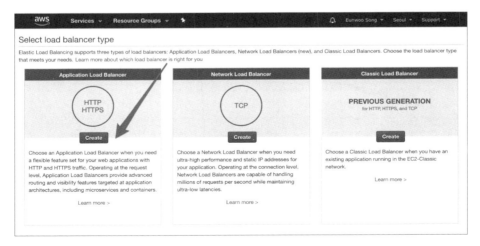

[그림 9-29] AWS ALB 타입 선택

load balancer 타입을 선택하면 load balancer의 기본 설정 페이지로 넘어갈 것
이다. 먼저, load balancer의 이름을 원하는 이름으로 정해 주도록 하자. 그리고
"Scheme"은 "internet-facing"으로 설정해 주어서 외부 네트워크에서 HTTP 전
송이 가능하도록 한다. "IP address type"은 "ipv4"를 선택해 주자. 이제 "VPC"
와 "Availability Zone"을 선택해야 한다. 아마 VPC가 하나만 있을 것이므로 해당
VPC를 선택하면 된다. 만일 VPC가 하나 이상이라면 앞서 생성한 EC2가 속해 있는
VPC를 선택해 주어야 한다. 그다음은 subnet을 선택해야 한다. subnet도 마찬가지
로 EC2가 속해 있는 subnet을 선택해야 하는데, 가능하면 모든 subnet을 전부 선
택해 주도록 하자. 설정이 마무리되면 다음으로 넘어간다.

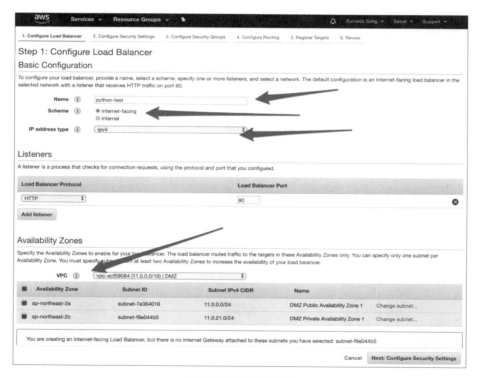

[그림 9-30] AWS ALB 설정

다음 페이지는 보안 설정 페이지인데, 다음과 같이 경고 메시지가 나타날 것이다. 보안 메시지가 나타나는 이유는 HTTPS 설정을 하지 않았기 때문이다. HTTP를 사용하지 말고 HTTPS를 사용하는 것이 보안상 좋다고 말해 주는 것이다. 그리고 실제 시스템에서는 HTTPS를 당연히 써야 한다. 하지만 HTTPS를 하기 위해서는 도메인 (domain)을 등록하고 HTTPS 인증서도 있어야 하는 등의 추가 설정이 들고, 무엇보다 도메인을 구매해야 하므로 이번 장의 교육용 목적으로는 적합하지 않다. 그리고 상업용 시스템이 아니므로 무시하고 넘어가도 괜찮으니 넘어가도록 한다.

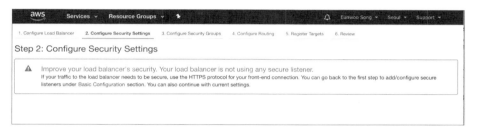

[그림 9-31] AWS ALB 보안 경고 메시지

다음 페이지로 넘어가면 security group 설정을 하는 페이지가 나온다. 다음 이미지처럼 "Create a new security group"을 선택한다. 그리고 inbound rule에 "HTTP"를 추가하고 Source는 "anywhere"을 선택한다.

[그림 9-32] AWS ALB Security Group 설정

그다음 설정으로는 routing을 설정한다. 다음 이미지대로 설정하자. "Target group port"는 실제 API가 실행되고 있는 포트로 정해 줘야 한다. 미니터 API의 경우에는 5000번이 된다. "Health check"의 path는 "/ping"으로 설정하자. 이렇게 설정을 해주면 load balancer가 붙어 있는 서버들에게 몇 초에 한 번씩 주기적으로 /ping 엔드포인트로 HTTP 요청(request)을 보낸다. 그리고 OK 200 응답이 오는지를 확인한다. 200 응답이 오면 서버가 정상적으로 작동하는 것으로 간주한다. 만일 200 응답이 오지 않으면 서버에 오류나 문제가 있는 것으로 간주하고 더 이상 HTTP 요청을 분배해 주지 않는다.

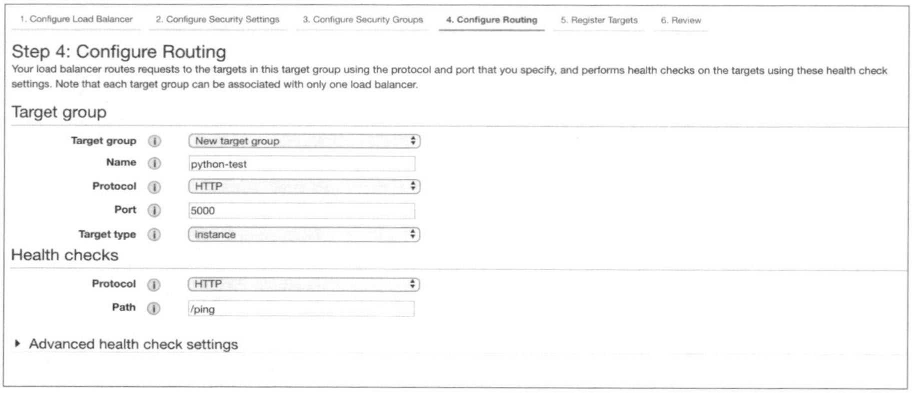

[그림 9-33] AWS ALB Routing 설정

다음 페이지로 넘어가면 마지막 설정으로 load balancer에 실제 EC2 instance 를 붙이도록 하자. 아래 "Instance" 섹션에서 원하는 인스턴스를 찾아서 선택한 후 "Add to registered" 버튼을 누르면 된다. 앞서 생성한 2개의 EC2 instance들을 모두 선택해서 추가해 주도록 하자. 완료되면 다음으로 넘어가자.

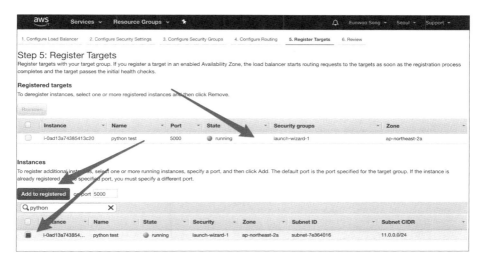

[그림 9-34] AWS ALB Target 설정

마지막으로, 리뷰 페이지가 나온다. 모든 설정이 맞는지 확인한 후 "Create" 버튼을 클릭하면 load balancer가 생성이 된다. load balancer가 생성되어 준비되는 데 몇 분 이상이 소요된다. 생성이 완료되면 DNS를 확인하도록 하자. DNS가 바로 load balancer의 URL 주소다. 이 주소가 바로 미니터 API의 URL 주소가 된다. 이 주소로 HTTP 요청(request)을 보내고 HTTP 응답(response)을 받을 수 있다. 드디어 미니터 API가 AWS상에 배포되어 실행되고 있는 것이다!

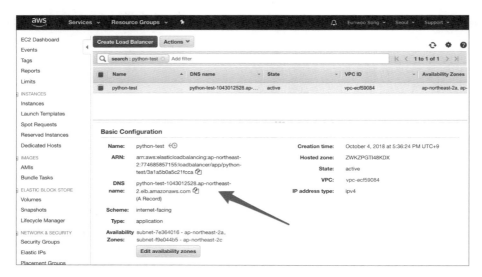

[그림 9-35] AWS ALB 정보

AWS Resource Clean Up

이번 장을 시작할 때 언급했듯이 이번 장의 내용을 진행하면서 생성한 서버 등은 삭제하지 않으면 비용이 나갈 수 있다. 그러므로 사용하지 않는다면 전부 삭제하도록 하자.

- EC2 서버들은 "terminate" 해주면 된다.
- RDS MySQL는 삭제하도록 하자.
- load balancer와 target도 삭제하도록 하자.
- 이외에도 몇 가지 작은 것들로 인해 비용이 나갈 수 있다. 어떠한 비용도 지불하고 싶지 않다면 AWS 계정 자체를 삭제하도록 하자.

9장 정리

이번 장에서는 미니터 API를 실제로 AWS에 배포했다. 백엔드 API의 개발부터 테스트 그리고 배포까지 모든 과정을 다 경험해 본 것을 축하드린다. 지금까지 구현한 미니터 API는 간단한 API이지만, 그래도 백엔드 API 개발에 필요한 모든 과정들을 전부 경험해 보았다. 개발, 테스트, 배포까지 모두 구현해 본 것이다. 이제는 미니터 API를 좀 더 완성해 보도록 하자. 다음 장부터는 미니터 API의 완성도를 높이고 좀 더 복잡하고 어려운 엔드포인트들을 구현해 보도록 하겠다.

C·H·A·P·T·E·R

API 아키텍처

이번 장에서는 백엔드 API의 코드 전체 구조, 즉 코드의 아키텍처(architecture)에 대해서 알아볼 것이다. 왜 코드의 아키텍처가 중요한지 알아볼 것이고, 또한 널리 사용되는 아키텍처 패턴에 대해서 알아 본다. 그리고 실제로 미니터 API의 코드를 더 체계적이고 효율적인 구조로 바꾼다. 그러므로 좀 더 전문적인 코드 구조를 가진 미니터 API가 되도록 만든다.

- API 아키텍처
- 레이어드 패턴(layered pattern)

코드 구조의 중요성

이제까지 우리가 구현한 미니터 API는 app.py라는 하나의 파일에 모든 코드가 들어 있다. 이렇게 하나의 파일에 모든 코드를 구현하는 방법의 장점은 간단하다는 것이다. 모든 코드를 한 파일에서 확인할 수 있으므로 복잡성을 줄이고, 개발이 전체적으로 덜 복잡해지고 간단해진다. 그러므로 API 개발 입문 교육용으로는 적합하다고 할 수 있다.

하지만 특별한 코드의 구조 없이 한 파일에 모든 코드를 구현하는 것은 코드의 양이 많지 않을 때는 간단하다는 장점을 누릴 수 있으나, 코드의 양이 조금만 많아져도 간단하다는 장점을 잃게 된다. 오히려 필요 이상으로 복잡해져 버려서 코드의 보수 유지가 어려워진다. 그러므로 실제 기업의 시스템에서 하나의 파일에 모든 코드를 넣는 것은 좋지 않다. 실제로는 논리적으로 혹은 기능적으로 영역을 구분하여 코드를 관리하는 것이 좋다. 이렇게 코드의 구조를 더 체계적으로 그리고 효율적으로 구현하는 것을 코드의 아키텍처(architecture)라고 한다.

> 아키텍처라는 단어는 광범위하게 적용될 수 있는 단어다. 서버, 네트워크 등의 시스템 구조를 이야기할 때도 아키텍처라는 단어가 쓰일 수 있다. 그러므로 약간의 혼동이 있을 수 있다. 이번 장에서는 코드의 구조를 뜻하는 아키텍처를 이야기하는 것이다.

어떠한 코드 아키텍처가 체계적이고 효율적인 아키텍처일까? 코드 아키텍처를 구상할 때 다음 요소들을 염두에 두어야 한다.

- 확장성(extensiblity)
- 재사용성(reusablity)
- 보수 유지 가능성(maintability)
- 가독성(readability)

- 테스트 가능성(testability)

각 요소들을 조금 더 자세히 이야기해 보자.

확장성

모든 코드는 처음에는 조그마한 규모에서 시작할 것이다. 큰 규모의 시스템이라도 시작은 조그마할 수밖에 없다. 마찬가지로, 처음에는 간단한 시스템이라도 서비스가 발전하고 해당 기업이 성장해 갈수록 시스템도 커져 갈 수밖에 없다. 그러므로 시스템을 구현할 때 확장성이 중요할 것이다. 확장성을 고려하지 않고 구현한 코드들은 시스템의 규모가 커질수록 문제가 많이 생길 확률이 높아지기 쉽다. 그러므로 확장성이 높은 구조로 코드를 구현하는 것이 중요하다.

재사용성

재사용성이 높아야 코드의 양도 적어지고 개발의 속도도 높아지며, 코드 또한 더 안전하고 견고한 코드를 구현하기 쉽다. 여기서 말하는 재사용성은 코드 레벨의 재사용성, 즉 함수나 클래스를 재사용하는 수준의 재사용성보다는 구조적인 재사용성을 이야기한다. 이 부분에 대해서는 곧 더 자세히 이해할 수 있을 것이다.

보수 유지 가능성

보수 유지는 두말할 필요 없이 중요한 요소다. 보수 유지가 쉬운 코드를 구현하기 위해서는 구조적으로 로직이 잘 정리가 되고 나뉘어 있어야 한다. 반대로 여러 로직이 함께 뒤엉켜 있는 코드일수록 보수 유지가 힘든 코드다. 이러한 코드를 스파게티(spaghetti) 코드라고 한다. 스파게티처럼 뒤엉켜 있다고 해서 붙은 이름이다. 그러므로 함수나 클래스 등을 사용하여 코드를 추상화(abstraction)하고 서로 독립적인 로직을 분리하여 필요한 곳에 적절하게 사용되도록 하는 코드를 구현하여 보수 유지를 더 쉽게 할 수 있도록 하는 것이다. 코드의 구조를 구현할 때도 이러한 추상화와 독립적으로 분리하는 것이 중요하다.

가독성

코드의 가독성이 높아야 좋은 코드인 것은 누구나 알 것이다. 어려운 로직일수록 더 더욱 가독성이 높게 구현해야 한다. 어려운 로직을 어렵고 복잡하게 구현하는 것은 누구나 할 수 있다. 어려운 로직을 쉽게 간단하게 구현하는 것이 좋은 개발자다. 마찬가지로, 코드의 구조 또한 이해하기 쉽게 구현해야 한다. 복잡하면 이해하기가 힘들기 때문에 보수와 유지가 힘들 수밖에 없고 오류가 많이 생길 수밖에 없다.

테스트 가능성

테스트의 중요성은 8장에서 이미 이야기했다. 테스트를 잘 구현하기 위해서는 unit test를 하기 쉬운 코드로 구현해야 한다. unit test를 하기 쉬운 코드는 추상화 (abstraction)가 잘되어 있고, 한 가지 역할만 하는 코드다. 코드의 구조도 마찬가지다. 추상화가 잘 구현되어 있고 담당하는 역할이 잘 나뉘어 있는 구조가 테스트하기 쉬운 구조다.

레이어드 패턴

앞서 보았듯이 코드의 구조를 구상할 때 고려해야 할 점은 여러 가지다. 그리고 하나

하나의 요소가 어려울 수 있는 요소여서 좋은 코드의 구조를 생각해 내기란 쉽지 않을 수도 있다. 다행히도 코드의 구조를 어떻게 구성하고 관리해야 하는 문제는 이미 많이 다루어진 문제이고, 그래서 그에 관한 정석이나 패턴은 굉장히 많이 나와 있다. 널리 사용되고 검증된 좋은 패턴들이 이미 존재하므로 그러한 패턴들 중 적합한 패턴을 적용하면 된다. 백엔드 API 코드에 가장 널리 적용되는 패턴 중 하나는 레이어드(layered) 아키텍처 패턴이다.

Multi-tier 아키텍처 패턴이라고도 하는 레이어드 아키텍처는 코드를 논리적인 부분 혹은 역할에 따라 독립된 모듈로 나누어서 구성하는 패턴이다. 그리고 각 모듈이 서로의 의존도에 따라 층층이 쌓듯이 연결되어서 전체의 시스템을 구현하는 구조다. 그래서 마치 레이어(layer)를 쌓아 놓은 것 같은 형태의 구조가 된다. 각 시스템마다 경우가 다를 수 있으나 일반적으로 보통 다음과 같은 3개의 레이어가 존재한다.

- presentation layer
- business layer
- persistence layer

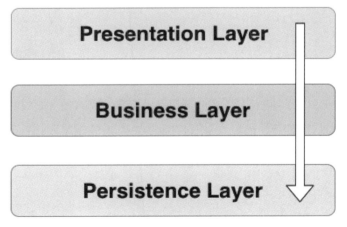

[그림 10-1] 레이어드 아키텍처

presentation layer

Presentation layer는 해당 시스템을 사용하는 사용자 혹은 클라이언트 시스템과 직접적으로 연결되는 부분이다. 웹사이트에서는 UI 부분에 해당하고 백엔드 API에서는 엔드포인트 부분에 해당한다. 그러므로 presentation layer에서 API의 엔드포인트들을 정의하고 전송된 HTTP 요청(request)들을 읽어 들이는 로직을 구현한다. 하지만 그 이상의 역할은 담당하지 않는다. 실제 시스템이 구현하는 비즈니스 로직은 다음 레이어(layer)로 넘기게 된다.

business layer

Business layer는 이름 그대로 비즈니스 로직을 구현하는 부분이다. 실제 시스템이 구현해야 하는 로직들을 이 레이어에서 구현하게 된다. 예를 들어, 미니터 API의 tweet 엔드포인트에서 만일 tweet이 300자가 넘는지 확인하여 300자가 넘으면 해당 tweet을 거부해야 하는 로직 등이 비즈니스 로직이며, 바로 business layer에서 구현하게 된다.

persistence layer

Persistence layer는 데이터베이스와 관련된 로직을 구현하는 부분이다. Business layer에서 필요한 데이터 생성, 수정, 읽기 등을 처리하여 실제로 데이터베이스에서 데이터를 저장, 수정, 읽어 들이기를 하는 역할을 한다.

레이어드 아키텍처의 핵심 요소

레이어드 아키텍처의 핵심 요소는 바로 단방향 의존성이다. 각각의 레이어는 오직 자기보다 하위에 있는 레이어에만 의존한다. 그러므로 presentation layer는 business layer에게 의존하고, business layer는 persistence layer에게만 의존하게 된다. 그 뜻은 반대로 business layer는 presentation layer에 대해 완전히 독립적이며, persistence layer는 business layer나 presentation layer에 대해 완전히 독립적이다.

또 다른 핵심 요소는 "separation of concerns"이다. 즉 각 레이어의 역할이 명확하다는 뜻이다. Presentation layer에는 비즈니스 로직이 전혀 구현되어 있지 않다. 비즈니스 로직을 처리하기 위해서 presentation은 business layer의 코드를 호출해서 사용해야 한다. 마찬가지로, business layer에는 데이터베이스 관련 로직이 전혀 구현되어 있지 않다. 데이터베이스 처리를 하기 위해서는 persistence layer의 코드를 호출해서 사용해야 한다.

그렇기 때문에 레이어드 아키텍처(layered architecture)의 구조로 코드를 구현하면 코드의 확장성이 높아진다. 각 레이어가 서로 독립적이고 역할이 분명하므로 서로에게 끼치는 영향을 최소화하면서 확장하거나 수정할 수 있다. 또한 각 레이어가 완벽하게 분리가 되어 있고 역할이 명확하므로 가독성도 높아진다. 코드의 구조를 파악하기가 쉬울 뿐만 아니라 각 레이어의 코드의 목적이 명확하고 범위도 확실하기 때문이다. 또한 재사용 가능성도 높아진다. 예를 들어, 레이어가 독립적이므로 business layer는 여러 다른 presentation layer에 적용될 수 있다. Flask 기반의 API 엔드포인트에 적용된 business layer가 다른 프레임워크를 사용한 RPC 엔드포인트에 사용될 수도 있다. 마지막으로, 테스트 코드를 구현하기도 더 수월해진다. 이미 명확한 역할에 의해 나뉘어 있으므로 각 레이어를 테스트하는 코드도 레이어가 나뉘는 것처럼 명확하게 나눌 수 있으며, 복잡한 로직이 아니라 명확하고 범위가 확실한 기능만을 테스트하기 쉽다. 또한 레이어들 자체가 다른 레이어에서 사용하는 구조이므로 테스트에서 호출해서 테스트해 보기가 쉽다.

레이어드 아키텍처 적용하기 ━━━━━━━

자, 이제 레이어드 아키텍처를 미니터 API에 적용해 보도록 하자. 미니터 API에 presentation layer는 view(엔드포인트 부분)가 될 것이며, business layer는 service(비즈니스 로직 부분), 그리고 persistence layer는 model(데이터베이스 접속 부분) 부분이 된다.

그러므로 미니터 API의 디렉터리 구조를 아래처럼 구성한다.

```
api
|_ view
|_ service
|_ model
|_ app.py
```

API 프로젝트의 가장 상위 디렉터리에서 view 디렉터리, service 디렉터리, 그리고 model 디렉터리를 생성하는 것이다.

```
$ mkdir {view,service,model}
```

view(presentation layer)

view 디렉터리를 생성하였으면 엔드포인트들을 정의하는 코드들은 전부 view 디렉터리로 옮긴다. 그러기 위해서는 view 디렉터리에 새로운 파이썬 파일을 생성하도록 하자. 미니터 API에는 많은 엔드포인트가 있지는 않고, 또한 엔드포인트 코드는 그다지 복잡하지 않으니 __init__.py 파일에 직접 구현해도 충분하다. view 디렉터리에 __init__.py를 생성한 후 엔드포인트들 정의 코드들을 구현하면 된다.

예를 들어, /sign-up 엔드포인트는 다음과 같이 구현하면 된다.

```
def create_endpoints(app, services):                              ❶
    user_service  = services.user_service                         ❷

    @app.route("/sign-up", methods=['POST'])
    def sign_up():
        new_user     = request.json
        new_user_id = user_service.create_new_user(new_user)      ❸
        new_user     = user_service.get_user(new_user_id)         ❹

        return jsonify(new_user)
```

- ❶ : create_endpoints라는 함수를 만들어서 이 함수 안에 엔드포인트들을 생성한다. create_endpoints 함수는 2개의 인자를 받는데, 먼저 Flask 클래스를 생성해서 만든 app을 인자로 받고, 나머지는 buisness layer의 코드를 가지고 있는 services 인자를 받는다.

- ❷ : services 인자에서 UserSerivce 객체를 user_service 변수에 읽어 들인다. UserService 클래스는 사용자 관련 비즈니스 로직을 구현하는 클래스다.

- ❸ : user_service의 create_new_user 함수를 호출해서 사용자를 생성한다. 즉 business layer의 코드로 위임해서 비즈니스 로직을 해결하는 것이다.

- ❹ : ❸에서 생성한 새로운 사용자의 아이디를 사용해 user_service의 get_user 함수를 호출해서 사용자 정보를 읽어 들인다.

나머지 엔드포인트도 비슷한 구조로 구현된다. 엔드포인트를 정의하고 HTTP 요청(request)에서 필요한 인풋 데이터를 받은 후 business layer인 service의 코드를 호출해서 비즈니스 로직을 실행시킨 후 결괏값을 가지고 HTTP 응답(response)을 리턴하면 된다. 다음의 코드를 참고하면서 나머지 엔드포인트도 구현해 보자.

```python
import jwt

from flask        import request, jsonify, current_app, Response, g
from flask.json import JSONEncoder
from functools  import wraps

## Default JSON encoder는 set를 JSON으로 변환할 수 없다.
## 그러므로 커스텀 엔코더를 작성해서 set을 list로 변환하여
## JSON으로 변환 가능하게 해주어야 한다.
class CustomJSONEncoder(JSONEncoder):
    def default(self, obj):
        if isinstance(obj, set):
            return list(obj)

        return JSONEncoder.default(self, obj)


#########################################################
#      Decorators
#########################################################
def login_required(f):
    @wraps(f)
    def decorated_function(*args, **kwargs):
        access_token = request.headers.get('Authorization')
        if access_token is not None:
            try:
                payload = jwt.decode(access_token, current_app.
                config['JWT_SECRET_KEY'], 'HS256')
            except jwt.InvalidTokenError:
                 payload = None

            if payload is None: return Response(status=401)

            user_id   = payload['user_id']
            g.user_id = user_id
        else:
            return Response(status = 401)

        return f(*args, **kwargs)
    return decorated_function
```

```python
def create_endpoints(app, services):
    app.json_encoder = CustomJSONEncoder

    user_service  = services.user_service
    tweet_service = services.tweet_service

    @app.route("/ping", methods=['GET'])
    def ping():
        return "pong"

    @app.route("/sign-up", methods=['POST'])
    def sign_up():
        new_user = request.json
        new_user = user_service.create_new_user(new_user)

        return jsonify(new_user)

    @app.route('/login', methods=['POST'])
    def login():
        credential = request.json
        authorized = user_service.login(credential)

        if authorized:
            user_credential = user_service.get_user_id_and_
            password(credential['email'])
            user_id        = user_credential['id']
            token          = user_service.generate_access_token(user_id)

            return jsonify({
                'user_id'      : user_id,
                'access_token' : token
            })
        else:
            return '', 401

    @app.route('/tweet', methods=['POST'])
    @login_required
    def tweet():
        user_tweet = request.json
        tweet      = user_tweet['tweet']
```

```python
    user_id    = g.user_id

    result = tweet_service.tweet(user_id, tweet)
    if result is None:
        return '300자를 초과했습니다', 400

    return '', 200

@app.route('/follow', methods=['POST'])
@login_required
def follow():
    payload   = request.json
    user_id   = g.user_id
    follow_id = payload['follow']

    user_service.follow(user_id, follow_id)

    return '', 200

@app.route('/unfollow', methods=['POST'])
@login_required
def unfollow():
    payload     = request.json
    user_id     = g.user_id
    unfollow_id = payload['unfollow']

    user_service.unfollow(user_id, unfollow_id)

    return '', 200

@app.route('/timeline/<int:user_id>', methods=['GET'])
def timeline(user_id):
    timeline = tweet_service.get_timeline(user_id)

    return jsonify({
        'user_id' : user_id,
        'timeline' : timeline
    })

@app.route('/timeline', methods=['GET'])
```

```
@login_required
def user_timeline():
    timeline = tweet_service.get_timeline(g.user_id)

    return jsonify({
        'user_id'  : user_id,
        'timeline' : timeline
    })
```

service(business layer)

미니터 API의 비즈니스 로직은 크게 두 부분으로 나눌 수 있다. 사용자 관련 로직과 tweet 관련 로직으로 나눌 수 있다. 사용자 생성, 팔로우, 언팔로우 등의 사용자 관련 기능은 UserService라는 이름의 클래스로 구현하고, tweet 생성, 그리고 timeline 읽어 들이기 기능은 TweetService라는 클래스로 구현하도록 하자.

먼저, UserService를 구현해 보도록 하자. service 디렉터리 안에 user_service.py 파일을 생성한 후 UserService 클래스를 구현하도록 하자. 먼저, 새로운 사용자를 생성하는 기능을 구현해 보도록 하자.

```
class UserService:                                    ❶

    def __init__(self, user_dao):                     ❷
        self.user_dao = user_dao

    def create_new_user(self, new_user):              ❸
        new_user['password'] = bcrypt.hashpw(         ❹
            new_user['password'].encode('UTF-8'),
            bcrypt.gensalt()
        )

        new_user_id = self.user_dao.insert_user(new_user)  ❺
```

```
    return new_user_id
```

- ❶ : UserService 클래스를 정의한다. UserService 클래스가 business layer의 사용자 관련 부분을 담당한다.

- ❷ : UserService의 __init__ 메소드에 user_dao를 인자로 받는다. user_dao가 persistance layer의 사용자 부분을 담당하는 객체다. 즉 users 테이블을 담당하는 persistance layer의 코드다.

- ❸ : create_new_user 함수를 통해 새로 생성된 사용자를 처리하는 비즈니스 로직을 구현한다. 여기서 new_user 인자는 presentation layer를 통해 받는다.

- ❹ : presentation layer를 통해 받는 new_user의 비밀번호를 단방향 암호화한다.

- ❺ : ❹에서 비밀번호를 암호화한 사용자 정보를 user_dao를 통해 persistance layer에 넘겨주어서 데이터베이스에 사용자를 생성하도록 한다.

앞서 보았듯이 busienss layer는 persistance layer에 의존하고 있다. 그러므로 business layer에 속해 있는 UserSerivce 클래스는 persistance layer의 코드의 UserDao에 의존한다. 여기서 DAO는 Data Access Object의 약자다. 이름 그대로 데이터 접속을 담당하는 객체이며, 즉 DAO 객체들을 통해 데이터베이스 처리를 한다. business layer는 persistance layer에 의존하므로 service 클래스들은 DAO 클래스들에 의존한다.

다음 코드를 참고하면서 UserSerivce 클래스의 나머지 메소드들도 구현해 보자.

```
import jwt
import bcrypt

from datetime   import datetime, timedelta
```

```
class UserService:
    def __init__(self, user_dao, config):
        self.user_dao = user_dao
        self.config   = config

    def create_new_user(self, new_user):
        new_user['password'] = bcrypt.hashpw(
            new_user['password'].encode('UTF-8'),
            bcrypt.gensalt()
        )

        new_user_id = self.user_dao.insert_user(new_user)

        return new_user_id

    def login(self, credential):
        email           = credential['email']
        password        = credential['password']
        user_credential = self.user_dao.get_user_id_and_password(email)

        authorized = user_credential and bcrypt.checkpw(password.
        encode('UTF-8'), user_credential['hashed_password'].encode
        ('UTF-8'))

        return authorized

    def generate_access_token(self, user_id):
        payload = {
            'user_id' : user_id,
            'exp'     : datetime.utcnow() + timedelta(seconds = 60 * 60 *
            24)
        }
        token = jwt.encode(payload, self.config['JWT_SECRET_KEY'],
        'HS256')

        return token.decode('UTF-8')

    def follow(self, user_id, follow_id):
        return self.user_dao.insert_follow(user_id, follow_id)
```

```
def follow(self, user_id, unfollow_id):
    return self.user_dao.insert_unfollow(user_id, unfollow_id)
```

이제 tweet 관련 비즈니스 로직을 담당할 TweetService를 구현해 보자. TweetService 클래스도 UserService와 유사하다. 필요한 DAO 클래스를 지정하고 각 비즈니스 로직을 담당한 메소드를 구현하면 된다. 다음 코드를 참고하여 TweetService 클래스도 구현하도록 하자.

```
class TweetService:
    def __init__(self, tweet_dao):
        self.tweet_dao = tweet_dao

    def tweet(self, user_id, tweet):
        if len(tweet) > 300:
            return None

        return self.tweet_dao.insert_tweet(user_id, tweet)

    def timelime(self, user_id):
        return self.tweet_dao.get_timeline(user_id)
```

model(persistence layer)

이제 마지막 레이어인 persistence layer에 해당하는 model 부분을 구현할 차례다. service와 마찬가지로 model도 2가지 DAO 클래스를 구현해야 한다. UserDao와 TweetDao다. UserDao 클래스는 user 관련 데이터를 담당하는 클래스이고, TweetDao 클래스는 tweet 관련 데이터를 담당하는 클래스다. 이미 본 대로 UserDao 클래스는 UserService에서 사용하고, TweetDao 클래스는 TweetService에서 사용한다.

먼저, UserDao를 구현해 보도록 하자. UserDao에서 구현해야 하는 메소드들은 insert_new_user, get_user_id_and_password, insert_follow, insert_unfollow다. 먼저, insert_new_user 메소드를 구현해 보도록 하자.

```python
class UserDao:                              ❶
    def __init__(self, database):           ❷
        self.db = database

    def insert_user(self, user):
        return self.db.execute(text("""     ❸
            INSERT INTO users (
                name,
                email,
                profile,
                hashed_password
            ) VALUES (
                :name,
                :email,
                :profile,
                :password
            )
        """), user).lastrowid
```

- ❶ : UserDao 클래스를 정의한다.
- ❷ : UserDao 클래스의 __init__ 메소드에 database를 인자로 받는다. database는 sqlalchemy의 create_engine 함수를 통해서 생성한 Engine 객체다. 클래스 안에서 직접 데이터베이스 연결을 생성하는 것이 아니라 외부에서 dependency로 받는 이유는 몇 가지가 있지만 주된 이유는 unit test 구현 때문이다. 외부에서 설정 가능하게 해야 UserDao 클래스를 unit test하기가 쉽다.
- ❸ : ❷에서 dependency로 받은 database를 통하여 데이터베이스에 사용자 데이터를 insert한다.

UserDao의 나머지 메소드도 다음 코드를 참고하여 구현해 보도록 하자.

```python
from sqlalchemy import text

class UserDao:
    def __init__(self, database):
        self.db = database

    def insert_user(self, user):
        return self.db.execute(text("""
            INSERT INTO users (
                name,
                email,
                profile,
                hashed_password
            ) VALUES (
                :name,
                :email,
                :profile,
                :password
            )
        """), user).lastrowid

    def get_user_id_and_password(self, email):
        row = self.db.execute(text("""
            SELECT
                id,
                hashed_password
            FROM users
            WHERE email = :email
        """), {'email' : email}).fetchone()

        return {
            'id'              : row['id'],
            'hashed_password' : row['hashed_password']
        } if row else None

    def insert_follow(self, user_id, follow_id):
        return self.db.execute(text("""
```

```
            INSERT INTO users_follow_list (
                user_id,
                follow_user_id
            ) VALUES (
                :id,
                :follow
            )
        """), {
            'id'     : user_id,
            'follow' : follow_id
        }).rowcount

    def insert_unfollow(self, user_id, unfollow_id):
        return self.db.execute(text("""
            DELETE FROM users_follow_list
            WHERE user_id       = :id
            AND follow_user_id = :unfollow
        """), {
            'id'       : user_id,
            'unfollow' : unfollow_id
        }).rowcount
```

이제 TweetDao를 구현할 차례다. UserDao와 구조가 유사하니 다음 코드를 참고
하여 구현해 보도록 하자.

```
from sqlalchemy import text

class TweetDao:
    def __init__(self, database):
        self.db = database

    def insert_tweet(self, user_id, tweet):
        return self.db.execute(text("""
            INSERT INTO tweets (
                user_id,
                tweet
            ) VALUES (
```

```
                :id,
                :tweet
            )
        """), {
            'id'    : user_id,
            'tweet' : tweet
        }).rowcount

    def get_timeline(self, user_id):
        timeline = self.db.execute(text("""
            SELECT
                t.user_id,
                t.tweet
            FROM tweets t
            LEFT JOIN users_follow_list ufl ON ufl.user_id = :user_id
            WHERE t.user_id = :user_id
            OR t.user_id = ufl.follow_user_id
        """), {
            'user_id' : user_id
        }).fetchall()

        return [{
            'user_id' : tweet['user_id'],
            'tweet'   : tweet['tweet']
        } for tweet in timeline]
```

전체 코드 구조와 app.py 파일 ▬▬▬▬▬▬▬

service, view, 그리고 model을 모두 구현하고 나면 다음과 같은 코드 구조가 나
온다.

```
api
├── app.py
├── setup.py
```

```
├── model
│   ├── __init__.py
│   ├── tweet_dao.py
│   └── user_dao.py
├── service
│   ├── __init__.py
│   ├── tweet_service.py
│   └── user_service.py
└── view
    └── __init__.py
```

model과 service 디렉터리에 __init__.py 파일이 추가된 것을 볼 수 있다. 실제 클래스들을 간편하게 임포트할 수 있도록 다음과 같은 코드를 추가해 주었다.

```
from .user_service  import UserService
from .tweet_service import TweetService

__all__ = [              ❶
    'UserService',
    'TweetService'
]
```

- ❶ : __all__에 UserService와 TweetService를 지정해 주어서 service 모듈에서 한 번에 둘 다 임포트할 수 있게 해준다: from service import UserService, TweetService

각 레이어를 이어 주는 역할은 app.py 파일에서 해준다. 각 레이어의 클래스나 모듈들을 임포트하여 연결시켜 주고 Flask 애플리케이션을 생성하여 주는 역할을 다음 코드에서 볼 수 있다.

```
import config

from flask        import Flask
```

```
from sqlalchemy    import create_engine
from flask_cors    import CORS

from model   import UserDao, TweetDao                ❶
from service import UserService, TweetService        ❷
from view    import create_endpoints                 ❸

class Services:                                       ❹
    pass


################################
# Create App
################################
def create_app(test_config = None):
    app = Flask(__name__)

    CORS(app)

    if test_config is None:
        app.config.from_pyfile("config.py")
    else:
        app.config.update(test_config)

    database = create_engine(app.config['DB_URL'], encoding = 'utf-8',
    max_overflow = 0)

    ## Persistence Layer
    user_dao  = UserDao(database)                     ❺
    tweet_dao = TweetDao(database)

    ## Business Layer
    services = Services                               ❻
    services.user_service  = UserService(user_dao, app.config)
    services.tweet_service = TweetService(tweet_dao)

    ## 엔드포인트들을 생성
    create_endpoints(app, services)                   ❼

    return app                                        ❽
```

- ❶ : persistence layer인 DAO 클래스들을 임포트한다.
- ❷ : business layer인 service 클래스들을 임포트한다.
- ❸ : presentation layer인 view 모듈의 create_endpoints 함수를 임포트한다.
- ❹ : service 클래스들을 담고 있을 클래스다. ❻ 부분에서 생성되어 ❼ 부분에서 사용된다.
- ❺ : persistence layer인 DAO 클래스들부터 생성한다.
- ❻ : business layer인 service 클래스들을 생성하여 ❹의 Services 클래스에 저장해 준다. 여기서 service 클래스들을 생성할 때 ❺에서 생성한 DAO 클래스들을 인자로 넘겨주는 것을 볼 수 있다. business layer가 persistence layer에 의존하는 관계를 구현한 것이다.
- ❼ : presentation layer에 해당하는 view의 엔드포인트들을 생성해 준다. ❻ 에서 생성된 sevice 클래스들을 인자로 넘겨주는 것을 볼 수 있다. presentation layer가 business layer에 의존하는 관계를 구현한 것이다.
- ❽ : persistence layer, business layer, presentation layer가 모두 연결된 Flask 애플리케이션을 리턴해 준다.

unit test

레이어드 패턴을 사용하여 API 코드를 재구성하였으니 그에 맞게 unit test 코드도 재구성한다. 레이어드 패턴을 적용하기 전의 unit test에서는 엔드포인트만 테스트할 수밖에 없었다. 왜냐하면 모든 코드가 엔드포인트에 들어가 있었으므로 데이터베이스 부분, 혹은 비즈니스 로직 부분만 따로 테스트할 수 없었기 때문이다. 그러나 이제 레이어드 패턴을 통하여 깔끔하게 모듈화되었으므로 unit test도 각 모듈별로 구현할 수 있다.

먼저, api 디렉터리에 test라는 이름의 디렉터리를 만들도록 하자. test 디렉터리에 모든 테스트 파일들을 생성할 것이다.

```
api
├── setup.py
├── app.py
├── model
│   ├── __init__.py
│   ├── tweet_dao.py
│   └── user_dao.py
├── service
│   ├── __init__.py
│   ├── tweet_service.py
│   └── user_service.py
├── view
│   └── __init__.py
├── test
```

model unit test

먼저, 레이어드 패턴의 최단 레이어인 model 모듈의 unit test부터 구현해 보도록 하자. model 모듈의 unit test는 엔드포인트 unit test보다 더 간단하다. SQL만 테스트하면 되기 때문에 Flask의 test client를 생성하는 등의 사전 설정이 필요 없다. 먼저, UserDao의 insert_user 메소드부터 unit test를 구현해 보자. test 디렉터리에 test_model.py라는 이름의 파일을 생성한 후 다음과 같이 unit test를 생성하자.

```python
import bcrypt
import pytest
import config

from model import UserDao, TweetDao
from sqlalchemy import create_engine, text
```

306

```python
database = create_engine(config.test_config['DB_URL'], encoding= 'utf-
8', max_overflow = 0)

@pytest.fixture
def user_dao():        ❶
    return UserDao(database)

def setup_function():
    ## Create a test user
    hashed_password = bcrypt.hashpw(
        b"test password",
        bcrypt.gensalt()
    )
    new_users = [
        {
            'id'              : 1,
            'name'            : '송은우',
            'email'           : 'songew@gmail.com',
            'profile'         : 'test profile',
            'hashed_password' : hashed_password
        }, {
            'id'              : 2,
            'name'            : '김철수',
            'email'           : 'tet@gmail.com',
            'profile'         : 'test profile',
            'hashed_password' : hashed_password
        }
    ]
    database.execute(text("""
        INSERT INTO users (
            id,
            name,
            email,
            profile,
            hashed_password
        ) VALUES (
            :id,
            :name,
```

```
            :email,
            :profile,
            :hashed_password
        )
    """), new_users)

    ## 사용자 2의 트윗 미리 생성해 놓기
    database.execute(text("""
        INSERT INTO tweets (
            user_id,
            tweet
        ) VALUES (
            2,
            "Hello World!"
        )
    """))


def teardown_function():
    database.execute(text("SET FOREIGN_KEY_CHECKS=0"))
    database.execute(text("TRUNCATE users"))
    database.execute(text("TRUNCATE tweets"))
    database.execute(text("TRUNCATE users_follow_list"))
    database.execute(text("SET FOREIGN_KEY_CHECKS=1"))


def get_user(user_id):              ❷
    row = database.execute(text("""
        SELECT
            id,
            name,
            email,
            profile
        FROM users
        WHERE id = :user_id
    """), {
        'user_id' : user_id
    }).fetchone()

    return {
        'id'      : row['id'],
```

```
            'name'    : row['name'],
            'email'   : row['email'],
            'profile' : row['profile']
    } if row else None

def test_insert_user(user_dao):        ❸
    new_user = {
        'name'     : '홍길동',
        'email'    : 'hong@test.com',
        'profile'  : '서쪽에서 번쩍, 동쪽에서 번쩍',
        'password' : 'test1234'
    }

    new_user_id = user_dao.insert_user(new_user)
    user        = get_user(new_user_id)

    assert user == {
        'id'      : new_user_id,
        'name'    : new_user['name'],
        'email'   : new_user['email'],
        'profile' : new_user['profile']
    }
```

- ❶ : UserDao 객체를 pytest.fixture decorator를 사용하여 ❸ 부분의 test_insert_user test 함수에 인자로 넘겨주도록 한다.

- ❷ : ❸에서 새로운 사용자를 생성하는 것을 테스트할 때 생성한 사용자가 정상적으로 생성되었는지 확인하기 위해서는 데이터베이스에서 사용자의 데이터를 읽어 들일 필요가 있다. 그래서 함수로 사용자를 데이터베이스에서 읽어 들이는 utility 함수를 구현하였다. ❸에서 테스트할 때 호출되어 사용된다.

- ❸ : insert_user 메소드를 테스트하는 함수. user_dao를 ❶의 fixture를 통해 받아서 새로운 사용자를 insert_user 메소드를 호출하여 생성한 후, 새로 생성된 사용자의 아이디를 통하여 데이터베이스에서 실제로 데이터를 읽어 들여서 정상적으로 생성되었는지 테스트한다.

다음 코드를 참고하여 나머지 model의 메소드도 unit test를 구현해 보도록 하자.

```python
import bcrypt
import pytest
import config

from model import UserDao, TweetDao
from sqlalchemy import create_engine, text


database = create_engine(config.test_config['DB_URL'], encoding= 'utf-8', max_overflow = 0)

@pytest.fixture
def user_dao():
    return UserDao(database)

@pytest.fixture
def tweet_dao():
    return TweetDao(database)

def setup_function():
    ## Create a test user
    hashed_password = bcrypt.hashpw(
        b"test password",
        bcrypt.gensalt()
    )
    new_users = [
        {
            'id'                : 1,
            'name'              : '송은우',
            'email'             : 'songew@gmail.com',
            'profile'           : 'test profile',
            'hashed_password'   : hashed_password
        }, {
            'id'                : 2,
            'name'              : '김철수',
            'email'             : 'tet@gmail.com',
            'profile'           : 'test profile',
```

```
            'hashed_password' : hashed_password
        }
    ]
    database.execute(text("""
        INSERT INTO users (
            id,
            name,
            email,
            profile,
            hashed_password
        ) VALUES (
            :id,
            :name,
            :email,
            :profile,
            :hashed_password
        )
    """), new_users)

    ## 사용자 2의 트윗 미리 생성해 놓기
    database.execute(text("""
        INSERT INTO tweets (
            user_id,
            tweet
        ) VALUES (
            2,
            "Hello World!"
        )
    """))

def teardown_function():
    database.execute(text("SET FOREIGN_KEY_CHECKS=0"))
    database.execute(text("TRUNCATE users"))
    database.execute(text("TRUNCATE tweets"))
    database.execute(text("TRUNCATE users_follow_list"))
    database.execute(text("SET FOREIGN_KEY_CHECKS=1"))

def get_user(user_id):
    row = database.execute(text("""
        SELECT
```

```
            id,
            name,
            email,
            profile
        FROM users
        WHERE id = :user_id
    """), {
        'user_id' : user_id
    }).fetchone()

    return {
        'id'      : row['id'],
        'name'    : row['name'],
        'email'   : row['email'],
        'profile' : row['profile']
    } if row else None

def get_follow_list(user_id):
    rows = database.execute(text("""
        SELECT follow_user_id as id
        FROM users_follow_list
        WHERE user_id = :user_id
    """), {
        'user_id' : user_id
    }).fetchall()

    return [int(row['id']) for row in rows]

def test_insert_user(user_dao):
    new_user = {
        'name'     : '홍길동',
        'email'    : 'hong@test.com',
        'profile'  : '서쪽에서 번쩍, 동쪽에서 번쩍',
        'password' : 'test1234'
    }

    new_user_id = user_dao.insert_user(new_user)
    user        = get_user(new_user_id)

    assert user == {
```

```python
        'id'     : new_user_id,
        'name'   : new_user['name'],
        'email'  : new_user['email'],
        'profile' : new_user['profile']
    }

def test_get_user_id_and_password(user_dao):
    ## get_user_id_and_password 메소드를 호출하여 사용자의 아이디와 비밀번호 해시 값
    을 읽어 들인다.
    ## 사용자는 이미 setup_function에서 생성된 사용자를 사용한다.
    user_credential = user_dao.get_user_id_and_password(email =
    'songew@gmail.com')

    ## 먼저 사용자 아이디가 맞는지 확인한다.
    assert user_credential['id'] == 1

    ## 그리고 사용자 비밀번호가 맞는지 bcrypt의 checkpw 메소드를 사용해서 확인한다.
    assert bcrypt.checkpw('test password'.encode('UTF-8'), user_
    credential['hashed_password'].encode('UTF-8'))

def test_insert_follow(user_dao):
    ## insert_follow 메소드를 사용하여 사용자 1이 사용자 2를 팔로우하도록 한다.
    ## 사용자 1과 2는 setup_function에서 이미 생성되었다.
    user_dao.insert_follow(user_id = 1, follow_id = 2)

    follow_list = get_follow_list(1)

    assert follow_list == [2]

def test_insert_unfollow(user_dao):
    ## insert_follow 메소드를 사용하여 사용자 1이 사용자 2를 팔로우한 후 언팔로우한다.
    ## 사용자 1과 2는 setup_function에서 이미 생성되었다.
    user_dao.insert_follow(user_id = 1, follow_id = 2)
    user_dao.insert_unfollow(user_id = 1, unfollow_id = 2)

    follow_list = get_follow_list(1)

    assert follow_list == [ ]

def test_insert_tweet(tweet_dao):
```

```
    tweet_dao.insert_tweet(1, "tweet test")
    timeline = tweet_dao.get_timeline(1)

    assert timeline == [
        {
            'user_id' : 1,
            'tweet'   : 'tweet test'
        }
    ]
def test_timeline(user_dao, tweet_dao):
    tweet_dao.insert_tweet(1, "tweet test")
    tweet_dao.insert_tweet(2, "tweet test 2")
    user_dao.insert_follow(1, 2)

    timeline = tweet_dao.get_timeline(1)

    assert timeline == [
        {
            'user_id' : 2,
            'tweet'   : 'Hello World!'
        },
        {
            'user_id' : 1,
            'tweet'   : 'tweet test'
        },
        {
            'user_id' : 2,
            'tweet'   : 'tweet test 2'
        }
    ]
```

service unit test

service 모듈의 unit test도 model 모듈의 unit test와 굉장히 유사하다. model unit test와 비슷한 구조의 설정과 test 데이터를 사용하면 된다. UserService의

create_new_user 메소드를 테스트하는 unit test 코드는 다음과 같이 구현할 수 있다.

```python
import bcrypt
import pytest
import config

from model      import UserDao, TweetDao
from service    import UserService, TweetService
from sqlalchemy import create_engine, text

database = create_engine(config.test_config['DB_URL'], encoding= 'utf-8', max_overflow = 0)

@pytest.fixture
def user_service():        ❶
    return UserService(UserDao(database), config.test_config)

def setup_function():
    ## Create a test user
    hashed_password = bcrypt.hashpw(
        b"test password",
        bcrypt.gensalt()
    )
    new_users = [
        {
            'id'              : 1,
            'name'            : '송은우',
            'email'           : 'songew@gmail.com',
            'profile'         : 'test profile',
            'hashed_password' : hashed_password
        }, {
            'id'              : 2,
            'name'            : '김철수',
            'email'           : 'tet@gmail.com',
            'profile'         : 'test profile',
            'hashed_password' : hashed_password
        }
```

```python
    ]
    database.execute(text("""
        INSERT INTO users (
            id,
            name,
            email,
            profile,
            hashed_password
        ) VALUES (
            :id,
            :name,
            :email,
            :profile,
            :hashed_password
        )
    """), new_users)

    ## 사용자 2의 트윗 미리 생성해 놓기
    database.execute(text("""
        INSERT INTO tweets (
            user_id,
            tweet
        ) VALUES (
            2,
            "Hello World!"
        )
    """))


def teardown_function():
    database.execute(text("SET FOREIGN_KEY_CHECKS=0"))
    database.execute(text("TRUNCATE users"))
    database.execute(text("TRUNCATE tweets"))
    database.execute(text("TRUNCATE users_follow_list"))
    database.execute(text("SET FOREIGN_KEY_CHECKS=1"))


def get_user(user_id):
    row = database.execute(text("""
        SELECT
            id,
```

```
            name,
            email,
            profile
        FROM users
        WHERE id = :user_id
    """), {
        'user_id' : user_id
    }).fetchone()

    return {
        'id'      : row['id'],
        'name'    : row['name'],
        'email'   : row['email'],
        'profile' : row['profile']
    } if row else None

def test_create_new_user(user_service): ❷
    new_user = {
        'name'     : '홍길동',
        'email'    : 'hong@test.com',
        'profile'  : '동쪽에서 번쩍, 서쪽에서 번쩍',
        'password' : 'test1234'
    }

    new_user_id  = user_service.create_new_user(new_user)
    created_user = get_user(new_user_id)

    assert created_user == {
        'id'      : new_user_id,
        'name'    : new_user['name'],
        'profile' : new_user['profile'],
        'email'   : new_user['email'],
    }
```

- ❶ : UserService 클래스를 fixture로 지정한다.
- ❷ : 새로운 사용자를 UserService의 create_new_user 메소드를 사용해 서 생성한 후 정상적으로 생성되었는지 확인해 본다.

이번에도 다음 코드를 참고하면서 나머지 service 모듈의 unit test를 구현해 보자.

```python
import jwt
import bcrypt
import pytest
import config

from model       import UserDao, TweetDao
from service     import UserService, TweetService
from sqlalchemy import create_engine, text

database = create_engine(config.test_config['DB_URL'], encoding= 'utf-
8', max_overflow = 0)

@pytest.fixture
def user_service():
    return UserService(UserDao(database), config.test_config)

@pytest.fixture
def tweet_service():
    return TweetService(TweetDao(database))

def setup_function():
    ## Create a test user
    hashed_password = bcrypt.hashpw(
        b"test password",
        bcrypt.gensalt()
    )
    new_users = [
        {
            'id'                : 1,
            'name'              : '송은우',
            'email'             : 'songew@gmail.com',
            'profile'           : 'test profile',
            'hashed_password'   : hashed_password
        }, {
            'id'                : 2,
            'name'              : '김철수',
            'email'             : 'tet@gmail.com',
```

```python
            'profile'          : 'test profile',
            'hashed_password' : hashed_password
        }
    ]
    database.execute(text("""
        INSERT INTO users (
            id,
            name,
            email,
            profile,
            hashed_password
        ) VALUES (
            :id,
            :name,
            :email,
            :profile,
            :hashed_password
        )
    """), new_users)

    ## 사용자 2의 트윗 미리 생성해 놓기
    database.execute(text("""
        INSERT INTO tweets (
            user_id,
            tweet
        ) VALUES (
            2,
            "Hello World!"
        )
    """))


def teardown_function():
    database.execute(text("SET FOREIGN_KEY_CHECKS=0"))
    database.execute(text("TRUNCATE users"))
    database.execute(text("TRUNCATE tweets"))
    database.execute(text("TRUNCATE users_follow_list"))
    database.execute(text("SET FOREIGN_KEY_CHECKS=1"))

def get_user(user_id):
```

```python
    row = database.execute(text("""
        SELECT
            id,
            name,
            email,
            profile
        FROM users
        WHERE id = :user_id
    """), {
        'user_id' : user_id
    }).fetchone()

    return {
        'id'      : row['id'],
        'name'    : row['name'],
        'email'   : row['email'],
        'profile' : row['profile']
    } if row else None

def get_follow_list(user_id):
    rows = database.execute(text("""
        SELECT follow_user_id as id
        FROM users_follow_list
        WHERE user_id = :user_id
    """), {
        'user_id' : user_id
    }).fetchall()

    return [int(row['id']) for row in rows]

def test_create_new_user(user_service):
    new_user = {
        'name'     : '홍길동',
        'email'    : 'hong@test.com',
        'profile'  : '동쪽에서 번쩍, 서쪽에서 번쩍',
        'password' : 'test1234'
    }

    new_user_id = user_service.create_new_user(new_user)
    created_user = get_user(new_user_id)
```

```python
    assert created_user == {
        'id'      : new_user_id,
        'name'    : new_user['name'],
        'profile' : new_user['profile'],
        'email'   : new_user['email'],
    }

def test_login(user_service):
    ## 이미 생성되어 있는 사용자의 이메일과 비밀번호를 사용해서 로그인을 시도.
    assert user_service.login({
        'email'    : 'songew@gmail.com',
        'password' : 'test password'
    })

    ## 잘못된 비번으로 로그인했을 때 False가 리턴되는지 테스트
    assert not user_service.login({
        'email'    : 'songew@gmail.com',
        'password' : 'test1234'
    })

def test_generate_access_token(user_service):
    ## token 생성 후 decode해서 동일한 사용자 아이디가 나오는지 테스트
    token   = user_service.generate_access_token(1)
    payload = jwt.decode(token, config.JWT_SECRET_KEY, 'HS256')

    assert payload['user_id'] == 1

def test_follow(user_service):
    user_service.follow(1, 2)
    follow_list = get_follow_list(1)

    assert follow_list == [2]

def test_unfollow(user_service):
    user_service.follow(1, 2)
    user_service.unfollow(1, 2)
    follow_list = get_follow_list(1)

    assert follow_list == [ ]
```

```python
def test_tweet(tweet_service):
    tweet_service.tweet(1, "tweet test")
    timeline = tweet_service.get_timeline(1)

    assert timeline == [
        {
            'user_id' : 1,
            'tweet'   : 'tweet test'
        }
    ]

def test_timeline(user_service, tweet_service):
    tweet_service.tweet(1, "tweet test")
    tweet_service.tweet(2, "tweet test 2")
    user_service.follow(1, 2)

    timeline = tweet_service.get_timeline(1)

    assert timeline == [
        {
            'user_id' : 2,
            'tweet'   : 'Hello World!'
        },
        {
            'user_id' : 1,
            'tweet'   : 'tweet test'
        },
        {
            'user_id' : 2,
            'tweet'   : 'tweet test 2'
        }
    ]
```

View Unit Test

view 모듈의 unit test는 전과 동일하다.

```python
import pytest
import bcrypt
import json
import config

from app import create_app
from sqlalchemy import create_engine, text

database = create_engine(config.test_config['DB_URL'], encoding= 'utf-8', max_overflow = 0)

@pytest.fixture
def api():
    app = create_app(config.test_config)
    app.config['TEST'] = True
    api = app.test_client()

    return api
def setup_function():
    ## Create a test user
    hashed_password = bcrypt.hashpw(
        b"test password",
        bcrypt.gensalt()
    )
    new_users = [
        {
            'id'              : 1,
            'name'            : '송은우',
            'email'           : 'songew@gmail.com',
            'profile'         : 'test profile',
            'hashed_password' : hashed_password
        }, {
            'id'              : 2,
            'name'            : '김철수',
            'email'           : 'tet@gmail.com',
            'profile'         : 'test profile',
            'hashed_password' : hashed_password
        }
    ]
    database.execute(text("""
```

```python
        INSERT INTO users (
            id,
            name,
            email,
            profile,
            hashed_password
        ) VALUES (
            :id,
            :name,
            :email,
            :profile,
            :hashed_password
        )
    """), new_users)

    ## 사용자 2의 트윗 미리 생성해 놓기
    database.execute(text("""
        INSERT INTO tweets (
            user_id,
            tweet
        ) VALUES (
            2,
            "Hello World!"
        )
    """))


def teardown_function():
    database.execute(text("SET FOREIGN_KEY_CHECKS=0"))
    database.execute(text("TRUNCATE users"))
    database.execute(text("TRUNCATE tweets"))
    database.execute(text("TRUNCATE users_follow_list"))
    database.execute(text("SET FOREIGN_KEY_CHECKS=1"))


def test_ping(api):
    resp = api.get('/ping')
    assert b'pong' in resp.data


def test_login(api):
    resp = api.post(
```

```python
        '/login',
        data            = json.dumps({'email' : 'songew@gmail.com',
        'password' : 'test password'}),
        content_type = 'application/json'
    )
    assert b"access_token" in resp.data

def test_unauthorized(api):
    # access token이 없이는 401 응답을 리턴하는지를 확인
    resp = api.post(
        '/tweet',
        data            = json.dumps({'tweet' : "Hello World!"}),
        content_type = 'application/json'
    )
    assert resp.status_code == 401

    resp  = api.post(
        '/follow',
        data            = json.dumps({'follow' : 2}),
        content_type = 'application/json'
    )
    assert resp.status_code == 401

    resp  = api.post(
        '/unfollow',
        data            = json.dumps({'unfollow' : 2}),
        content_type = 'application/json'
    )
    assert resp.status_code == 401

def test_tweet(api):
    ## 로그인
    resp = api.post(
        '/login',
        data            = json.dumps({'email' : 'songew@gmail.com',
        'password' : 'test password'}),
        content_type = 'application/json'
    )
    resp_json    = json.loads(resp.data.decode('utf-8'))
    access_token = resp_json['access_token']
```

```python
    ## tweet
    resp = api.post(
        '/tweet',
        data          = json.dumps({'tweet' : "Hello World!"}),
        content_type = 'application/json',
        headers       = {'Authorization' : access_token}
    )
    assert resp.status_code == 200

    ## tweet 확인
    resp   = api.get(f'/timeline/1')
    tweets = json.loads(resp.data.decode('utf-8'))

    assert resp.status_code == 200
    assert tweets            == {
        'user_id'  : 1,
        'timeline' : [
            {
                'user_id' : 1,
                'tweet'   : "Hello World!"
            }
        ]
    }

def test_follow(api):
    # 로그인
    resp = api.post(
        '/login',
        data          = json.dumps({'email' : 'songew@gmail.com',
        'password' : 'test password'}),
        content_type = 'application/json'
    )
    resp_json    = json.loads(resp.data.decode('utf-8'))
    access_token = resp_json['access_token']

    ## 먼저 사용자 1의 tweet 확인해서 tweet 리스트가 비어 있는 것을 확인
    resp   = api.get(f'/timeline/1')
    tweets = json.loads(resp.data.decode('utf-8'))
```

326

```python
    assert resp.status_code == 200
    assert tweets               == {
        'user_id'  : 1,
        'timeline' : [ ]
    }


    # follow 사용자 아이디 = 2
    resp  = api.post(
        '/follow',
        data         = json.dumps({'follow' : 2}),
        content_type = 'application/json',
        headers      = {'Authorization' : access_token}
    )
    assert resp.status_code == 200

    ## 이제 사용자 1의 tweet 확인해서 사용자 2의 tweet이 리턴되는 것을 확인
    resp   = api.get(f'/timeline/1')
    tweets = json.loads(resp.data.decode('utf-8'))

    assert resp.status_code == 200
    assert tweets               == {
        'user_id'  : 1,
        'timeline' : [
            {
                'user_id' : 2,
                'tweet'   : "Hello World!"
            }
        ]
    }

def test_unfollow(api):
    # 로그인
    resp = api.post(
        '/login',
        data         = json.dumps({'email' : 'songew@gmail.com',
        'password' : 'test password'}),
        content_type = 'application/json'
    )
    resp_json    = json.loads(resp.data.decode('utf-8'))
    access_token = resp_json['access_token']
```

```python
# follow 사용자 아이디 = 2
resp  = api.post(
    '/follow',
    data         = json.dumps({'follow' : 2}),
    content_type = 'application/json',
    headers      = {'Authorization' : access_token}
)
assert resp.status_code == 200

## 이제 사용자 1의 tweet 확인해서 사용자 2의 tweet이 리턴되는 것을 확인
resp   = api.get(f'/timeline/1')
tweets = json.loads(resp.data.decode('utf-8'))

assert resp.status_code == 200
assert tweets            == {
    'user_id' : 1,
    'timeline' : [
        {
            'user_id' : 2,
            'tweet'   : "Hello World!"
        }
    ]
}

# unfollow 사용자 아이디 = 2
resp  = api.post(
    '/unfollow',
    data         = json.dumps({'unfollow' : 2}),
    content_type = 'application/json',
    headers      = {'Authorization' : access_token}
)
assert resp.status_code == 200

 ## 이제 사용자 1의 tweet 확인해서 사용자 2의 tweet이 더 이상 리턴되지 않는 것을 확인
resp   = api.get(f'/timeline/1')
tweets = json.loads(resp.data.decode('utf-8'))

assert resp.status_code == 200
assert tweets            == {
```

```
        'user_id'  : 1,
        'timeline' : [ ]
    }
```

이제 모든 unit test를 구현하였으니 전체 unit test를 실행하여 모든 테스트가 pass
하는지 확인하자.

```
$ python -mpytest -vv -s -p no:warnings
======================= test session starts =========================
platform darwin -- Python 3.7.0, pytest-4.0.1, py-1.7.0, pluggy-0.8.0
-- /Users/song-eun-u/anaconda3/envs/book-python-backend/bin/python
cachedir: .pytest_cache
rootdir: /Users/song-eun-u/Projects/personal-notes/book-python-backend-
for-beginner/codes/10, inifile:
collected 19 items

test/test_model.py::test_insert_user PASSED
test/test_model.py::test_get_user_id_and_password PASSED
test/test_model.py::test_insert_follow PASSED
test/test_model.py::test_insert_unfollow PASSED
test/test_model.py::test_insert_tweet PASSED
test/test_model.py::test_timeline PASSED
test/test_service.py::test_create_new_user PASSED
test/test_service.py::test_login PASSED
test/test_service.py::test_generate_access_token PASSED
test/test_service.py::test_follow PASSED
test/test_service.py::test_unfollow PASSED
test/test_service.py::test_tweet PASSED
test/test_service.py::test_timeline PASSED
test/test_view.py::test_ping PASSED
test/test_view.py::test_login PASSED
test/test_view.py::test_unauthorized PASSED
test/test_view.py::test_tweet PASSED
test/test_view.py::test_follow PASSED
test/test_view.py::test_unfollow PASSED

===================== 19 passed in 9.40 seconds =====================
```

unit test까지 구현 후 전체적인 코드 구조와 파일은 다음과 같다.

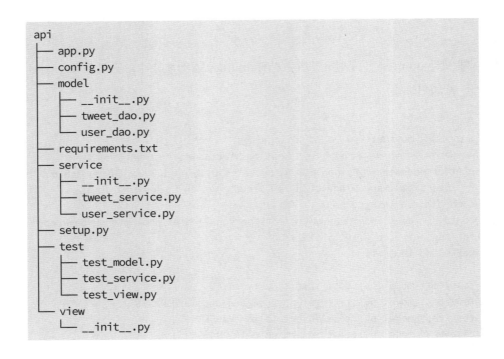

```
api
├── app.py
├── config.py
├── model
│   ├── __init__.py
│   ├── tweet_dao.py
│   └── user_dao.py
├── requirements.txt
├── service
│   ├── __init__.py
│   ├── tweet_service.py
│   └── user_service.py
├── setup.py
├── test
│   ├── test_model.py
│   ├── test_service.py
│   └── test_view.py
└── view
    └── __init__.py
```

10장 정리

이번 장에서는 API 아키텍처에 대해서 이야기해 보았다. 왜 코드의 구조를 체계적으로 구현하는 것이 중요한지 배웠다. 그리고 레이어드 패턴에 대해서 구체적으로 알아보았으며, 또 우리의 미니터 API 코드에 적용해 보았다. 그뿐만 아니라 unit test도 레이어드 패턴에 맞게 구현하였다.

- API 코드의 구조를 구성할 때 다음 점들을 중요하게 고려해야 한다.
  - 확장성(extensiblity)

- 재사용성(reusablity)
- 보수 유지 가능성(maintability)
- 가독성(readability)
- 테스트 가능성(testability)
- 레이어드 패턴을 사용한 아키텍처는 일반적으로 3가지 레이어로 나뉜다. presentation layer, business layer, 그리고 persistance layer.
  - presentation layer는 엔드포인트 부분에 해당한다.
  - business layer는 비즈니스 로직 부분에 해당한다.
  - persistance layer는 데이터베이스 로직 부분에 해당한다.
- unit test도 각 레이어별로 test해 주어야 한다.

C·H·A·P·T·E·R

11

파일 업로드 엔드포인트

이번 장에서는 좀 더 구현하기 까다로울 수 있는 기능인 파일 업로드(file upload) 엔드포인트를 Flask에서 구현하는 방법에 대해서 알아볼 것이다. 그리고 업로드된 파일을 AWS의 S3에 저장하도록 할 것이다. 업로드된 파일을 백엔드 API 서버에 직접 저장하는 대신 S3에 저장하여 효율적인 저장 공간 활용 및 파일 전송 속도도 더 높은 구조로 구현하게 되는 것이다.

- 파일 업로드 엔드포인트
- 파일 GET 엔드포인트
- S3
- boto(AWS python client)
- mock & patch

사용자 프로파일 사진 업로드 엔드포인트 ————

현재 사용자의 정보는 사용자의 이름, 이메일, 그리고 프로파일(profile)이 전부였다. 여기에 추가적으로 사용자가 본인이 원하는 사진을 프로파일 사진으로 설정할 수 있는 기능을 제공하도록 하자. 사용자가 프로파일 사진을 설정할 수 있게 하기 위해서는 사진을 업로드할 수 있는 엔드포인트를 구현해야 한다.

파일 업로드를 실행하는 HTTP 요청(request)은 지금까지 우리가 접한 HTTP 요청과 약간 다르다. 지금까지는 주로 GET과 POST 요청을 처리하였다. 파일 업로드를 실행하는 HTTP 요청도 POST 요청이다. 하지만 JSON 데이터를 전송하는 application/json content type의 POST가 아니라 multipart/form-data의 contenty type을 가지고 있으며, body에 파일 데이터를 다음과 같이 전송한다.

```
POST /profile-picture HTTP/1.1
Host: localhost
Content-Type: multipart/form-data; boundary="----WebKitFormBoundaryePk
pFF7tjBAqx29L"

----WebKitFormBoundaryePkpFF7tjBAqx29L
Content-Disposition: form-data; name="profile_pic"; filename="profile_
pic.png"
Content-Type: image/png
Content-Transfer-Encoding: binary

4amaxx2u6aJGeFxqeCwKyaF3oyfiheC267Uqzob4q2i5U4e8www_DxtoK3eF8vDKaxeUW2
y4E4eczoboGq3C5...
----WebKitFormBoundaryePkpFF7tjBAqx29L----
```

Content-Type이 multipart/form-data로 되어 있는 것을 볼 수 있다. 여기서 또 주목해야 할 것은 boundary인데, 이 boundary 값을 사용하여 해당 request body를 여러 "부분"으로 나누는 역할을 한다. 그래서 mutipart/form-data인 것이다. form-data를 여러 부분으로 보낸다는 뜻이다. request body의 각 부분은

−−<boundary 값>으로 나뉘며, body의 마지막 부분은 −−<boundary 값>−−으로 구분한다.

앞서 본 예제는 파일 하나만 보냈기 때문에 명확하지 않을 수 있으므로 다른 예를 들어 보자. 파일만 전송하는 것이 아니라 파일 이외에도 사용자 이메일과 이름을 같이 전송하는 HTTP 요청의 경우 다음과 같다.

```
POST /profile-picture HTTP/1.1
Host: localhost
Content-Type: multipart/form-data; boundary="----WebKitFormBoundaryePk
pFF7tjBAqx29L"

----WebKitFormBoundaryePkpFF7tjBAqx29L
Content-Disposition: form-data; name="profile_pic"; filename="profile_
pic.png"
Content-Type: image/png
Content-Transfer-Encoding: binary

4amaxx2u6aJGeFxqeCwKyaF3oyfiheC267Uqzob4q2i5U4e8www_DxtoK3eF8vDKaxeUW2
y4E4eczoboGq3C5...
----WebKitFormBoundaryePkpFF7tjBAqx29L
Content-Disposition: form-data; name="email"

songew@gmail.con
----WebKitFormBoundaryePkpFF7tjBAqx29L
Content-Disposition: form-data; name="name"

송은우
----WebKitFormBoundaryePkpFF7tjBAqx29L----
```

profile.png, email, 그리고 name이 각 ----WebKitFormBoundaryePkpFF7tjBAqx29L으로 구분되어 전송되는 것을 볼 수 있다. 그리고 body의 마지막은 ----WebKitFormBoundaryePkpFF7tjBAqx29L----으로 구분하는 것을 볼 수 있다.

프로파일 이미지 파일 업로드 엔드포인트 ──────────

앞서 파일 업로드 HTTP 요청(request)이 어떠한 형태로 구현되어 있는지 보았다. 그럼 이제 백엔드 서버에서는 어떻게 파일 업로드 요청(request)인 multipart/form-data request를 처리하는지 알아보도록 하자.

Flask에서는 전송된 파일을 request 객체의 files 딕셔너리를 통해서 읽어 들일 수 있다. 만일 파일이 전송되어 있으면 해당 파일의 이름이 키 값이 되어 files 딕셔너리에 저장되고, 그렇지 않으면 딕셔너리는 비어 있게 된다.

```
import os

from flask          import Flask, request
from werkzeug.utils import secure_filename                          ❶

app = Flask(__name__)
app.config['UPLOAD_FOLDER'] = './profile_pictures'                  ❷

@app.route('/profile-picture', methods=['POST'])
def upload_profile_picture():
    if 'profile_pic' not in request.files:                          ❸
        return 'File is missing', 404

    profile_pic = request.files['profile_pic']                      ❹

    if profile_pic.filename == '':                                  ❺
        return 'File is missing', 404

    filename = secure_filename(profile_pic.filename)                ❻
    profile_pic.save(os.path.join(app.config['UPLOAD_FOLDER'],
    filename))                                                      ❼

    return '', 200
```

- ❶ : secure_filename 메소드를 임포트한다. secure_filename은 업로드

336

된 파일의 이름이 안전한가를 확인해 주는 함수다. SQL Injection Attact처럼 파일 이름을 통해서도 해킹 공격을 할 수 있기 때문에 업로드되는 파일 이름에 대한 보안도 확인을 잘 해야 한다. 이에 관해서는 더 자세히 이야기 하도록 하겠다.

- ❷ : 업로드된 파일을 저장할 경로를 지정해 준다. 해당 디렉터리가 이미 생성되어 있어야 한다.

- ❸ : request.files 딕셔너리에 profile_pic 파일이 있는지 확인한다. HTTP 요청(request)이 정상적으로 전송이 되었으면 프로파일 이미지 파일이 files 딕셔너리에 있을 것이다.

- ❹ : 프로파일 이미지를 files 딕셔너리에서 읽어 들인다.

- ❺ : ❹에서 읽어 들인 프로파일 이미지 데이터의 파일 이름 값이 비어 있다면 사용자가 파일을 선택하지 않은 경우다. 이러한 경우에도 브라우저가 파일 이름이 비어 있는 상태에 또한 실제 파일 데이터도 비어 있는 경우로 전송되는 경우가 있으므로 확인해야 한다.

- ❻ : ❶에서 임포트한 secure_filename 함수를 사용하여 파일 이름 보안성을 확인하고 만일 보안적으로 위험한 경우 더 안전한 이름으로 변경해 준다.

- ❼ : 프로파일 이미지 파일을 ❷에서 정한 경로에 저장한다.

secure_filename은 이미 언급한 대로 파일 이름에 보안적으로 문제가 있는지 확인하고, 만일 보안적으로 문제가 있으면 파일 이름을 수정해서 리턴해 준다. 그럼 어떠한 파일 이름이 보안적으로 문제가 있을 수 있는 것일까? 다음과 같은 파일 이름은 보안적으로 문제를 일으킬 수 있다.

```
../../../../home/root/.bashrc
```

만일 ../ 횟수만 잘 맞추면 시스템 배시(bash) 셸 설정 파일이 사용자가 올린 파일로 치환되는 경우가 생길 수도 있다. 그렇게 되면 사용자가 시스템에 접속할 수 있게 되는 경우가 생길 수도 있다. 즉 해킹에 사용된다.

그러므로 secure_filename은 만일 파일 이름이 앞서 본 경우처럼 해킹에 사용될 가능성이 있는 경우 다음과 같이 파일 이름을 변경해서 리턴해 준다.

```
>>> secure_filename('../../../../home/root/.bashrc')
'home_username_.bashrc'
```

다음으로, /profile-picture 엔드포인트를 미니터 API에 구현해 보도록 하자. 앞 장에서 미니터 API를 레이어드 아키텍처 패턴을 적용하였으므로 /profile-picture 엔드포인트도 그에 맞게 구현해야 한다.

먼저, config.py 파일에 프로파일 이미지가 저장될 디렉터리 경로를 설정해 주도록 하자. 앞서 본 코드에서는 코드에서 하드코드(hard-code)해 놓았지만, 실제로는 이러한 설정들은 모두 config.py 파일처럼 외부에서 읽어 들이도록 하는 것이 좋다.

```python
# config.py
db = {
    'user'     : 'test',
    'password' : 'test1234',
    'host'     : 'localhost',
    'port'     : 3306,
    'database' : 'book_api'
}

DB_URL              = f"mysql+mysqlconnector://
{db['user']}:{db['password']}@{db['host']}:{db['port']}/
{db['database']}?charset=utf8"
JWT_SECRET_KEY        = 'SOME_SUPER_SECRET_KEY'
JWT_EXP_DELTA_SECONDS = 7 * 24 * 60 * 60

test_db = {
    'user'     : 'root',
    'password' : 'ramp7453',
```

```
    'host'     : 'localhost',
    'port'     : 3306,
    'database' : 'test_book_api'
}

test_config = {
    'DB_URL' : f"mysql+mysqlconnector://{test_db['user']}:{test_
    db['password']}@{test_db['host']}:{test_db['port']}/{test_
    db['database']}?charset=utf8",
    'JWT_SECRET_KEY' : 'SOME_SUPER_SECRET_KEY',
    'JWT_EXP_DELTA_SECONDS' : 7 * 24 * 60 * 60
}

UPLOAD_DIRECTORY = './profile_pictures'        ❶
```

- ❶ : config.py 파일에 UPLOAD_DIRECTORY 설정을 추가시켜 준다.

UPLOAD_DIRECTORY 설정을 config.py 파일에 추가하였으면 그다음은 view
디렉터리의 __init__.py 파일에 profile-picture 엔드포인트를 추가시켜 주도록 하
자. 앞서 본 대로 POST 엔드포인트다. 앞서 본 profile-picture 엔드포인트 코드와
유사하다. 틀린 점은 실제로 파일을 저장하는 로직은 레이어드 아키텍처 패턴에 따
라 service 모듈에 넘겨주었다는 것이다.

```
@app.route('/profile-picture', methods=['POST'])
@login_required          ❶
def upload_profile_picture():
    user_id = g.user_id

    if 'profile_pic' not in request.files:
        return 'File is missing', 404

    profile_pic = request.files['profile_pic']

    if profile_pic.filename == '':
        return 'File is missing', 404
```

```
filename = secure_filename(profile_pic.filename)
user_service.save_profile_picture(profile_pic, filename, user_id) ❷

return '', 200
```

- ❶ : 오직 본인의 프로파일 이미지만 업로드할 수 있어야 하므로 로그인을 한 사용자만 해당 엔드포인트를 호출할 수 있게 한다.
- ❷ : UserService의 save_profile_picture 메소드를 호출해서 해당 파일을 지정된 디렉터리에 저장한다.

다음은 service 디렉터리의 user_service.py 파일에 위치해 있는 UserService 클래스에 save_profile_picture 메소드를 추가해 주도록 하자.

```
def save_profile_picture(self, picture, filename, user_id):
    profile_pic_path_and_name = os.path.join(self.config['UPLOAD_
    DIRECTORY'], filename)                    ❶
    picture.save(profile_pic_path_and_name)   ❷

    return self.user_dao.save_profile_picture(profile_pic_path_and_
    name, user_id)                            ❸
```

- ❶ : 프로파일 이미지 파일이 저장될 디렉터리와 파일 이름을 더하여 온전한 경로(path)로 만들어 준다.
- ❷ : 프로파일 이미지를 ❶에서 지정된 경로와 파일 이름으로 저장한다.
- ❸ : UserDao 클래스의 save_profile_picture 메소드를 호출해서 저장한 프로파일 이미지 파일의 위치를 데이터베이스에 저장한다. 프로파일 이미지 파일 위치를 데이터베이스에 저장하는 이유는 나중에 사용자의 프로파일 이미지를 불러올 수 있도록 하기 위함이다.

다음은 model 모듈 부분을 구현하도록 하자. 앞서 보았지만 프로파일 이미지 파

340

일의 경로와 이름을 데이터베이스에 저장해야 한다. 그러기 위해서는 먼저 users 테이블에 프로파일 이미지 파일의 경로와 이름을 저장할 수 있도록 새로운 칼럼(column)을 추가해 주어야 한다. 새로운 칼럼은 다음 SQL 구문을 실행하여 추가해 줄 수 있다. MySQL에 접속한 후 다음 SQL 구문을 실행하도록 하자.

```
mysql> ALTER TABLE users ADD COLUMN profile_picture VARCHAR(255);
```

users 테이블에 profile_picture라는 이름의 칼럼이 추가된 것을 확인한다.

```
mysql> explain users;
+-----------------+---------------+------+-----+-------------------+
------------------------------+
| Field           | Type          | Null | Key | Default           |
Extra                         |
+-----------------+---------------+------+-----+-------------------+
------------------------------+
| id              | int(11)       | NO   | PRI | NULL              |
auto_increment                |
| name            | varchar(255)  | NO   |     | NULL              |
                              |
| email           | varchar(255)  | NO   | UNI | NULL              |
                              |
| hashed_password | varchar(255)  | NO   |     | NULL              |
                              |
| profile         | varchar(2000) | NO   |     | NULL              |
                              |
| created_at      | timestamp     | NO   |     | CURRENT_TIMESTAMP |
                              |
| updated_at      | timestamp     | YES  |     | NULL              |
on update CURRENT_TIMESTAMP   |
| profile_picture | varchar(255)  | YES  |     | NULL              |
                              |
+-----------------+---------------+------+-----+-------------------+
------------------------------+
8 rows in set (0.00 sec)
```

profile_picture 칼럼이 users 테이블에 정상적으로 추가되었으면 이제 실제 model 코드를 구현하도록 하자. model 디렉터리에 UserDao 클래스에 save_profile_picture_name 메소드를 구현하도록 하자.

```
def save_profile_picture(self, profile_pic_path, user_id):
    return self.db.execute(text("""
        UPDATE users
        SET profile_picture = :profile_pic_path
        WHERE id            = :user_id
    """), {
        'user_id'          : user_id,
        'profile_pic_path' : profile_pic_path
    }).rowcount
```

프로파일 이미지 GET 엔드포인트

프로파일 이미지를 POST할 수 있는 엔드포인트를 구현해 보았다. 하지만 POST만 해서는 그다지 유용하지 않을 것이다. 온전한 서비스를 제공하려면 당연히 사용자의 프로파일 이미지를 읽어 들이는 기능도 제공해야 한다. 그러므로 이제 사용자의 프로파일 이미지를 GET할 수 있는 엔드포인트도 구현하도록 하자.

이번에도 view 디렉터리의 __init__.py 파일에 사용자의 프로파일 이미지를 GET 할 수 있는 엔드포인트를 구현하는 것으로 시작하도록 하자.

```
@app.route('/profile-picture/<int:user_id>', methods=['GET'])      ❶
def get_profile_picture(user_id):
    profile_picture = user_service.get_profile_picture(user_id)     ❷

    if profile_picture:                                             ❸
```

```
        return send_file(profile_picture)
    else:
        return '', 404                                              ❹
```

- ❶ : 프로파일 이미지 업로드 엔드포인트와 주소는 동일하게 /profile-picture로 정해 준다. 대신에 POST가 아닌 GET 엔드포인트로 정한다. 그리고 사용자 프로파일 이미지는 누구나 볼 수 있어야 하므로 로그인이 미리 되어 있지 않아도 되도록 하며, 대신에 프로파일 이미지가 속해 있는 사용자의 아이디는 URL 주소에 포함되도록 한다. 예를 들어, 아이디가 1인 사용자의 프로파일 이미지를 받기 위해서는 /profile-picture/1로 HTTP 요청(request)을 보내면 된다.
- ❷ : UserSerivce 클래스의 get_profile_picture 메소드를 호출하여 해당 사용자의 프로파일 이미지 경로를 받는다.
- ❸ : 만일 해당 사용자가 프로파일 이미지를 사전에 업로드했으면 해당 파일을 HTTP 응답(response)으로 전송한다.
- ❹ : 만일 해당 사용자가 프로파일 이미지가 없으면 404 Not Found 응답을 전송하도록 한다.

다음은 serivce 모듈의 UserService 클래스에 get_profile_picture 메소드를 구현하도록 하자. 특별한 비즈니스 로직 없이 데이터베이스로부터 저장된 프로파일 이미지 경로를 읽어 들이는 것뿐이므로 코드는 굉장히 간단하다.

```
def get_profile_picture(self, user_id):
    return self.user_dao.get_profile_picture(user_id)    ❶
```

- ❶ : UserDao 클래스의 get_profile_picture 메소드를 호출하여 데이터베이스에 저장되어 있는 사용자의 프로파일 이미지를 리턴하도록 한다.

마지막으로, model 모듈의 UserDao 클래스에 동일한 이름의 get_profile_picture 메소드를 구현하면 된다.

```
def get_profile_picture(self, user_id):
    row = self.db.execute(text("""              ❶
        SELECT profile_picture
        FROM users
        WHERE id = :user_id
    """), {
        'user_id' : user_id
    }).fetchone()

    return row['profile_picture'] if row else None    ❷
```

- ❶ : user_id 값과 동일한 아이디 값을 가지고 있는 사용자의 프로파일 이미지 경로 값을 users 테이블에서 읽어 들인다.
- ❷ : 사용자의 프로파일 이미지 경로 값이 존재하면 해당 값을 리턴하고, 아니면 None을 리턴한다.

이제 사용자의 프로파일 이미지를 POST하고 GET하는 엔드포인트들을 구현했으니 실제로 호출하여 프로파일 이미지를 업로드해 보고, 또한 다운로드해 보자. 먼저, 미니터 API를 실행시키도록 하자.

```
$ python setup.py runserver
```

먼저, 프로파일 이미지를 업로드해 보자. 프로파일 이미지 엔드포인트는 로그인을 한 상태에서만 호출이 가능하므로 먼저 로그인을 하도록 하자.

```
$ http -v POST localhost:5000/login email=songew@gmail.com
password=test1234
POST /login HTTP/1.1
```

```
Accept: application/json, */*
Accept-Encoding: gzip, deflate
Connection: keep-alive
Content-Length: 53
Content-Type: application/json
Host: localhost:5000
User-Agent: HTTPie/0.9.9

{
    "email": "songew@gmail.com",
    "password": "test1234"
}

HTTP/1.1 200 OK
Access-Control-Allow-Origin: *
Content-Length: 153
Content-Type: application/json
Date: Sat, 08 Dec 2018 14:17:14 GMT
Server: TwistedWeb/18.9.0

{
    "access_token": "eyJ0eXAiOiJKV1QiLCJhbGciOiJIUzI1NiJ9.eyJ1c2VyX2lk
    IjoxLCJleHAiOjE1NDQzNjUwMzV9.axJEKiuGKQL_aSTsVNQi34FlQT13Kfp1PB43nbIX
    wO8",
    "user_id": 1
}
```

로그인을 해서 얻은 access token으로 이제 프로파일 이미지 파일 업로드를 다음과
같이 실행하자.

```
http -v --form localhost:5000/profile-picture profile_pic@/Users/song-
eun-u/pictures/profile.png "Authorization: eyJ0eXAiOiJKV1QiLCJhbGciOiJ
IUzI1NiJ9.eyJ1c2VyX2lkIjoxLCJleHAiOjE1NDQzNjUwMzV9.axJEKiuGKQL_aSTsVNQ
i34FlQT13Kfp1PB43nbIXwO8"

POST /profile-picture HTTP/1.1
Accept: */*
```

```
Accept-Encoding: gzip, deflate
Authorization: eyJ0eXAiOiJKV1QiLCJhbGciOiJIUzI1NiJ9.eyJ1c2VyX2lkIjoxLC
JleHAiOjE1NDQzNjUwMzV9.axJEKiuGKQL_aSTsVNQi34FlQT13Kfp1PB43nbIXwO8
Connection: keep-alive
Content-Length: 16162
Content-Type: multipart/form-data; boundary=93296fcfe36a401e94ff72970e
ad9d53
Host: localhost:5000
User-Agent: HTTPie/0.9.9


+----------------------------------------+
| NOTE: binary data not shown in terminal |
+----------------------------------------+

HTTP/1.1 200 OK
Access-Control-Allow-Origin: *
Content-Length: 0
Content-Type: text/html; charset=utf-8
Date: Sat, 08 Dec 2018 14:18:44 GMT
Server: TwistedWeb/18.9.0
```

profile_pic@/Users/song-eun-u/pictures/profile.png 부분이 httpie를 사용해서 파일을 전송하는 부분이다. profile_pic은 form의 이름이고, @ 다음에 나오는 /Users/song-eun-u/pictures/profile.png가 업로드하고자 하는 파일의 경로다. 이 부분을 각자 이미지 파일의 실제 경로로 치환하면 된다.

이제 방금 업로드한 프로파일 이미지를 다운로드받아 보자. 다음과 같이 /profile-picture 엔드포인트에 GET 요청을 보내도록 하자.

```
$ http -v GET :5000/profile-picture/1
GET /profile-picture/1 HTTP/1.1
Accept: */*
Accept-Encoding: gzip, deflate
```

```
Connection: keep-alive
Host: localhost:5000
User-Agent: HTTPie/0.9.9



HTTP/1.1 200 OK
Access-Control-Allow-Origin: *
Cache-Control: public, max-age=43200
Content-Length: 15984
Content-Type: image/png
Date: Sat, 08 Dec 2018 14:50:55 GMT
ETag: "1544278724.5111358-15984-1864903291"
Expires: Sun, 09 Dec 2018 02:50:55 GMT
Last-Modified: Sat, 08 Dec 2018 14:18:44 GMT
Server: TwistedWeb/18.9.0



+----------------------------------------+
| NOTE: binary data not shown in terminal |
+----------------------------------------+
```

방금 업로드한 이미지 파일의 데이터가 리턴되는 것을 볼 수 있다. 다만 binary 데이터이므로 httpie가 데이터를 실제로 보여 주지 않고 NOTE: binary data not shown in terminal이라는 문구로 대신한다. binary 데이터를 터미널상에서 출력하면 의미 없는 문자들만 길게 나열되기 때문이다. 그러므로 업로드했던 파일이 실제로 전송되는지 확인하기 위해서 이 경우에는 httpie보다 wget 명령어를 사용하여 확인하도록 하자. wget은 터미널상에서 웹에서 파일을 다운로드받을수 있도록 해주는 명령어다. 그러므로 wget을 사용하면 업로드했던 프로파일 이미지 파일을 터미널상에서 출력하는 대신 파일로 다운로드받을 수 있다.

```
$ wget localhost:5000/profile-picture/1 -O profile.png
```

```
--2018-12-08 23:59:33--  http://localhost:5000/profile-picture/1
Resolving localhost... ::1, 127.0.0.1
Connecting to localhost|::1|:5000... failed: Connection refused.
Connecting to localhost|127.0.0.1|:5000... connected.
HTTP request sent, awaiting response... 200 OK
Length: 15984 (16K) [image/png]
Saving to: 'profile.png'

profile.png          100%[===================================>]
15.61K  --.-KB/s    in 0s

2018-12-08 23:59:33 (108 MB/s) - 'profile.png' saved [15984/15984]
```

- ─O profile.png 부분은 다운로드받은 파일을 profile.png라는 이름의 파일로 다운로드받으라는 뜻이다.

wget 커맨드를 사용하여 프로파일 이미지를 profile.png라는 이름의 파일로 다운로드받았으면 해당 파일을 열어 보아서 업로드했던 프로파일 이미지가 다운로드되었는지 확인해 보자. 업로드한 프로파일 이미지 파일이 다운로드되었으면 정상적으로 엔드포인트들이 구현된 것이다.

AWS S3에 이미지 파일 저장하기 ▬▬▬▬▬

지금까지 프로파일 이미지 POST와 GET 엔드포인트들을 구현해 보았다. 파일을 업로드하고 리턴하는 기능면에서는 정상적으로 잘 작동하는 엔드포인트를 구현하였지만, 몇 가지 이슈가 생길 수 있는 부분이 있다. 그중 하나가 바로 저장 공간 문제와 파일 전송 속도 그리고 확장성이다. 각각의 이슈에 대해서 간략하게 이야기해 보자.

▶ 저장 공간 문제

이미지 파일들은 사이즈가 비교적 클 수 밖에 없다. 사이즈가 큰 이미지 파일은 MB 단위로 나오는 것이 일반적이다. 그러므로 업로드된 프로파일 이미지의 개수가 늘어날수록 서버의 디스크 공간에 부담이 갈 수밖에 없다. AWS 같은 클라우드 서비스를 사용한다면 비용의 문제 또한 무시할 수 없는 문제다. EC2 instance를 사용할 때 가장 비용적으로 높은 부분 중 하나가 디스크 공간 사용량이다. 그러므로 백엔드 API 서버에 이미지 파일 등의 static 파일들을 같이 저장하는 것은 비효율적이다.

▶ 파일 전송 속도

마찬가지로 프로파일 이미지 파일의 사이즈가 어느 정도 될 수밖에 없다 보니 파일을 전송할 때의 속도 또한 문제가 될 수 있다. 특히 시스템을 사용하는 사용자가 늘어날수록 프로파일 이미지 동시 전송 횟수가 늘어나게 되면 더더욱 서버에 부담이 가므로 속도가 느려질 수밖에 없다. 특히 Flask는 static 파일 전송에 특화된 프레임워크가 아니므로 더더욱 파일 전송 속도에 이슈가 있을 수밖에 없다.

▶ 확장성

만일 디스크 공간도 충분하고 파일 전송 속도가 느려져도 상관없다고 해도 확장성 문제는 이슈가 될 수밖에 없다. 여기서 말하는 확장성이란 scale out, 즉 백엔드 API 서버의 수를 늘리는 경우를 이야기한다. 서버가 한 대 이상일 때는 프로파일 이미지가 모든 서버에 업로드될 수는 없고 하나의 서버에 업로드될 것이다. 그러므로 어떠한 특정 프로파일 이미지를 전송받기 위해서는 해당 프로파일 이미지 파일이 저장되어 있는 서버에서 전송을 해줘야 한다. 그러므로 서버 수가 증가할수록 어떠한 프로파일 이미지를 받기 위해서는 여러 복잡성이 증가할 수밖에 없다. 따라서 자연스럽게 static 파일 저장 및 전송을 전담으로 처리하는 중앙 파일 서버가 필요할 수밖에 없게 된다.

CDN

콘텐츠 전송 네트워크라고 하는 CDN(Content Delivery Network)은 이름 그대로 콘텐츠를 네트워크에서 전송하는 서버들이다. 여기서 콘텐츠(content)라고 함은 웹 서비스에서는 일반적으로 이미지 파일, 영상 파일 등의 static files들을 말한다. 즉, 웹사이트에서 보이는 사진들과 영상들을 웹 서버에서 직접 전송하는 것이 아니라 CDN을 통해서 전송하는 것이다. 굳이 CDN을 사용하여 콘텐츠들을 전송하는 이유는 앞서 말한 저장 공간 문제, 파일 전송 속도, 그리고 확장성의 이유 때문이다. CDN은 콘텐츠 파일들을 저장 및 전송에 최적화되어 있는 시스템이므로 파일 전송 속도나 저장 공간 문제 그리고 확장성의 문제를 웹 서버보다 훨씬 효율적으로 더 잘 해결한다. 그래서 웹사이트에서 이미지 파일이나 비디오 파일 등의 static 파일들은 일반적으로 CDN을 통해서 전송한다. 그러므로 미니터 API의 프로파일 이미지도 CDN을 사용하여 저장 및 전송을 하도록 하자.

AWS S3

CDN을 사용하기 위해서는 크게 2가지 방법이 있다. 직접 CDN 시스템을 구현하여 사용하거나 유료 CDN 서비스를 사용하는 방법이 있다. CDN 시스템을 제대로 구현하는 것은 규모가 큰 일이기 때문에 특별한 경우가 아닌 이상 유료 CDN 서비스를 사용하는 것이 좋다. CDN 서비스를 제공하는 기업들은 여러 기업이 있지만, 그중 이번 장에서는 AWS(Amazon Web Service)의 S3(Simple Storage Service)를 사용한다.

AWS의 S3는 이름 그대로 간단한 저장 서비스다. 즉 파일들을 간편하게 저장하고 읽어 들일 수 있는 기능을 제공한다. AWS의 사이트에서 저장할 수도 있고, 파이썬이나 자바스크립트 등의 프로그래밍 언어를 사용해서 시스템에서도 S3로 파일을 업로드 및 읽어 들일 수 있다. 무엇보다 AWS S3는 파일 저장에 최적화되어 있다. 사이즈가 아주 작은 파일부터 사이즈가 TB(terabyte)가 넘는 파일까지 저장할 수 있다. 그리고 총 저장 용량은 무제한이다.

💻　S3의 총 저장 용량은 무제한이지만, 물론 AWS가 수용 가능한 수준에서의 무제한이다. AWS의 인프라스트럭처는 그 규모가 엄청나므로 대부분의 (혹은 모두) 개인 사용자에게는 "무제한"이 맞을 것이다. 웬만한 기업들에게도 "무제한"이라고 생각해도 무리가 없을 것이라고 생각한다. 여기서 중요한 점은 S3는, 당연한 것이지만, 유료 서비스다. 그러므로 사이즈가 엄청나게 큰 파일들을 저장해도 되고 여러 파일들을 저장해서 총 저장 사이즈가 커도 상관없지만, 그에 대한 비용은 지불해야 하므로 유념해서 사용하도록 하자.

또한 AWS의 S3는 S3에 저장된 데이터들의 신뢰도를 99.99%를 보장하고, 서비스에 대한 가용성 또한 99.99%를 보장한다. 즉 AWS S3에 저장된 데이터가 훼손될 가능성은 거의 없으며, 또한 S3 서비스의 downtime(서비스가 어떠한 이유로 작동을 안하는 경우)가 매달 0.01% 이하라는 것이다. 거기에다 비용도 굉장히 저렴하다. AWS의 EC2 instance를 사용하여 저장하는 것보다는 훨씬 더 저렴하며 안전하다. 마지막으로, S3를 통해서 직접 파일 전송이 가능하다. AWS S3에서는 S3에 저장된 파일마다 고유 URL을 부여해 준다. 그리고 파일의 고유 URL을 통하여 다운로드 및 전송이 가능하다. 그러므로 S3는 CDN 서비스의 역할을 충분히 해주는 서비스다.

💻　S3는 정확히 말하면 CDN 서비스는 아니다. 앞서 언급한 대로 파일 저장 서비스다. 다만 S3에서 곧바로 파일을 전송할 수 있으므로 CDN 서비스로도 충분히 사용 가능한 것이다. 실제로 S3는 파일 저장 기능과 CDN 기능 이외에도 여러 다양한 기능과 목적으로 사용된다.

이번 장의 내용을 진행하는 목적으로의 CDN 역할을 하기 위해서 S3는 훌륭한 선택이다. 다만 한 가지 부족한 점이 있다면 바로 파일 전송 속도다. S3의 파일 전송 속도는 충분히 빠르지만, 전송 거리가 멀어지면 멀어질수록 속도가 저하된다. 그리고 파일 사이즈가 너무 크면 그 또한 전송 속도에 영향을 줄 수 있다. 그러므로 한국뿐만 아니라 해외에도 파일을 전송해야 하고 또한 전송 속도가 중요하다면 AWS의 CloudFront 서비스를 S3와 같이 사용하는 것이 좋다. CloudFront는 파일을 빠르게 전송할 수 있는 CDN 서비스다. 전송해야 하는 파일들을 미리 전 세계에 있는 edge server라고 하는 서버들에 캐시(cache)를 해놓아서 전 세계 어디든 빠르게 전송할 수 있도록 해준다. 그러므로 S3와 CloudFront를 연계해서 사용하여 파일 저장은 S3에 하고 전송은 CloudFront로 하는 것이다.

이번 장에서는 CloudFront를 다루지 않는다. 하지만 CloudFront를 설정하는 것은 어렵지 않으므로 만일 실제 사용 서비스를 위한 CDN이 필요할 경우, 그리고 전송 속도가 중요하고 특히 해외에도 서비스를 해야 하는 경우, CloudFront를 사용하길 권장한다.

AWS S3 생성 및 설정

AWS S3를 사용하기 위해서는 먼저 S3를 생성해서 설정해야 한다. 그러기 위해서 AWS에 접속하여 로그인한 후 S3 서비스를 선택하도록 하자.

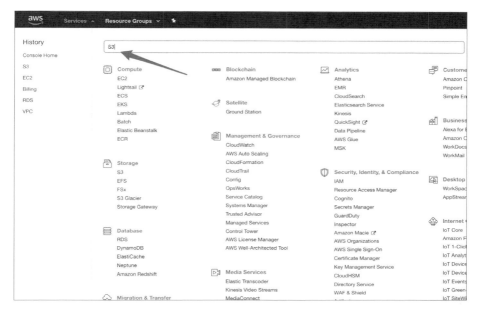

[그림 11-1] AWS S3 서비스 선택

그다음에 다음과 같이 "Ceate Bucket" 버튼을 클릭하여 S3 버킷(bucket)을 생성하도록 하자. 버킷은 S3 서비스에서 저장하는 파일들을 논리적으로 나누기 위한 단위로 생각하면 된다. 이름 그대로 바구니 같은 개념이다. 사용화할 파일들을 저장하는 버킷, 임시적으로 저장하는 버킷, 시스템의 로그 파일들을 저장하는 버킷 등 각자 기능과 목적에 맞게 파일들을 저장하고 구분할 수 있게 하는 단위라고 생각하면 된다.

[그림 11-2] AWS S3 버킷 생성

그다음은 버킷의 이름과 지역을 설정하는 화면이다. 이름은 각자 원하는 이름으로 정해 주면 된다. 다만 주의할 점은 버킷의 이름이 "globally unique"해야 한다는 점이다. 다시 말해, 내가 원하는 버킷 이름이 이미 사용되고 있을 가능성이 꽤 높으니 만일 버킷 이름이 이미 사용되고 있다는 메시지가 나오면 다른 이름을 선택하도록 하자. 지역(region)은 "Asia Pacific (Seoul)"로 정해 주면 된다. 그리고 "Copy settings from an existing bucket" 옵션은 비어 있는 상태로 두면 된다.

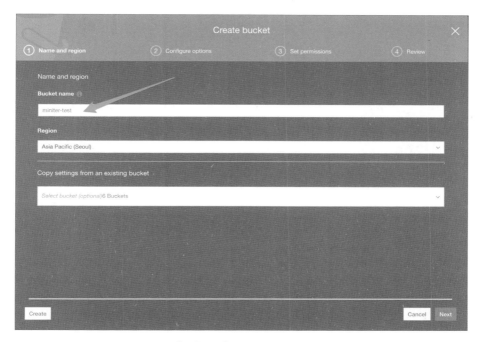

[그림 11-3] AWS S3 버킷 설정

그다음은 S3 버킷의 상세 설정 페이지다. versioning이나 암호화 옵션 등을 설정할 수 있다. 이번 장의 내용을 진행하기 위해서 여기서 특별히 필요한 설정은 없으므로 그냥 다음으로 넘어가도 좋다.

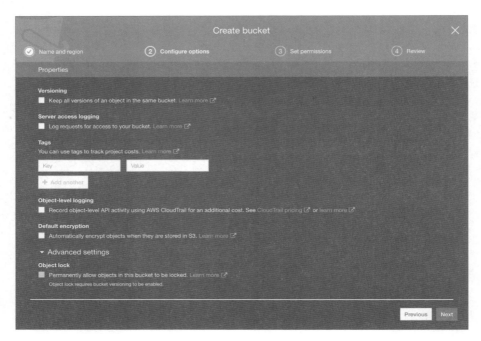

[그림 11-4] AWS S3 버킷 설정 2

설정 페이지에서 다음으로 넘어가면 S3 버킷 권한 설정 페이지가 나온다. 하단의 "Manage public bucket policies for this bucket" 섹션의 "Block new public bucket policies" 옵션과 "Block public and cross-account access if bucket has public policies" 옵션은 체크를 해제하자. S3에서 파일을 직접 전송하려면 public read 옵션을 설정해 주어야 하므로 이 두 옵션은 체크하지 말아야 한다. 두 옵션을 체크하는 것이 권장된다고 나온다. 그리고 일반적으로는 public 권한을 S3 에 주지 않는 것이 보안적으로 안전하다. 그러나 이번 장의 내용에서는 S3를 CDN으로 이용하고자 함이므로 public read 권한을 설정하기 위해서는 해당 옵션들을 체크하지 않아야 한다.

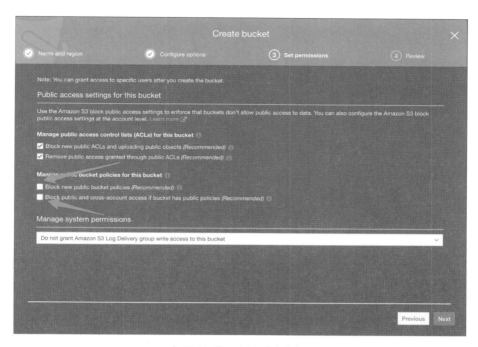

[그림 11-5] AWS S3 버킷 설정 3

마지막으로, 리뷰 페이지다. 설정이 모두 정확한지 확인 후 오른쪽 하단의 "Create Bucket" 버튼을 눌러서 버킷을 생성하도록 하자.

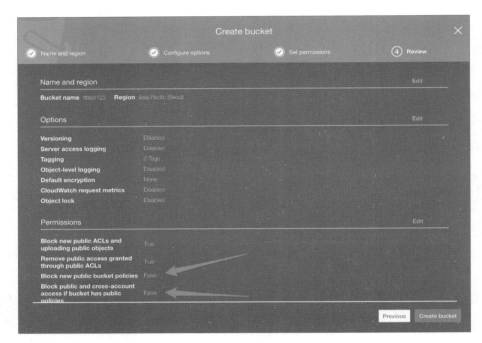

[그림 11-6] AWS S3 버킷 설정 4

버킷이 생성되면 생성한 버킷을 클릭하여 버킷의 페이지로 넘어가도록 하자. 이제 버킷에 public read 권한을 설정해 주어야 한다. 그래서 어디서든 버킷의 파일들을 읽어 들일 수 있도록 해야 한다. 상단 탭들 중 "Permission" 탭을 눌러서 권한 설정을 할 수 있는 페이지로 넘어가자.

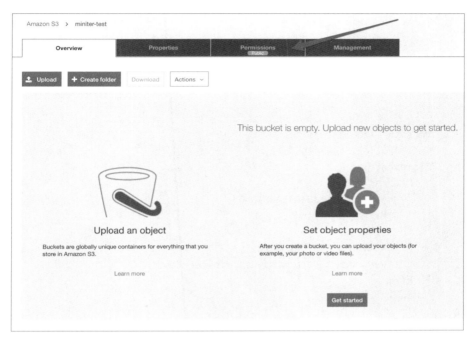

[그림 11-7] AWS S3 파일 업로드

그 후 "Bucket Policy" 버튼을 클릭하도록 한다.

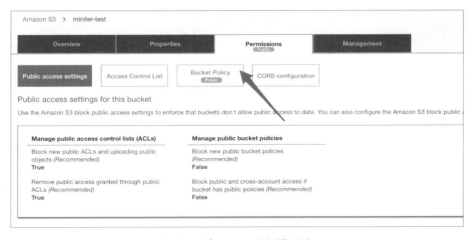

[그림 11-8] AWS S3 버킷 권한 설정

해당 버킷의 권한 policy를 설정할 수 있는 페이지가 나온다. 이곳에 다음의 JSON을 입력한 후 "save" 버튼을 클릭하자. 다음 JSON은 해당 버킷에 저장된 모든 파일을 누구나 읽어 들일 수 있는 권한을 설정한다.

```json
{
    "Version": "2012-10-17",
    "Id": "Policy1544434285552",
    "Statement": [
        {
            "Sid": "Stmt1544434281506",
            "Effect": "Allow",
            "Principal": "*",
            "Action": "s3:GetObject",
            "Resource": "arn:aws:s3:::miniter-test/*"
        }
    ]
}
```

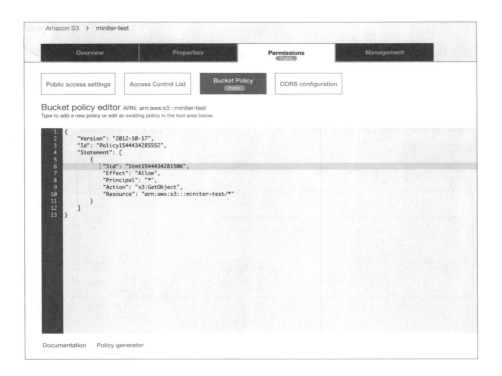

마지막으로, 버킷에 CORS 설정을 해주어야 한다. S3에서 곧바로 파일을 전송받기 위해서 S3에서 각 파일에 지정된 URL을 사용하게 되는데, 이때 도메인이 당연히 다르므로 CORS 설정을 해주지 않으면 브라우저에서 파일 전송 요청을 거부하게 된다. CORS 설정을 하기 위해서는 버킷 권한 설정을 해주었던 동일한 페이지에서 "CROS configuration" 버튼을 누른 후 다음 XML 설정을 입력하고 "save" 버튼을 누르면 된다. 다음 XML 설정을 입력하면 모든 도메인에서 GET 요청을 허용하게 된다. 파일을 전송받는 것은 전부 GET 요청이므로 GET 요청만 열어 주어도 된다.

```xml
<CORSConfiguration>
    <CORSRule>
        <AllowedOrigin>*</AllowedOrigin>
        <AllowedMethod>GET</AllowedMethod>
        <MaxAgeSeconds>3000</MaxAgeSeconds>
    </CORSRule>
</CORSConfiguration>
```

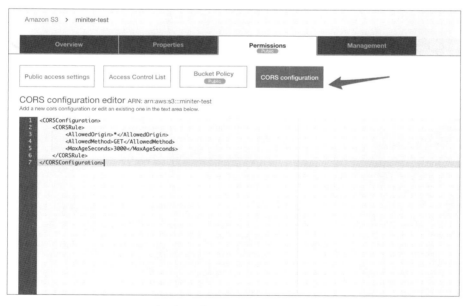

[그림 11-9] AWS S3 버킷 CORS 설정

이제 버킷의 설정이 권한부터 CORS까지 모두 완료되었다. 이 다음은 파이썬 코드에서 S3에 접속할 수 있도록 하기 위해서 먼저 AWS IAM 사용자를 생성하도록 하자.

AWS IAM 사용자 생성

S3에서 버킷을 생성하고 설정했으므로 S3는 준비가 다 되었다. 다만 AWS S3를 파이썬 코드를 통해서 파일을 업로드하기 위해서는 몇 가지가 더 필요하다. 먼저, AWS IAM(Identity Access Management) 사용자를 생성해야 한다. AWS에서는 IAM 사용자를 통해서 사용자의 권한들을 관리할 수 있다. 이번 장에서는 S3에 방금 생성한 버킷에 관한 권한만 가지고 있는 IAM 사용자를 생성하여 파이썬 코드에서 파일을 버킷에 업로드할 수 있도록 할 것이다.

먼저, AWS 메인 페이지의 상단 검색 창에서 IAM을 입력하여 IAM 서비스 페이지로 넘어가자.

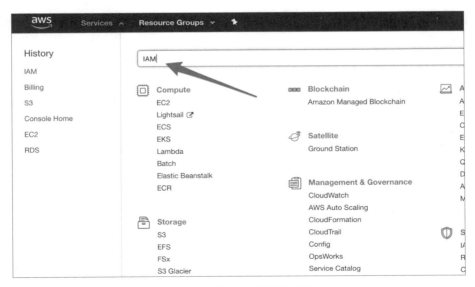

[그림 11-10] AWS IAM 서비스 선택

그 후 왼쪽 메뉴에서 "Users"를 클릭하도록 하자.

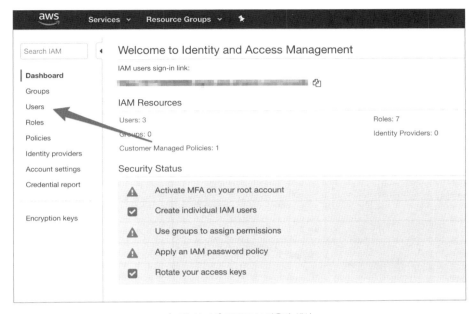

[그림 11-11] AWS IAM 사용자 생성

그리고 왼쪽 상단의 "Add user" 버튼을 클릭하여 새로운 사용자를 생성하자.

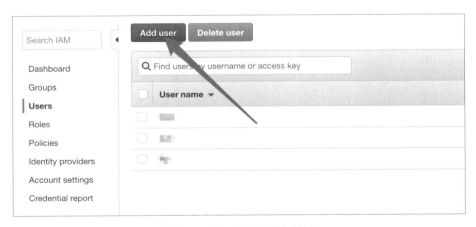

[그림 11-12] AWS IAM 사용자 생성 2

새로운 사용자를 생성하는 절차가 시작된다. 먼저 "User name"과 "Access type"을 설정해야 한다. "User name"은 원하는 사용자의 아이디를 정하면 된다. "Access type"은 "Programmatic access"만을 체크하도록 하자. "AWS Management Console access" 옵션을 체크하지 않도록 한다. "Programmatic access"를 체크하고 "AWS Management Console access"를 체크하지 않으면 해당 사용자는 AWS 사이트에는 접속을 할 수 없고, 오직 코드를 통해서만 서비스에 접속할 수 있는 사용자가 된다. 우리는 사이트에 접속할 목적이 아니라 파이썬 코드에서 S3에 파일을 업로드하기 위해 사용자를 생성하는 것이니 우리가 원하는 설정이다.

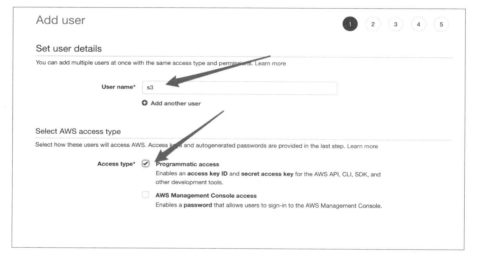

[그림 11-13] AWS IAM 사용자 설정

그다음은 사용자의 권한을 설정해야 한다. 상단 맨 오른쪽의 "Attach existing policies directly"를 선택하자. 이미 생성되어 있는 권한을 선택할 수 있게 해주는 옵션이다. 그 후 중간의 검색 창에 "s3"를 입력하면 S3 관련 권한 policy들이 나온다. 그중에 "AmazonS3FullAccess" policy를 선택하자. S3의 모든 권한을 주는 policy다. 이제 다음으로 넘어가도록 하자.

여기에서는 절차를 간단하게 하기 위해 "AmazonS3FullAccess" 권한을 설정해 주었다. 하지만 더 보안적으로 설정하기 위해서는 모든 권한을 주는 것보다 특정 버킷에 대한 권한만 설정해 주는 것이 좋다.

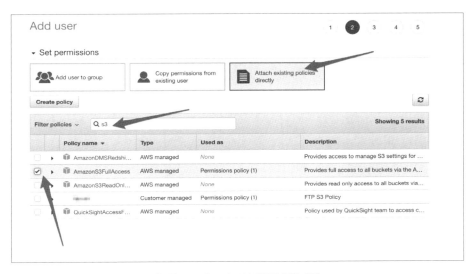

[그림 11-14] AWS IAM 사용자 권한 설정

세 번째 설정 페이지는 태그(tag)를 설정할 수 있는 페이지다. 특별히 설정할 태그가 없으므로 넘어가자.

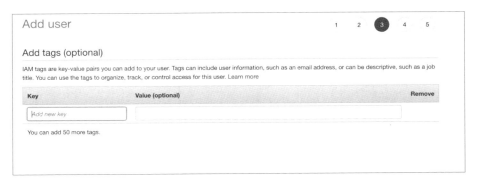

[그림 11-15] AWS IAM 사용자 태그 설정

설정 Review 페이지가 나온다. 모든 설정이 맞는지 확인후 "Create User" 버튼을 클릭하도록 한다.

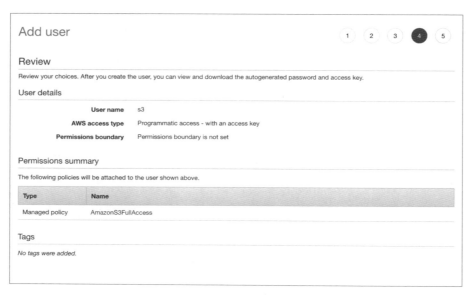

[그림 11-16] AWS IAM 사용자 설정2

IAM 사용자가 생성되었으면 이제 사용자의 "Access key ID"와 "Secret access key"를 다운로드받을 수 있다. 여기서 꼭 "Download .csv" 버튼을 클릭해서 Access key ID와 Secret access key를 다운로드받아서 잘 보관하도록 하자. Access key ID와 Secret access key는 이번에만 다운로드받을 수 있다. 만일 다운로드받지 않거나 분실하면 다시 생성해야 한다.

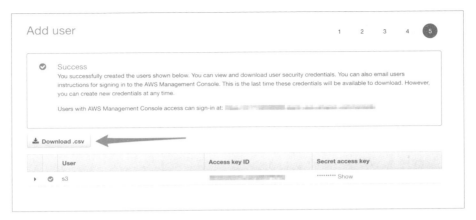

[그림 11-17] AWS IAM 사용자 Access key ID와 Secret access key

IAM 사용자를 생성하고 설정을 완료하여 Access key ID와 Secret access key 또한 얻었다면 이제 파이썬 코드에서 AWS S3에 파일을 업로드할 코드를 구현할 준비가 되었다. 곧바로 진행하도록 하자.

파일 업로드 엔드포인트 S3와 연동하기

파이썬 코드에서 S3에 접속하기 위해서는 Boto3를 먼저 설치해야 한다. Boto3는 파이썬용 AWS SDK(Software Development Kit)다. Boto3는 파이썬 코드에서 S3 같은 AWS 서비스에 접근해서 기능들을 사용할 수 있게 해준다. Boto3는 다음 pip 커맨드를 사용해서 다운로드받을 수 있다.

```
$ pip install boto3
```

Boto3를 설치하였으면 그다음은 앞서 IAM 사용자를 생성한 후 다운로드받은 Access Key ID와 Secret access key 등을 config.py 파일에 지정해 주도록 하자.

Acess key ID와 Secret access key를 사용하여 Boto3가 AWS의 S3에 접속할 수 있게 된다. Access Key ID와 Secret access key 이외에도 S3의 버킷 이름 그리고 버킷에 할당된 URL 또한 지정해 주도록 하자.

```
## 다음 코드들을 config.py 파일에 "추가"하도록 하자.

S3_BUCKET     = "miniter-api"
S3_ACCESS_KEY = "AKIAI44GVCLAZQABCDD"
S3_SECRET_KEY = "7eE8GhkG8+mHUIyfyI8SV2JAKJ332423"
S3_BUCKET_URL = f"http://{S3_BUCKET}.s3.amazonaws.com/"
```

view의 엔드포인트 코드는 수정 없이 동일한 엔드포인트를 사용할 수 있다. 이것이 바로 레이어드 아키텍처 패턴이 유용한 이유 중 하나다. 비즈니스 로직을 service 모듈에서 구현하고 view에서는 온전히 엔드포인트 부분만 구현하므로 view 모듈을 수정할 필요 없이 service 모듈만 구현하면 된다.

service 모듈은 기존에 프로파일 이미지를 디스크에서 저장하던 로직에서 이제 프로파일 이미지를 S3에 업로드하는 로직으로 수정해야 한다. 앞서 설치한 Boto3를 사용하여 S3에 접속한 후 프로파일 이미지를 업로드하고 난 후 해당 이미지 파일을 S3에서 전송받을 수 있는 주소를 데이터베이스에 저장하는 로직으로 구현하도록 하자.

먼저, Boto3의 클라이언트 클래스를 생성해야 한다. UserService 클래스의 __init__ 메소드에서 생성해서 self 변수에 저장하도록 하자.

```
def __init__(self, user_dao, config):
    self.user_dao = user_dao
    self.config   = config
    self.s3       = boto3.client(        ❶
        "s3",
        aws_access_key_id     = config['S3_ACCESS_KEY'],
        aws_secret_access_key = config['S3_SECRET_KEY']
    )
```

- ❶ : boto3 모듈의 client를 생성한다. S3에 접속하여 S3의 기능들을 파이썬 코드에서 작동 가능하게 해주는 클라이언트를 생성한다. 앞서 config.py 파일에 지정해 주었던 S3_ACCESS_KEY와 S3_SECRET_KEY 정보를 넘겨주도록 한다.

그다음은 UserService 클래스의 save_profile_picture 메소드를 수정해야 한다. 앞서 생성한 boto3 모듈의 client 객체를 사용하여 S3 bucket에 프로파일 이미지를 업로드한 후 해당 이미지 파일의 S3 URL을 데이터베이스에 다음과 같이 저장하도록 한다.

```python
def save_profile_picture(self, picture, filename, user_id):
    self.s3.upload_fileobj(                                          ❶
        picture,
        self.config['S3_BUCKET'],
        filename
    )

    image_url = f"{self.config['S3_BUCKET_URL']}{filename}"          ❷

    return self.user_dao.save_profile_picture(img_url, user_id)      ❸
```

- ❶ : __init__ 메소드에서 생성한 boto3.client 객체를 사용하여 프로파일 이미지를 S3 bucket에 업로드한다.
- ❷ : 프로파일 이미지 파일이 업로드가 완료되면 해당 이미지를 S3에서 곧바로 전송받을 수 있는 URL이다. URL은 "S3 bucket URL + / + 파일 이름"의 구조가 된다. 예를 들어, 프로파일 이미지 파일 이름이 "profile.png"이고 버킷 이름이 "miniter-test"이면 프로파일 이미지를 전송받을 수 있는 URL은 "https://s3.ap-northeast-2.amazonaws.com/miniter-test/profile.png"가 된다.

- **❸** : **❷**의 프로파일 이미지 URL을 데이터베이스에 저장하여 다음에 프로파일 이미지 주소를 리턴해 줄 수 있도록 한다.

view 모듈과 마찬가지로 model 모듈도 수정할 필요 없이 그대로 사용할 수 있다.

프로파일 이미지를 읽어 들이는 엔드포인트는 약간의 수정이 필요하다. 그전에는 엔드포인트에서 직접 파일을 전송했지만, 이제는 직접 파일을 전송하지 않고 해당 프로파일 이미지가 저장되어 있는 S3상의 프로파일 이미지 URL을 리턴해 주도록 해야 한다. 그래서 다음과 같이 수정하면 된다.

```
@app.route('/profile-picture/<int:user_id>', methods=['GET'])
def get_profile_picture(user_id):
    profile_picture = user_service.get_profile_picture(user_id)

    if profile_picture:
        return jsonify({'img_url' : profile_picture})    ❶
    else:
        return '', 404
```

- **❶** : 데이터베이스에 저장되어 있던 프로파일 이미지의 S3 URL을 읽어 들여서 JSON 형태로 리턴해 준다.

프로파일 이미지를 읽어 들이는 service나 model 모듈들의 로직은 수정이 전혀 필요하지 않다. 레이어드 패턴 아키텍처를 사용하니 코드의 유지 보수 및 수정이 훨씬 효율적인 것을 볼 수 있는 부분이다.

자, 이제 백엔드 API를 실행시킨 후 실제로 프로파일 이미지를 S3에 업로드해 보도록 하자.

```
$ http -v --form localhost:5000/profile-picture profile_pic@~/
Images/eunwoosong_profile_2018.jpg "Authorization: eyJ0eXAiOiJKV1
QiLCJhbGciOiJIUzI1NiJ9.eyJ1c2VyX2lkIjoxLCJleHAiOjE1NDQ1OTQ5NTZ9.
c9fZHXivx6o6ZJMKyjufqXybN4L_VcTcvuXeyob3Dgk"
```

```
POST /profile-picture HTTP/1.1
Accept: */*
Accept-Encoding: gzip, deflate
Authorization: eyJ0eXAiOiJKV1QiLCJhbGciOiJIUzI1NiJ9.eyJ1c2VyX2lkIjoxLC
JleHAiOjE1NDQ1OTQ5NTZ9.c9fZHXivx6o6ZJMKyjufqXybN4L_VcTcvuXeyob3Dgk
Connection: keep-alive
Content-Length: 93211
Content-Type: multipart/form-data; boundary=266c5f6ca4684b9eac27152552
ef8036
Host: localhost:5000
User-Agent: HTTPie/0.9.9


+----------------------------------------+
| NOTE: binary data not shown in terminal |
+----------------------------------------+


HTTP/1.1 200 OK
Access-Control-Allow-Origin: *
Content-Length: 0
Content-Type: text/html; charset=utf-8
Date: Tue, 11 Dec 2018 06:15:17 GMT
Server: TwistedWeb/18.9.0
```

업로드가 되었으면 AWS 사이트에 접속해서 실제로 S3에 이미지 파일이 업로드되었
는지 확인해 보자.

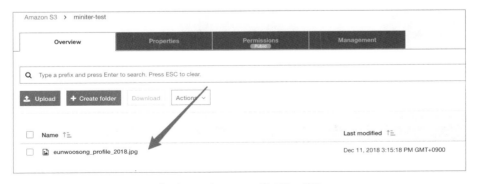

[그림 11-18] AWS S3 파일 업로드 확인

S3에 성공적으로 업로드된 것을 확인할 수 있다.

이제 프로파일 이미지를 전송받는 엔드포인트를 실행시켜 보도록 하자. 먼저, /profile-picture 엔드포인트에 GET 요청을 보내어서 프로파일 이미지의 S3 URL을 확인하자.

```
$ http -v GET :5000/profile-picture/1
GET /profile-picture/1 HTTP/1.1
Accept: */*
Accept-Encoding: gzip, deflate
Connection: keep-alive
Host: localhost:5000
User-Agent: HTTPie/0.9.9


HTTP/1.1 200 OK
Access-Control-Allow-Origin: *
Content-Length: 95
Content-Type: application/json
Date: Tue, 11 Dec 2018 06:15:33 GMT
Server: TwistedWeb/18.9.0

{
    "img_url": "https://s3.ap-northeast-2.amazonaws.com/miniter-test/
    eunwoosong_profile_2018.jpg"
}
```

이제 img_url 으로 전송된 프로파일 이미지의 S3 URL을 호출해서 이미지를 전송받도록 해보자.

```
http -v GET https://s3.ap-northeast-2.amazonaws.com/miniter-test/
eunwoosong_profile_2018.jpg
GET /miniter-test/eunwoosong_profile_2018.jpg HTTP/1.1
Accept: */*
```

```
Accept-Encoding: gzip, deflate
Connection: keep-alive
Host: s3.ap-northeast-2.amazonaws.com
User-Agent: HTTPie/0.9.9


HTTP/1.1 200 OK
Accept-Ranges: bytes
Content-Length: 93015
Content-Type: binary/octet-stream
Date: Tue, 11 Dec 2018 06:16:32 GMT
ETag: "a5b8d71baad1bc5eb6d7b75ca2d89026"
Last-Modified: Tue, 11 Dec 2018 06:15:18 GMT
Server: AmazonS3
x-amz-id-2: tEXadurkMr/5NIq3fobdaOMMQajG9tjje4BzAUU76SsMnF+Wix3bnvcqVt
V5HaIF3oYCb4jlGE0=
x-amz-request-id: B57F65025ADB3AC9



+---------------------------------------+
| NOTE: binary data not shown in terminal  |
+---------------------------------------+
```

프로파일 이미지를 잘 전송받는 것을 확인했다. 이제 프로파일 이미지를 업로드했을 때 더 이상 API 서버의 디스크에 저장하는 것이 아니라 S3에 저장하고, 또한 S3에서 직접 전송받는 기능을 모두 구현한 것이다.

unit test

8장에서 개발과 unit test의 비중을 5:5로 해도 될 정도로 unit test가 중요하다고 강조했었다. 그러므로 당연히 새로운 기능을 추가했으니 새로운 기능에 대한 unit test 코드도 추가하도록 하자.

이전에 했던 것과 마찬가지로 view test, service test, 그리고 model 테스트 모드를 구현할 것이다. 먼저, 프로파일 이미지 업로드 기능의 경우 가장 간단한 모듈인 model의 unit test를 구현하도록 하자.

model unit test

프로파일 이미지 업로드 기능의 model unit test 또한 기존의 다른 model 모듈의 unit test와 다르지 않다. UserDao 클래스의 save_profile_picture와 get_profile_picture 메소드를 직접 호출해서 리턴 값이 정상적인지 확인하면 된다. 다음 코드를 참고하면서 직접 구현해 보자.

```python
def test_save_and_get_profile_picture(user_dao):
    ## 먼저 profile picture를 읽어 들이도록 하자.
    ## 저장한 profile picture가 없으므로 None이 나와야 한다.
    user_id = 1
    user_profile_picture = user_dao.get_profile_picture(user_id)
    assert user_profile_picture is None

    ## Profile picture url을 저장하자
    expected_profile_picture = "https://s3.ap-northeast-2.amazonaws.
    com/test/profile.jpg"
    user_dao.save_profile_picture(expected_profile_picture, user_id)

    ## Profile picture url을 읽어 들이자
    actual_profile_picture = user_dao.get_profile_picture(user_id)
    assert expected_profile_picture == actual_profile_picture
```

service unit test

model unit test를 구현하였으니 다음은 service unit test를 구현해 보자. model unit test는 크게 어려운 점은 없었을 것이다. 하지만 service unit test를 구현하려니 막히는 부분이 있을 것이다. UserService 클래스의 save_profile_picture 메소드를 unit test하기 위해서는 해당 함수를 실제로 호출해야 한다. 하지만 save_profile_picture 메소드를 호출을 하게 되면 이미지 파일을 실제로 S3에 업로드하게 된다. 이것은 unit test의 경우 문제가 될 수 있다. 그 이유는 다음과 같다.

1. unit test는 실행 횟수가 굉장히 높을 수 있다. 그러므로 S3에 많은 테스트 이미지 파일이 올라가게 되는 경우가 생기게 되어 비용 등의 문제가 발생할 수 있다.

2. 사실 위의 1번의 문제는 테스트 실행마다 동일한 이름의 이미지 파일을 올리거나, test용 버킷을 따로 만들어 매 테스트가 끝난 후 모든 파일을 삭제하는 등의 방법으로 어느 정도 해결이 가능하긴 하다. 하지만 그래도 여전히 매번 S3에 이미지 파일을 업로드해야 한다는 문제는 존재한다.

3. 가장 이슈가 되는 점은 테스트의 성공 여부가 S3 같은 외부 컴포넌트에 영향을 받는다는 점이다. 만일 S3 서비스에 문제가 있으면 테스트도 실패하게 된다. 물론 S3 서비스는 굉장히 안정적인 서비스이긴 하다. 하지만 중점은 S3 서비스의 안정성이 아니라 테스트가 콘트롤(control)할 수 없는 외부 요소에 영향을 받으면 안 된다.

그럼 어떻게 하면 S3 서비스를 사용하는 save_profile_picture 메소드를 테스트하는 unit test가 S3 서비스에 영향을 받지 않는 독립적인 테스트가 될 수 있도록 구현할 수 있을까? 아직 unit test에 익숙하지 않으면 어려울 수 있는 문제다. 시간이 걸리더라도 한번 스스로 생각해 보길 권장한다.

save_profile_picture 메소드의 unit test가 S3에 영향을 받는 이유는 boto3.client 객체를 생성해서 실제로 S3에 접속하여 이미지 파일을 업로드하는 로직이 실행되기 때문이다. 그러므로 근본적인 해결책은 테스트의 경우에는 S3에 접속을 안 하도록 하면 된다. 이러한 기능을 실현하기 위해서는 boto3.client 객체를 mock 객체로 바꾸어 주어야 한다. mock 객체는 이름 그대로 흉내만 내는 객체다. 즉 boto3.client와 동일한 구조를 가지고 있지만, 실제로 그 기능을 실행하지 않는 객체로 바꿔 주어서 save_profile_picture 메소드가 실행은 되지만 파일 이미지가 실제로 S3에 업로드되지 않도록 해준다.

여기서 문제는 S3 서비스를 사용하기 위한 클라이언트인 boto3.client 객체가 UserService 클래스 내부에서 생성된다는 것이다. boto3.client 객체를 다른 객체로 바꿔 주는 것이 쉽지 않다. 이런 경우에는 일반적으로 다음의 2가지 해결 방법이 있다.

1. unittest 모듈의 mock 라이브러리를 사용하여 다이내믹하게 객체를 바꾸어 준다.
2. dependency(이 경우에는 boto3.client)를 내부에서 생성하지 않고 외부에서 받는 형태로 변경하여 준다.

우리는 두 번째 방법을 사용한다. 일반적으로 dependency는 외부에서 받아 오는 형태로 코드의 구조를 구현하는 것이 권장되므로 두 번째 방법을 사용하도록 한다. 하지만 어쩔수 없이 첫 번째 방법인 unittest 모듈의 mock 라이브러리를 사용할 수밖에 없을 때도 있다. 주로 코드를 수정할 수 없는 외부 라이브러리를 테스트할 때가 그런 경우다.

자, 그럼 boto3.client를 내부에서 생성하지 않고 외부에서 받아 오는 형태로 다음과 같이 UserService 클래스를 변경하도록 하자.

```
class UserService:
    def __init__(self, user_dao, config, s3_client):        ❶
        self.user_dao = user_dao
        self.config   = config
        self.s3       = s3_client                            ❷
```

- ❶ : boto3.client 객체인 s3_client를 외부에서 전달받도록 한다.
- ❷ : ❶의 s3_client를 self 변수에 저장시켜 준다.

UserService 클래스 내부에서 생성하던 boto3.client 객체를 외부에서 받아 오는 구조로 변경하였으니 이제 UserService를 생성하는 코드에서 boto3.client 객체를 생성해서 UserService에 넘겨주어야 한다. 그러므로 app.py 파일을 다음과 같이 수정하도록 하자.

```
def create_app(test_config = None):
    app = Flask(__name__)

    ## 기존의 코드들...
    ...

    ## Business Layer
    s3_client = boto3.client(                                         ❶
        "s3",
        aws_access_key_id    = config['S3_ACCESS_KEY'],
        aws_secret_access_key = config['S3_SECRET_KEY']
    )

    services                = Services
    services.user_service   = UserService(user_dao, config, s3_client) ❷
    services.tweet_service  = TweetService(tweet_dao)

    ## 엔드포인트들을 생성
    create_endpoints(app, services)

    return app
```

- ❶ : boto3.client 객체를 생성하여 s3_client 변수에 지정한다.
- ❷ : UserService 클래스를 생성할 때 ❶에서 생성한 s3_client를 넘겨준다.

test_service.py 코드도 다음과 같이 수정해 주어야 한다.

```
from unittest import mock

@pytest.fixture
def user_service():
    mock_s3_client = mock.Mock()                                          ❶
    return UserService(UserDao(database), config.test_config, mock_
  s3_client)                                                              ❷
```

- ❶ : unittest 모듈의 mock 라이브러리를 사용하여 mock S3 client 객체를 생성한다. mock.Mock mock 객체를 간단하게 생성할 수 있도록 도와준다.
- ❷ : ❶에서 생성한 mock s3 client를 UserService 클래스에 넘겨주어 생성한다.

mock.Mock 클래스는 mock 객체를 쉽게 생성하고 싶을 때 사용하면 좋다. 다음에서 볼 수 있듯이 mock.Mock 클래스는 어떠한 이름의 메소드를 호출해도 되므로 mock을 하고자 하는 클래스의 인터페이스를 전혀 고려하지 않고, 쉽게 mock 객체를 생성할 수 있게 해준다.

```
Python 3.7.0 (default, Jun 28 2018, 07:39:16)
[Clang 4.0.1 (tags/RELEASE_401/final)] :: Anaconda, Inc. on darwin
Type "help", "copyright", "credits" or "license" for more information.
>>> from unittest import mock
>>> test_mock = mock.Mock()
>>> test_mock
<Mock id='4417969848'>
>>> test_mock.some_method()
<Mock name='mock.some_method()' id='4417969792'>
>>> test_mock.random_method()
<Mock name='mock.random_method()' id='4419751832'>
```

config.py 파일도 수정이 필요하다. S3 설정들의 테스트 설정 값들을 다음과 같이 추가해 주도록 하자.

```
test_config = {
    ## 기존 설정들...

    'S3_BUCKET'           : "test",
    'S3_ACCESS_KEY'       : "test_acces_key",
    'S3_SECRET_KEY'       : "test_secret_key",
    'S3_BUCKET_URL'       : f"https://s3.ap-northeast-2.amazonaws.com/
    test/"
}
```

이제 실제 unit test 코드를 구현해 보도록 하자. model unit test 코드와 크게 다르지 않다.

```
def test_save_and_get_profile_picture(user_service):
    ## 먼저 profile picture를 읽어 들이도록 하자.
    ## 저장한 profile picture가 없으므로 None이 나와야 한다.
    user_id = 1
    user_profile_picture = user_service.get_profile_picture(user_id)
    assert user_profile_picture is None

    ## Profile picture url을 저장하자
    test_pic = mock.Mock()                              ❶
    filename = "test.png"
    user_service.save_profile_picture(test_pic, filename, user_id)

    ## Profile picture url을 읽어 들이자
    actual_profile_picture = user_service.get_profile_picture(user_id)
    assert actual_profile_picture == "https://s3.ap-northeast-2.
amazonaws.com/test/test.png"
```

- ❶ : 이미지 파일도 mock 객체를 사용하면 된다. mock을 적절히 사용하면 unit test를 구현하기가 편해질 수 있다.

view unit test

이제 view 모듈의 unit test를 구현할 차례다. view 모듈의 unit test를 구현할 때도 service 모듈의 unit test를 구현할 때와 동일한 이슈를 해결해야 한다. 바로 S3 서비스에 영향을 받지 않도록 테스트를 독립적으로 구현하려면 어떻게 해야 하는가에 대한 이슈다. service unit test를 구현할 때는 boto3.client 객체를 외부에서 받는 구조로 UserService 클래스를 수정한 후 테스트 코드에서는 mock 객체를 생성해서 boto3.client 객체 대신에 사용하도록 하는 방식으로 해결했었다. 하지만 view에서는 create_app 메소드를 직접 호출하여 일단 flask application 객체를 생성한 후 test_client를 생성해서 엔드포인트들을 테스트하는 방식이므로 create_app 메소드 안에서 생성되는 boto3.client 객체를 외부에서 생성하도록 하기가 쉽지 않다. 물론 외부에서 생성해서 create_app 함수의 인자로 받을 수는 있지만, create_app 함수는 API 코드의 첫 시작 부분이므로 create_app 함수의 외부로 구조를 변경하려면 setup.py 파일에서 boto3.client 객체를 생성해서 넘겨주는 방식으로 해야 하는데, setup.py 파일은 API를 실행시키는 용도로만 사용되어야 한다. 실제 application 로직을 가지고 있어서는 안 되는 파일이다. 그러므로 boto3.client 객체를 외부 dependency로 변경하기가 애매한 상황이다.

이러한 상황에서는 앞서 간략하게 언급했던 다이내믹하게 mock 객체로 치환하는 방법을 사용할 수 있다. 이러한 방법을 패치(patch)라고 한다. 패치는 런타임(runtime)에 어떠한 객체를 mock 객체로 치환할 수 있게 해준다. 그러므로 다음과 같이 test_view.py 파일에서 api fixture 함수를 수정하여 테스트가 실행되는 런타임 때 boto3.client 객체가 mock 객체로 치환되도록 하자.

```
from unittest import mock              ❶

@pytest.fixture
@mock.patch("app.boto3")               ❷
def api(mock_boto3):                    ❸
```

```
mock_boto3.client.return_value = mock.Mock()        ❹

app = create_app(config.test_config)                ❺
app.config['TEST'] = True
api = app.test_client()

return api
```

- ❶ : 파이썬의 unittest 모듈에서 mock 라이브러리를 임포트한다.
- ❷ : mock 라이브러리의 patch decorator를 사용하여 app.boto3를 패치 (patch)한다. 여기서 app.boto3를 자세히 잘 봐야한다. app.boto3의 의미 는 app.py 파일에서 임포트한 boto3 모듈을 패치한다는 뜻이다. 이 부분은 조금 더 자세히 설명하도록 하겠다.
- ❸ : mock_boto3라는 인자를 받는 것을 볼 수 있다. mock_boto3는 ❷에 서 패치한 mock 객체다. ❷에서 패치한 mock 객체를 해당 함수의 인자로 받는 것이다. 인자의 이름은 원하는 이름으로 정할 수 있다.
- ❹ : ❷에서 패치한 mock 객체에게 어떻게 작동하라고 명령하는 부분이다. 조금 어색하게 들릴 수 있지만 실은 간단하다. 여기에서는 boto3.client 객 체를 생성하는 코드가 실행되면 실제 boto3.client 객체를 생성하지 말고 대신에 mock.Mock 객체를 생성해서 리턴하라고 명령해 주는 것이다. 즉 실제로 S3 클라이언트가 생성되는 것이 아니라 mock 클래스의 객체를 생 성해서 테스트할 수 있도록 해준다.
- ❺ : 이제 create_app을 실행시키면 실제 S3 클라이언트 객체가 아닌 ❹에 서 생성한 mock 객체가 실행된다.

@mock.patch("app.boto3") 부분은 한번에 이해하기가 조금 난해할 수도 있으므 로 추가적인 설명이 필요할 수도 있다. app.boto3는 간단하게 설명하면 app.py 파 일의 boto3를 가리킨다. 여기서 중요한 점은 모든 boto3 모듈을 패치하는 것이 아 니라 app.py 파일의 boto3만 패치한다는 것이다. 다른 파일에서 사용되는 boto3

모듈은 정상적인 boto3 모듈이 사용된다. 외부 라이브러리뿐만 아니라 함수, 클래스 등도 패치할 수 있다. 예를 들어, app.py 파일의 create_app 메소드를 패치하고자 한다면 @mock.patch("app.create_method")라고 지정해 주면 된다.

boto3.client의 패치가 되었으면 이제 실제 unit test 함수를 구현하도록 하자. 기존의 엔드포인트 테스트 코드들과 비슷한 구조로 구현할 수 있다. 다음 코드를 참고하면서 실제로 구현해 보도록 하자.

```python
import io

def test_save_and_get_profile_picture(api):
    # 로그인
    resp = api.post(
        '/login',
        data          = json.dumps({'email' : 'songew@gmail.com',
        'password' : 'test password'}),
        content_type = 'application/json'
    )
    resp_json    = json.loads(resp.data.decode('utf-8'))
    access_token = resp_json['access_token']

    # 이미지 파일 업로드
    resp = api.post(
        '/profile-picture',
        content_type = 'multipart/form-data',
        headers      = {'Authorization' : access_token},
        data         = { 'profile_pic' : (io.BytesIO(b'some imagge
        here'), 'profile.png') }              ❶
    )
    assert resp.status_code == 200

    # GET 이미지 URL
    resp = api.get('/profile-picture/1')
    data = json.loads(resp.data.decode('utf-8'))

    assert data['img_url'] == f"{config.test_config['S3_BUCKET_URL']}
    profile.png"
```

- ❶ : 이 부분은 이미지 파일을 전송하는 부분이다. 실제 이미지 파일을 전송할 필요 없이 io.BytesIO 클래스를 사용하여 테스트 byte 데이터를 마치 이미지 파일을 전송하는 것처럼 전송할 수 있다.

model, service, 그리고 view의 unit test를 모두 구현하였다. 이제 전체 테스트를 실행시켜서 모든 테스트가 정상적으로 실행되며 pass가 되는지 확인하자.

```
$ python -mpytest -vv -s -p no:warnings
========================= test session starts =========================
platform darwin -- Python 3.7.0, pytest-4.0.1, py-1.7.0, pluggy-0.8.0
-- /Users/song-eun-u/anaconda3/envs/book-python-backend/bin/python
cachedir: .pytest_cache
rootdir: /Users/song-eun-u/Projects/personal-notes/book-python-backend-
for-beginner/codes/11, inifile:
collected 22 items

test/test_model.py::test_insert_user PASSED
test/test_model.py::test_get_user_id_and_password PASSED
test/test_model.py::test_insert_follow PASSED
test/test_model.py::test_insert_unfollow PASSED
test/test_model.py::test_insert_tweet PASSED
test/test_model.py::test_timeline PASSED
test/test_model.py::test_save_and_get_profile_picture PASSED
test/test_service.py::test_create_new_user PASSED
test/test_service.py::test_login PASSED
test/test_service.py::test_generate_access_token PASSED
test/test_service.py::test_follow PASSED
test/test_service.py::test_unfollow PASSED
test/test_service.py::test_tweet PASSED
test/test_service.py::test_timeline PASSED
test/test_service.py::test_save_and_get_profile_picture PASSED
test/test_view.py::test_ping PASSED
test/test_view.py::test_login PASSED
test/test_view.py::test_unauthorized PASSED
test/test_view.py::test_tweet PASSED
test/test_view.py::test_follow PASSED
test/test_view.py::test_unfollow PASSED
```

```
test/test_view.py::test_save_and_get_profile_picture PASSED

====================== 22 passed in 11.39 seconds ======================
(book-python-backend) 11 master ✗ △ ➜
```

배포

지금까지 프로파일 이미지 업로드 기능을 새로 추가하였고 해당 기능을 테스트하는 unit test 코드까지 전부 구현하였다. 이제 마지막으로 남은 절차는 새로운 코드를 배포(deploy)하여 실제 운영하는 서버에서도 새로운 코드가 반영이 되어서 프로파일 이미지를 업로드할 수 있도록 하는 것만 남았다.

9장에서 AWS에서 인프라스트럭처를 구현하고 코드를 배포해 보았으므로 아직 AWS에서 서버가 운영되고 있다면 서버들에 접속해서 새로운 코드로 업데이트한 후 배포해 보도록 하자. 배포 과정은 크게 다음과 같다.

0. 새로 추가한 코드를 커밋(commit)한 후 깃허브에 푸시(push).
1. 서버에 SSH 접속
2. 새로운 코드로 업데이트
3. 기존에 실행되던 애플리케이션 종료
4. 새로운 코드가 반영된 애플리케이션 시작

코드를 커밋하고 깃허브에 푸시하였으면 그다음으로는 서버에 접속하도록 하자. 서버에 접속하는 방법은 전과 동일하다.

```
ssh -i <pem key 경로> ubunut@<ec2 instance public ip 주소>
```

저자의 경우 다음과 같이 서버에 접속하게 된다.

```
ssh -i ./api.pem ubunut@211.176.129.90
```

접속이 완료되면 먼저 코드가 저장되어 있는 디렉터리로 위치를 변경한 후에 git pull 명령어를 사용하여 새로운 코드를 받도록 하자(물론 당연히 새로운 코드를 사전에 깃허브에 커밋하고 푸시를 해놓았어야 한다).

그다음으로 기존에 실행시켰던 애플리케이션을 종료해야 한다. 기존에 실행되던 프로세스가 종료되어야 새로운 코드가 반영된 API를 실행시킬 수 있다. 먼저, 다음 명령어를 사용해서 현재 실행되고 있는 애플리케이션의 프로세스 아이디 번호를 확인하도록 하자.

```
ps aux | grep python
```

ps aux 명령어는 현재 실행되고 있는 프로세스들을 출력해 준다. ps aux 명령어가 출력하는 프로세스 리스트는 굉장히 길 수 있다. 그러므로 그중 파이썬 프로세스만 걸러내기 위해서 ps aux의 결과 데이터를 출력하는 대신 파이프 (|)를 통해서 grep python 명령어에 input으로 넘겨주어서 python이라는 단어가 들어간 프로세스만 출력해 주는 것이다. 그러면 다음과 비슷한 결과물이 출력된다.

```
$ ps aux | grep python
eun     13621  0.0  2.3 320784 47524 ?        Ssl  Dec05   2:54 python ./
setup.py runserver --host=0.0.0.0
```

여러 데이터가 있는데, 그중 맨 마지막 부분과 처음 부분만 신경 쓰면 된다. 맨 마지막 부분을 보면 python ./setup.py runserver --host=0.0.0.0이라고 되어 있는 것을 볼 수 있다. 그러므로 해당 프로세스가 바로 우리의 미니터 API 프로세스인 것을 알 수 있다. 해당 줄의 맨 처음 단어는 해당 프로세스를 실행시킨 사용자 아이디다. 이 경우에는 저자가 실행시켰으므로 eun으로 되어 있다. 그리고 다음에 나오는 숫자가 바로 프로세스 아이디다. 이 경우에는 13621이 프로세스 아이디다. 이 프로세스 아이디를 사용하여 다음 명령어를 실행해서 해당 프로세스를 정지시키도록 하자.

```
$ kill -TERM 13621
```

명령어 이름 그대로 13621 프로세스 아이디를 가지고 있는 프로세스를 kill하는 명령어다. 이제 프로세스가 멈추었을 것이다. 이제 다시 nohup python ./setup.py runserver --host=0.0.0.0 & 명령어를 실행시켜서 재실행시켜 주면 된다.

9장에서 EC2 instance 2대를 생성해서 2대에 각각 API를 실행시켰다. 그러므로 나머지 EC2 instance에도 접속해서 동일한 과정을 통해서 새로운 코드를 배포시켜 주도록 하자. 참고로, 2대의 서버가 load balancer에 연결되어서 실행되고 있으므로 배포되는 과정에서 생기는 잠깐의 다운타임(downtime) 동안 다른 서버가 대신 트래픽을 처리해 줄 수 있다. 따라서 실제 사용자는 다운타임을 거의 못 느끼게 된다. 그러므로 실제 사용자가 사용하는 시간대에도 큰 걱정없이 배포할 수 있다.

11장 정리

이번 장에서는 프로파일 이미지를 업로드하고 전송받는 엔드포인트를 구현해 보았다. 처음에는 서버의 로컬 디스크에 프로파일 이미지를 저장하는 방식으로 구현하였다. 그 후 업그레이드시켜서 AWS S3에 프로파일 이미지 파일들을 저장하는 방식으로 변경하였다. 그리고 unit test도 구현하여 mock과 패치를 사용하여 unit test

를 구현하는 방법도 알아보았으며, 마지막으로 새로운 코드를 배포하는 것으로 마무리하였다.

- 파일 업로드는 HTTP 요청(request)에서 multipart/form-data content type으로 전송된다.
- Flask에서는 전송된 파일을 request.files 딕셔너리로 읽어 들일 수 있으며, 파일 이름이 key가 되어서 저장된다.
- 서버의 로컬 디스크에 업로드된 파일들을 직접 저장하면 다음의 이슈들이 생길 수 있다.
  - 저장 공간 문제
  - 파일 전송 속도
  - 확장성
- 그러므로 서버의 로컬 디스크에 파일들을 저장하기보다는 CDN(Content Delivery Network) 같은 파일 저장 및 관리에 최적화된 솔루션을 사용하는 것이 좋다.
- AWS S3(Simple Storage Service)는 파일 저장 서비스다. 하지만 직접 S3에서 파일을 전송할 수 있고 CORS 설정도 가능하므로 CDN으로도 사용될 수 있다.
  - AWS CloudFront 서비스와 같이 사용하면 더 완벽한 CDN 서비스로 사용될 수 있다.
- 파이썬 코드에서 S3(혹은 그 외 다른 AWS 서비스)에 접속해서 기능들을 사용하기 위해서는 파이썬용 AWS SDK를 사용해야 한다. Boto3는 파이썬용 AWS SDK다.
- Boto3같이 외부 서버와 연결하는 라이브러리에 코드가 의존하는 경우 unit test를 독립적으로 구현하기가 어렵다. 그래서 해당 라이브러리를 mock을 해서 unit test를 구현해야 한다.

- mock은 정적으로 사용할 수도 있고, 런타임에 mock 객체화를 시킬 수도 있다. 후자는 패치라고 한다.

CHAPTER

12

더 좋은 백엔드 개발자가 되기 위해 다음으로 배워 보면 좋은 주제들

이제 우리는 API 개발부터 unit test 그리고 AWS에 실제 배포까지, API 개발에 필요한 핵심 개념과 구조 그리고 과정을 모두 경험해 보았다. 이제까지 배운 것을 바탕으로 더 실력 있는 개발자가 되시길 바란다. 이번 장에서는 다음 레벨로 성장할 수 있도록 공부하면 도움이 될 주제들에 대해서 간략하게 이야기한다.

- 자료구조 및 알고리즘
- 데이터베이스의 더 깊은 이해
- database migration
- micro service architecture
- 리눅스 & 데브옵스

자료구조 및 알고리즘

자료구조와 알고리즘은 프로그래밍에서는 가장 중요한 핵심 내용 중 하나다. 개발자 채용 면접을 볼 때도 자료구조와 알고리즘에 대한 질문을 물어 볼 확률이 높다. 이 책의 2장에서 웹 시스템의 역사와 변화 과정에 대해서 이야기하면서, 프론트엔드 시스템의 주역할은 UIUX 구현이고, 백엔드 시스템의 핵심 역할은 데이터 처리 및 연산이라고 배웠다. 그러므로 백엔드 시스템 개발에서 데이터를 처리할 때 꼭 필요한 자료구조와 알고리즘의 이해도는 너무 중요하다. 개발을 할 때 적절한 자료구조와 알고리즘을 응용할 줄 아는 능력은 너무나 중요한 능력이므로 이 부분은 열심히 하시길 권장한다.

여러 자료구조와 알고리즘들이 존재하지만, 그중 다음 자료구조와 알고리즘들에 대해서 먼저 이해하기를 권장한다.

- 리스트(list)
- set
- dictionary (혹은 다른 언어의 경우 hash map)
- stack
- queue
- tree
- graph
- Sorting(정렬)
- Recursion(재귀)

그 외에도 여러 자료구조와 알고리즘들이 존재하지만, 위의 리스트는 가장 일반적으로 자주 쓰이는 자료구조와 알고리즘들이므로 기본적으로 잘 습득하고 있는 것이 좋다.

데이터베이스의 더 깊은 이해

이미 언급했듯이 백엔드 시스템의 목적은 데이터 연산 및 처리다. 그러므로 데이터 베이스를 더 잘 다루는 것은 당연히 중요할 수 밖에 없다. 이 책에서는 MySQL만 사용했지만, 그 외에도 다양한 데이터베이스가 많다. 시스템에 맞는 적절한 데이터베이스를 사용해서 시스템을 구현할 줄 아는 능력은 중요하다. 이 책에서 이야기했듯이 데이터베이스는 크게 관계형 데이터베이스, 비관계형 데이터베이스로 구분한다. 관계형 데이터베이스들은 다양한 데이터베이스가 존재하며, 비관계형 데이터베이스들도 여러 종류의 데이터베이스가 있다.

이번 장에서 미니터 API를 구현하면서 우리는 MySQL을 사용하였다. MySQL은 널리 사용되는 데이터베이스이며, 일반적으로 많은 경우 적합한 데이터베이스가 될 수 있다. 하지만 모든 경우에 항상 적합한 데이터베이스는 없다. 특정 경우나 시스템을 구현하기 위해서는 해당 기능과 상황에 적합한 데이터베이스를 선택해서 사용해야 최적의 시스템을 구현할 수 있게 된다. 특히 규모가 큰 시스템일수록 한 가지 이상의 데이터베이스를 사용한다. 예를 들어, 일반적인 데이터는 MySQL을 사용하고, 어떠한 이벤트 발생 수를 저장하는 데이터베이스에는 Redis 등의 NoSQL 데이터베이스를 사용하며, 로그 데이터 저장에는 MongoDB를 사용하는 등 여러 데이터베이스를 함께 사용하는 경우도 일반적이다.

그러므로 각 시스템의 부분이나 기능에 맞는 데이터베이스를 선정하고, 설치 및 개발과 운영을 할 수 있는 능력 또한 백엔드 개발자에게 중요한 능력이 될 것이다.

database migration

개발을 할 때 깃(혹은 다른 코드 버전 관리 툴)을 사용하여 코드 형상 관리를 하는 것이 일반적이다. 그리고 형상 관리를 해야 하는 것은 코드뿐만이 아니다. 데이터베이스 스키마(schema)도 형상 관리를 해주는 것이 좋다. 코드와 마찬가지로 데이터베이스 수정 사항 내역들을 관리할 수 있어야 한다. 그래서 특정 시점에 어떠한 데이터베이스 스키마 수정 사항에 있었는지 파악할 수 있도록 해야 하고, 필요하면 과거의 특정 상태로 되돌릴 수 있어야 한다. 또한 새로운 데이터베이스에 현재 데이터베이스 스키마를 곧바로 구현할 수 있는 기능도 필요하다. 이러한 것을 database migration이라고 한다. database migration을 가능하게 해주는 툴들은 많이 있다. 우리가 이미 사용해 보았고 익숙한 sqlalchemy의 ORM 기능을 사용해 보면 어느 정도의 database migration 또한 가능하게 된다. sqlalchemy처럼 특정 언어와 라이브러리를 통하지 않고 독립적으로 사용할 수 있는 database migration 툴도 있다. 대표적인 것이 Flayway와 Liquibase다.

오픈소스인 Liquibase는 저자도 오랫동안 사용한 database migration 툴이다. Liquibase는 데이터베이스 스키마를 XML, YAML, 혹은 JSON 등으로 구현한다. 예를 들어, 데이터베이스 스키마를 YAML을 통해 구현하면 Liquibase가 YAML을 SQL로 변경하여 실행한다. 그리고 데이터베이스에 DATABASECHANGELOG라는 테이블에 각 실행됐던 SQL의 기록들을 남겨서 형상 관리를 해주는 구조다. YAML을 통해 구현하는 데이터베이스 스키마는 다음과 같다.

```yaml
databaseChangeLog:
  - preConditions:
    - runningAs:
        username: liquibase

  - changeSet:
      id: 1
      author: nvoxland
      changes:
        - createTable:
            tableName: person
            columns:
              - column:
```

```yaml
          name: id
          type: int
          autoIncrement: true
          constraints:
            primaryKey: true
            nullable: false
      - column:
          name: firstname
          type: varchar(50)
      - column:
          name: lastname
          type: varchar(50)
          constraints:
            nullable: false
      - column:
          name: state
          type: char(2)

- changeSet:
    id: 2
    author: nvoxland
    changes:
      - addColumn:
          tableName: person
          columns:
            - column:
                name: username
                type: varchar(8)

- changeSet:
    id: 3
    author: nvoxland
    changes:
      - addLookupTable:
          existingTableName: person
          existingColumnName:state
          newTableName: state
          newColumnName: id
          newColumnDataType: char(2)
```

각각의 changeSet을 깃의 커밋과 비슷한 개념으로 생각하면 된다. SQL을 사용하지 않고 YAML 같은 제3의 언어로 데이터베이스 스키마를 구현하게 하는 이유는 데이터베이스 범용성 때문이다. 각 데이터베이스마다 실제로 실행할 수 있는 SQL이 약간씩 다르다. 그러므로 Liquibase가 YAML을 실제로 스키마를 적용하는 데이터베이스에 맞는 SQL로 변경시켜 준다.

Liquibase는 파이썬에 클라이언트를 제공하지는 않는다. 하지만 저자가 파이썬에서 사용할 수 있는 라이브러리를 오픈소스로 구현해 놓았으니 관심 있으면 사용해도 좋다. Pyquibase라는 이름으로 다음 깃허브 주소에 오픈소스로 구현해 놓았다.

https://github.com/rampart81/pyquibase

micro service architecture

백엔드 API의 인프라스트럭처 구조를 구현하는 패턴도 여러 패턴이 있다. 시스템의 규모가 커질수록 서버 인프라스트럭처의 구조가 굉장히 중요해진다. 현재 미니터 API의 구조는 모놀리식(monolithic) 서버라고 한다. 이름 그대로 하나의 서버에 모든 기능이 구현되어 있는 것이다. 이러한 모놀리식 구조는 규모가 작을 때는 효율적이며 유용하다. 그러나 시스템의 규모가 커지면 모놀리식 구조의 시스템은 보수 유지가 어려워지고 무엇보다 확장성이 떨어지기 때문에 많은 어려움이 생긴다. 그래서 일반적으로 모놀리식 구조의 시스템으로 시작했다가 규모가 커질수록 micro service architecture 구조로 시스템을 키워 간다. micro service architecture 는 각 서버에 하나의 서비스만 구현하는 구조다. 미니터 API를 예를 들자면, 지금은 한 서버에서 user service와 tweet service 둘 다 제공하지만, micro service architecture 구조에서는 한 서버는 user service 기능만 제공하고 다른 서버에서는 tweet service만 제공하는 구조다. 이러한 구조를 통해 전체 시스템을 다 추상화시키고 더 모듈화시키는 것이다.

앞으로 시니어 백엔드 개발자가 되기 위해서는 이러한 서버 인프라스트럭처 구조 또한 적절하게 디자인하고 구현할 수 있는 능력이 필요하다.

리눅스 & 데브옵스

리눅스에 대한 깊은 이해는 너무 중요하다. 시니어 개발자와 주니어 개발자의 큰 차이 중 하나는 리눅스를 얼마나 잘 다루는가에 있을 때가 많다. 서버에 오류가 났을 때 리눅스 서버에 접속해서 문제를 해결할 수 있으려면 리눅스에 일단 익숙해야 한다. 그 외에도, 시스템 관리를 능숙하게 잘하는 개발자는 어디서나 필요하고 인정받는 개발자다.

데브옵스 또한 요즘 굉장히 수요가 높은 기술이다. CICD(Continue Integration Continue Deploy) 개발 환경 구축 및 IAC(Infrastructure As Code) 기술을 사용하여 코드로 시스템 인프라스트럭처 구현 및 관리를 할 줄 아는 개발자는 어디서든 인정받을 것이다.

데브옵스 분야에도 다양한 기술들이 존재하며, 계속해서 새로운 기술들이 많이 나오고 있다. 그러므로 데브옵스도 굉장히 세분화되고 전문화되었으며, 계속해서 더 전문화되고 있다. Chef, Puppet, Ansible 등의 고전적으로 서버 설정 및 관리에 사용되었던 기술부터 시작해서 도커(docker) 같은 가상화 기술 그리고 terraform 같은 provisioning 기술 등 여러 다양한 기술들이 있다.

저자는 개인적으로 terraform을 많이 사용하고 있다. AWS 등의 클라우드 서비스를 사용하는 개발자들에게는 terraform이 정말 유용하다고 생각한다. terraform을 사용하면 AWS 등의 클라우드 서비스에서 전체 인프라스트럭처를 코드로 전부 구현하고 관리할 수 있다. 그러므로 심지어 테스트도 가능하다. 앞서 언급한 IAC(Infrastructure As Code)인 것이다. 코드이므로 모듈화도 가능하고 모듈들을 오픈소스로 배포할 수도 있다. 저자도 terraform 모듈들을 오픈소스로 배포해 놓았으니 관심 있으면 다음 깃허브 링크에서 확인할 수 있다.

- https://github.com/rampart81/terraform-modules
- https://github.com/rampart81/terraform-aws-api-gateway
- https://github.com/rampart81/terraform-aws-lambda

찾아보기

깔끔한 파이썬 탄탄한 백엔드

지금까지 없었던 백엔드 개발자를 위한 파이썬

초판 1쇄 발행 | 2019년 1월 25일

지은이 | 송은우
펴낸이 | 김범준
기획 | 이동원
책임편집 | 오민영
교정교열 | 배규호
편집디자인 | 한지혜
표지디자인 | 유재헌

발행처 | 비제이퍼블릭
출판신고 | 2009년 05월 01일 제300-2009-38호
주소 | 서울시 종로구 중학동 19 더케이트윈타워 B동 2층 WeWork 광화문점
주문/문의 | 02-739-0739   **팩스** | 02-6442-0739
홈페이지 | http://bjpublic.co.kr   **이메일** | bjpublic@bjpublic.co.kr

가격 | 27,000원
ISBN | 979-11-86697-75-7
한국어판 © 2019 비제이퍼블릭